The Details and Mainstream of History

历史的细节与主流

星ACADEMIC启

中共党史
研究中的
历史虚无主义辨析

卢毅　罗平汉 / 著

陕西新华出版传媒集团
陕西人民出版社

图书在版编目(CIP)数据

历史的细节与主流：中共党史研究中的历史虚无主义辨析 / 卢毅，罗平汉著. -- 西安：陕西人民出版社，2020.4（2021重印）

ISBN 978-7-224-11212-2

Ⅰ. ①历… Ⅱ. ①卢… ②罗… Ⅲ. ①中国共产党—党史—学习参考资料 Ⅳ. ①D239

中国版本图书馆CIP数据核字(2020)第054863号

总 策 划：宋亚萍
责任编辑：王亚嘉　左　文
整体设计：赵文君

历史的细节与主流
——中共党史研究中的历史虚无主义辨析

作　　者　卢　毅　罗平汉
出版发行　陕西新华出版传媒集团　陕西人民出版社
（西安北大街147号　邮编：710003）
印　　刷　西安市建明工贸有限责任公司
开　　本　787毫米×1092毫米　1/32
印　　张　11印张
字　　数　250千字
版　　次　2020年4月第1版
印　　次　2021年6月第3次印刷
书　　号　ISBN 978-7-224-11212-2
定　　价　88.00元

前 言

当前我国正处于全面的社会转型期，社会思潮错综复杂，历史虚无主义便是其中一种。在《人民论坛》“2015 中外十大思潮调查评选”中，它竟然高居第二，公众对其关注程度之高由此可见一斑。所谓历史虚无主义，是用非历史主义的态度对待和阐释历史，对历史事件与人物做出主观而非客观、以个人好恶为标准或带有某种政治目的的评价。它最突出地表现在中共党史领域。近年来，理论界、学术界和社会上盛行一股打着“恢复历史真相”旗号的思潮，专门评论党史国史的是非得失，曲解与诋毁中共历史，丑化与矮化中共领袖人物。他们从主观预设的模式出发，不顾客观实际，不论前因后果，不讲实事求是，片面夸大革命的破坏性，否定新民主主义革命和社会主义革命的历史功绩；或片面夸大中国社会主义道路探索中的失误，全盘否定毛泽东的历史地位；甚至按照其价值取向和价值标准，恶意剪裁历史或编造谎言，采用“戏说”“雷语”“爆料”“揭秘”之类的手段，将复杂的历史问题简单化，将严肃的政治问题儿戏化。如前段时间，网络上不时传出侮辱、抹黑英雄形象的言论，说“黄继光是因为摔倒才堵枪眼的”“邱少云烈火烧身纹丝不动违背生理学”“董存瑞的手被炸药包上的两面胶粘住才牺牲的”“刘胡兰有精神问题”等等，认为“英雄的行为纯属伪造、英雄事迹不存在、中国人受到了共产党军史的‘欺骗’和‘愚弄’”。

需要辨明的是，这些对中共历史进行所谓“反思”“重评”的历史虚无主义观点，有的是由于某些学者学风浮躁、治学不严谨，为了标新立异产生轰动效应而提出的。他们试图通过提出与传统观点、主流观点相异的新观点，吸引人们的眼球，引起社会的关注，这些人不一定有明确的政治意图。但不可否认，也有许多历史虚无主义的观点并非发思古之幽情，而是借史论今、参与现实政治。他们之所以要在党史领域争夺主导权和话语权，就是为了否定中共夺取政权和执政的正义性、合法性，为其推崇的意识形态提供历史根据，以达到在中国改旗易帜的政治目的。

从目前舆情来看，不论是出于何种动机，历史虚无主义思潮都传播得非常广泛，尤其是借助了互联网这一新媒体，对社会各阶层产生了极大影响。无论知识精英还是草根网民，许多人在历史虚无主义的潜移默化下，均出现了政治信仰模糊、价值取向扭曲、思想混乱的现象，给社会增加了不安定因素。所以，尽管历史虚无主义目前仅是一个支流，但它释放的负能量不可小视。围绕这种思潮的交锋，关乎一系列大是大非问题，必须针锋相对地予以回应，采取回避态度是不妥当的。对此，习近平总书记曾明确指出：“要警惕和抵制历史虚无主义的影响，坚决抵制、反对党史问题上存在的错误观点和错误倾向”，“在事关大是大非和政治原则问题上，必须增强主动性、掌握主动权、打好主动仗，帮助干部群众划清是非界限、澄清模糊认识”。

实际上，这些年我们并非没有意识到历史虚无主义的严重危害，也曾进行过若干批判。但总体来看，回应得仍不到位，缺少有针对性和说服力的研究成果。因此，要想从根本上批驳历史虚无主义，肃清其影响，解开人们思想上的疑惑，就必须深化对相关具体问题的实证研究，通过还原历史本身的丰富性和复杂性，形成人们愿意看、能信服的成果，真正做到以理服人。本书的写作，是作者在中央党校从事党史教学与研究过程中形成的，针对的大多是学员普遍关注的问题。目前只是选取了若干历史虚无主义观点进行梳理，还有一些问题由于作者学识所限暂未列入，留待以后再加研究。

目录

长征篇

1936年10月，中国共产党领导的工农红军一、二、四方面军三大主力胜利会师，标志着红军长征画上了一个完满句号，取得了胜利。此次长征历时之长、规模之大、行程之远、环境之险恶、战斗之惨烈，不仅在中国历史上绝无仅有，而且在世界战争史乃至人类文明史上也极为罕见。长征的胜利表明，中国共产党及其领导的人民军队是一支不可战胜的力量。红军指战员在长征中表现出的对革命理想和事业的无比忠诚、坚定信念和勇往直前、坚韧不拔的英雄气概，也成为激励共产党人和人民军队“不忘初心、继续前进”的巨大动力。然而近年来长征史研究中却出现了一些不和谐的声音，在网上更是以讹传讹，极大地混淆了人们的视听，亟须澄清。

尊重历史，还原真相

一、质疑“二万五千里长征”的真实性

2003年，两个英国年轻人——李爱德和马普安在重走长征路后声称：“对于以为长征是25000里的朋友，我们要遗憾地说，总长加起来不到12000里，我们估计最多是5860公里。”①此言一出，立即引起轩然大波，许多媒体包括一些知名网站纷纷转载，别有用心者还以《英国人揭穿中共又一大谎言》为题，大肆炒作，造成了极坏的政治影响。

实际上，这一说法存在着许多问题。首先，当年红军走的大多是小路、山路甚至是人迹罕至的地方，还因缺乏地图走了不少冤枉路；而两个英国人依靠GPS定位系统，走的基本是大路、直路。其次，红军是在频繁的战斗中行军，不断迂回和奔袭，为了调动敌人，他们不得不经常采取声东击西、忽南忽

---

① 《两个英国人重走长征路的最后一封电邮》，《北京青年报》，2003年11月2日。

北、大踏步进退的战略战术，还要追击敌人，来回折返；而两个英国人则是在和平的环境下单向行进，没有走回头路。再次，红军在长征中还要打粮、筹款、扩红、做群众工作，这些都需要走很多路。另外，有些中央红军因为张国焘搞分裂，被裹挟南下，曾三过草地，朱德就说过：“二万五千里的长征，我个人却多走了一万里。”①

1936 年，红军总政治部在广泛征集材料的基础上编辑整理了《二万五千里》一书，其中有一份附录《红军第一军团长征中经过地点及里程一览表》，是以红一军团直属队为标准，依据命令、报告、各种日记、报纸汇集而成。根据这个一览表的记载，红一军团直属队 1934 年 10 月 16 日从江西于都出发，1935 年 10 月 19 日到达陕北吴起镇，总计行程是 18088 里。而这只是很少打仗的直属队走的路程，担负作战任务的部队走的无疑更长。当年访问陕北的美国记者埃德加·斯诺在《西行漫记》一书中就写道：“红军说到它时，一般都叫‘二万五千里长征’，从福建的最远的地方开始，一直到遥远的陕西西北部道路的尽头为止，其间迂回曲折，进进退退，因此有好些部分的长征战士所走过的路程肯定有那么长，甚至比这更长。”②至于那两个英国人的说法，前些年有学者曾将他们与主力红军走的路线加以核对，发现有相当大的出入，他俩起码少走了三分之一的路程。③可见，红军长征“二万五千里”是符合历史事实的，不容置疑。

---

① 《朱德军事文选》，解放军出版社 1997 年版，第 242 页。

② ［美］埃德加·斯诺著：《西行漫记》，董乐山译，三联书店 1979 年版，第 164 页。

③ 李海文：《红一方面军长征到底走了多少里》，《百年潮》2005 年第 12 期。

二、认为蒋介石“放水”长征

这几年，许多人强调蒋介石为了统一西南，将之建成抗战的大后方，故意放红军突围，并驱赶其进入云贵川，然后中央军趁机尾随而入。如蒋纬国在其口述自传中便说：“当时与其说是没有包围成功而被中共突围，不如说是我们放水。”他还评论：“以当时的情况来说，这是一个非常成功的政治战略，我们随着共军进入云贵川，使中国达成真正的统一。”①张戎同样指出：“毫无疑问，蒋介石有意放走了红军主力、中共中央与毛泽东”，“蒋介石此时的战略计划是把四川建成将来对日本作战的大后方，即他所说的‘复兴民族之根据地’。……他的作法是把红军赶进这些省去，使这些省的军阀由于害怕红军落脚，不得不让中央军进来帮助他们”。她甚至断言：“蒋介石放走红军还有一个更秘密的纯私人动机：他要斯大林释放在苏联做人质九年的儿子经国。”②

不难看出，这种观点一方面是为蒋介石“追剿”失败辩解，另一方面的潜台词则是认为红军长征之所以能成功，乃是由于蒋介石故意“放水”。这就贬低了红军的英勇善战和毛泽东的军事指挥。事实上，这一论断根本不能成立。试想，如果蒋介石有意“放水”红军去西南，他为何在西去路上部署多道封锁线，红军又为何会在湘江一战中损失过半？如果蒋介石有意驱赶红军去四川，红军为何会北渡长江受阻，不得不四渡

---

① 蒋纬国口述，刘凤翰整理：《蒋纬国口述自传》，中国大百科全书出版社2008年版，第6—7页。

② ［英］张戎、乔·哈利戴著：《毛泽东：鲜为人知的故事》，张戎译，香港开放出版社2006年版，第111—112页。

赤水，费尽周折地在敌人包围圈中来回穿梭？如果蒋介石有意放走红军，他又为何不断严令部下加紧“追剿”，并在日记中屡屡对未能“一网打尽”红军表示懊恼？显而易见，蒋介石“放水”长征说是一种牵强附会之臆测。

三、否认遵义会议开始形成了毛泽东的领导地位

1945 年党的六届七中全会通过的《关于若干历史问题的决议》提出，遵义会议“开始了以毛泽东同志为首的中央的新的领导”。1981 年党的十一届六中全会通过的《关于建国以来党的若干历史问题的决议》，进一步认定遵义会议“确立了毛泽东同志在红军和党中央的领导地位”。但近年来有人不同意这个提法，认为遵义会议后在党内负总责的是张闻天，军事上是周恩来，毛泽东只是周恩来的帮助者，“把另一个常委军事指挥上的助手说成全党全军的领导，实在有点牵强”，因此“遵义会议并没有确立毛泽东对全党全军的领导，确立的是以张闻天为首的党中央的集体领导”，“确立起毛泽东在中央和党内的领导地位，起码也是三四年以后的事，遵义会议连开始过渡都谈不上”。

显然，这种说法意在贬低毛泽东的领导地位，是不符合历史的，它没有考虑到“名”与“实”的关系。遵义会议后，张闻天虽在党内负总责，但他很民主，特别尊重毛泽东；而且他不懂军事，也就基本不插手。周恩来虽然是军事方面下最后决心的负责者，但他也很尊重毛泽东。如在是否打打鼓新场的争论中，他最后还是听从了毛泽东的意见。经过这件事，中央决定成立“新三人团”负责军事，由周恩来、毛泽东、王稼祥组成，其实毛泽东是核心。包括林彪后来对毛泽东的指挥有意

见，写信给中央要求撤换军事领导，闹出一场会理会议风波，这也说明毛泽东当时已是红军的实际领导者。稍后陈云离开红军去莫斯科，他在向共产国际汇报情况时也说：遵义会议上，“我们撤换了‘靠铅笔指挥的战略家’，推选毛泽东同志担任领导”①。这同样是指实际领导。另据张国焘回忆，一、四方面军会师后，张闻天对他说：遵义会议后，“中共中央主要考虑的都是军事行动问题，大家都推重毛泽东主持其事”②。以上各种材料都表明，遵义会议开始形成了毛泽东的领导地位这一观点是毋庸置疑的。

四、否定红军“飞夺泸定桥”

长期以来，“飞夺泸定桥”的故事广为流传，几乎无人不知，被视为红军英勇顽强、不怕牺牲的典型例证，但近年来却有人否定这一史实。如张戎便说：“其实，在泸定桥根本没有战斗。红军五月二十九日到达时，泸定桥没有国民党军队把守”，“当时国民党无数通讯没有一份讲泸定桥打了仗”。因此，“飞夺泸定桥”纯系虚构。她还说曾采访当地一位93岁高龄的妇女，这位妇女说红军“阴一炮，阳一枪地打过去”，然后“慢慢过完桥”，过桥时“没有打”。另外，李爱德、马普安在《两个人的长征》一书中，也引用他们采访当地一个86岁的目击者李国秀老人的话：红军早上8点开始打仗，打了一天一夜。老百姓在前面带路，红军跟在后面，几个老百姓被国

---

① 《陈云文集》第1卷，中央文献出版社2005年版，第9页。

② 张国焘：《我的回忆》第3册，东方出版社1998年版，第240页。

民党击中掉进了河里。①

毫无疑问，这些说法都意在颠覆红军“飞夺泸定桥”的英勇事迹。但实际上，“飞夺泸定桥”并不单指夺桥一战，它还包括了一昼夜240里的强行军。从这个意义上说，“飞夺”一词是完全成立的。至于泸定桥是否发生过战斗，以上两种说法也互相矛盾。张戎说“根本没有战斗”，李爱德等则说“打了一天一夜”；张戎说“泸定桥没有国民党军队把守”，李爱德等则说国民党把百姓击中掉进了河里。二者的来源都是口述材料，而更具史料价值的恐怕还是来自敌人的原始档案。台湾“国史馆”藏“蒋中正总统文物”中有一份西康军阀刘文辉发给蒋介石的电报，内称：“泸定桥李团与沿河之匪奋战。”时间是1935年5月29日，恰是红军“飞夺泸定桥”之日。此处“奋战”一词，无疑表明张戎所谓“当时国民党无数通讯没有一份讲泸定桥打了仗”的说法，是率尔操觚、极不严谨的妄断。另外，李爱德等所谓“红军逼老百姓带路”的说法同样不足为凭，后来有人向李国秀老人查证此事，她断然否认曾讲过这样的话。

综上所述，如今有些人打着“还原真相”的旗号，肆意歪曲长征历史，甚至编造谣言，抹杀红军的英勇事迹，丑化和矮化毛泽东。对这种历史虚无主义倾向，我们应密切关注，组织力量予以有针对性的回应，加紧消除其负面影响。

---

① ［英］李爱德、马普安著：《两个人的长征》，姜忠译，长江文艺出版社2005年版，第177页。

蒋介石“放水”长征了吗？

1934年10月，由于第五次反“围剿”失败，中央红军被迫实施战略转移。在经历一年艰苦卓绝的长征后，中共中央终于克服重重艰难险阻，于1935年10月到达陕北，从而保存了其基干力量。这次万里长征堪称世界军事史上的壮举，然而近年来却屡遭质疑，其中特别流行的就是蒋介石“放水”说。概言之，所谓蒋介石“放水”长征说的核心观点就是认为蒋介石为了实现某种目的特别是统一西南，故意放红军突围，并驱赶其进入云贵川。对这种说法，虽有不少附和者，但亦不乏针砭。如台湾学者陈永发曾批评其“虽发前人所未发，但不是建立在确凿的证据之上；基本上乃属揣测之词，经不起严肃的质疑和考证”①。金冲及也表示：“国民党方面后来有一种说法，认为蒋介石有意让中央红军西进，以便借此进兵并控制西南。这

---

① （台湾）陈永发：《评〈毛泽东：鲜为人知的故事〉》，Gregor Benton、林春编：《传记还是杜撰？——海外学者评〈毛泽东：鲜为人知的故事〉》，香港大风出版社2008年版，第102页。

并不符合当时的事实。”[①]不过迄今为止，大多反驳仅点到为止、语焉不详，尚无专论详加澄清。[②]鉴于此类说法流传甚广、影响颇大，且牵涉史事极为复杂，本节拟重加辨析。

一、“驱其离巢”与“远处张网”

蒋介石“放水”说其实由来已久。早在1934年下半年红军西撤前后，粤系元老萧佛成即曾提醒陈济棠：“蒋氏集重兵于南方，又复故纵赤军，使其突围西窜以犯桂犯黔，其计甚狡”，故“须防蒋军藉追击共军为名，乘机跟踪而来，使我猝不及备”。[③]这里“故纵赤军”一语，显然是指蒋介石有意“放水”。而恰在此时，蒋介石又离开南昌行营，远赴西北巡察月余之久。这一置“剿共”前线于不顾的异常举动，似乎更坐实了此种猜测。时任赣粤闽湘鄂“剿匪”军西路军总司令部顾问的胡羽高在1936年出版的《共匪西窜记》一书中，也记载了红军突围后湖南广为流传的一则传闻：“谓蒋委员长料定匪将西窜，固意先往西北，藉名考察，俾避免正面冲突，及纵匪脱逃之讥，暗中授意中央军，将匪放出，使共匪流窜在前方，对消异己的部队，然后乘其两败俱伤之际，一鼓之下，连茹拔茅。”[④]在他看来，此传闻似与事实俱符，当非空穴来风。

---

① 金冲及:《中央红军在贵州的若干重大问题》,《历史研究》2014年第1期。

② 值得一提的是,郭昌文曾敏锐指出:“蒋虽有逼共离开苏区的意图与实际运作,但显然是出于军事目的,以加快‘剿共’进程”,“并非对西南的有意布局”。参见郭昌文:《蒋介石对地方实力派的策略研究(1928—1936):以“剿共”为主要视角》,浙江大学历史系2011年博士学位论文,第157、149页。

③ 《萧佛成致胡汉民函》,陈红民辑注:《胡汉民未刊往来函电稿》第10册,广西师范大学出版社2005年版,第284页。

④ 胡羽高编:《共匪西窜记》,贵阳羽高书店1936年版,第120页。

如果说萧佛成、胡羽高二人分别是站在粤系陈济棠与湘系何键的立场上指责蒋介石纵共“西窜”，那么桂系李宗仁更在晚年口述的回忆录中愤懑陈词：“就战略的原则来说，中央应自四方筑碉，重重围困，庶几使共军逃窜无路，整个就地消灭。如不得已要网开一面，也应将缺口开向闽、粤两省，把共军驱至沿海一带，加以消灭。……但此次中央的战略部署却将缺口开向西南，压迫共军西窜。共军入湘之后，按当时情势，中央军本可利用粤汉铁路和湘江，水陆两路南下，截击共军，使其首尾不能相顾。而蒋先生却屯兵湘北，任共军西行，然后中央军缓缓南下，迫使共军入桂。”①这无疑也是暗讽蒋介石故意“放水”。

那么，历史的真相究竟如何呢？ 揆诸史实，蒋介石在第五次“围剿”中采取广修碉堡、步步为营的办法，逐渐掌握了战场的主动权。其兵力部署大致如下：北路军总司令顾祝同，下辖第三、六、二十、二十六路军；东路军总司令蒋鼎文，下辖第二、四、五路军。以上各军多属中央嫡系部队，实力较强。此外，蒋介石还分别任命何键、陈济棠为西路军、南路军总司令，各率所部进犯或封锁苏区。这种“分进合击”战略的实施，极大压缩了苏区空间。面临如此危局，红军主力肯定不会坐以待毙，势必向外突围，而其方向便成了蒋介石一度着重研究的问题。1934 年 3 月 6 日，他即曾在日记中记载：“注意：一、匪部行动窜向。”②

---

① 李宗仁口述，唐德刚撰写：《李宗仁回忆录》下卷，华东师范大学出版社 1995 年版，第 478 页。

② 周美华编注：《蒋中正总统档案·事略稿本》第 25 册，(台北)“国史馆” 2006 年版，第 72 页。

据宋希濂回忆，顾祝同曾密告之，蒋介石最初颇担心红军由闽北转入浙江、安徽、江苏，但随着1934年初福建事变迅速解决，国民党东、北两路“围剿”部队联成一气，“共军窜往皖浙苏的可能性减少了”。①确实，由于福建事变失败和国民党中央军进驻闽西，红军向东、北突围已无可能。至于南下广东，亦非上策，因为必将遭到陈济棠的拼死阻击，且沿海地区狭窄，回旋余地不足，此前南昌起义部队南下失败即前车之鉴。因此即便如李宗仁所言，“将缺口开向闽、粤两省”，红军也未必愿意入其彀中。于是在这种北、东、南皆走不通的情况下，向西突围便成为红军唯一可行的选择。对此，蒋介石很早就做出预判。1934年4月3日，他便提醒何键：红军可能“西窜”。② 5月7日，他又在日记中写下：“注意：一、匪向西窜。”同月18日，蒋介石再次致电陈济棠、何键强调：“赣南残匪，将必西窜。”③

从新近披露的共产国际档案来看，中共中央对长征的酝酿大概始于1934年五六月间。6月2日，共产国际执委会驻华代表埃韦特在给执委会的报告中提到中共中央对下一步行动有两个建议：一、“留在中央苏区，转入游击战，将其作为我们斗争的最重要方法”；二、“保卫中央苏区到最后，同时准备将我们的主力撤到另一个战场”。4日，共产国际执委会驻上海远东局委员赖安也说：“在最近的将来，可能是秋天，中央苏

① 宋希濂：《鹰犬将军宋希濂自述》，中国文史出版社1986年版，第95页。

② 周美华编注：《蒋中正总统档案·事略稿本》第25册，（台北）“国史馆”2006年版，第405页。

③ 高素兰编注：《蒋中正总统档案·事略稿本》第26册，（台北）“国史馆”2006年版，第45、133页。

区红军的主要有生力量将不得不放弃江西、寻找出路和在湘川方向寻找发展苏维埃运动的新的地区。”①由此可见，蒋介石的预判堪称超前且精准。

不过，中共中央此时虽已酝酿突围，但因局势尚未到最后关头，故并未立即付诸实施。埃韦特在6月2日的报告中仍强调，突围计划“只有在实行保卫的各种可能性都用尽之后”才应使用。共产国际执委会也认为：“动员新的补充人员的过程证明，中央苏区的资源还没有枯竭。红军作战部队的抵抗能力、后方的情绪等，还没有引起人们的担心。”因此，“在夏季，红军若竭尽全力，是能够采取主动把业已形成的不利形势改变为有利的”。显系对反“围剿”胜利仍抱有一丝希望。直至9月17日局势危殆之际，中共中央才最后下定决心，呈报共产国际：“（中共）中央和革命军事委员会根据我们的总计划决定从10月初集中主要力量在江西的西南部对广东的力量实施进攻战役。最终目的是向湖南南部和湘桂两省的边境地区撤退。……我们期待（你们）这里不晚于9月底作出最后决定。”30日，共产国际执委会答复：“考虑到这样一个情况，即今后只在江西进行防御战是不可能取得对南京军队的决定性胜利的，我们同意你们将主力调往湖南的计划。”②这意味着共产国际终于批准中央红军突围。

对中共的这种欲走还留，国民党方面亦早有察觉。1934年6月14日，北路军前敌总指挥陈诚即曾电呈蒋介石：“此时

① 中共中央党史研究室第一研究部译：《共产国际、联共（布）与中国革命档案资料丛书》第14卷，中共党史出版社2007年版，第128、132页。

② 中共中央党史研究室第一研究部译：《共产国际、联共（布）与中国革命档案资料丛书》第14卷，中共党史出版社2007年版，第129、144、143、251、256页。

判断匪即离巢西窜，似觉过早。”他的第一个依据便是“第三国际绝不轻许匪军一旦放弃数年来经营成功，自命已成为伪中央苏区根据地之赣巢，而另谋新匪区之盘据”，必“俟其一切均无办法时，始行西窜”。[①]同日，他还电告北路军各将领：“近来伪红星报发表言论，已证明毒害中华之第三国际，严令匪军，不准放弃匪巢，企图作最后挣扎。是判断匪将他窜之时机，未免过早。”[②]结合前揭共产国际电文，此判断可谓十分准确。

不过，陈诚这一判断的依据除了来自《红星报》文章，或许还受到部下的启发。1934年6月10日，其土木系心腹、第十八军副军长罗卓英曾根据对战局的观察向他汇报：“匪主力在广昌、龙岗间地区，日（目）前判断弃巢西窜实过早也。”在这封电报中，罗卓英还提出了一个大胆的计划：“关于全局计划，职意利用赤匪最后西窜之心理与趋势，对北东南三面以摇撼其政治中枢、驱其离巢之目的，逐步紧迫，会捣瑞金长汀，而于西面则远处张网。”陈诚将此电转发给蒋介石，蒋认为“所具各项意见颇有见地”，要求熊式辉等人“鉴核”。[③]

事实上，蒋介石很早就对此计有所考虑。1934年3月6日，他开始注意“匪部行动窜向”时，就决定“剿匪方略重西轻东，左急右缓”。不过，他此处所谓“重西”乃指需重视红军可能向西突围，并非主张从西路施加重压。相反地，他还倾

---

① 何智霖编：《陈诚先生书信集——与蒋中正先生往来函电》上册，（台北）“国史馆”2007年版，第136页。

② 何智霖编：《陈诚先生书信集——与友人书》上册，（台北）“国史馆”2009年版，第53页。

③ 郭昌文：《蒋介石对地方实力派的策略研究（1928—1936）：以“剿共”为主要视角》，浙江大学历史系2011年博士学位论文，第155页。

向于减轻对西面的压力。同月8日，蒋介石电告西路军各总指挥和各军师长："流匪追剿之法，应改用扼要埋伏，不宜布置阵地，明张旗鼓，正式堵截。至于扼要埋伏之法，当预料匪之奔窜方向，先引其进入重地，待其本队到达，然后起而夹击之。若我军先将重兵防守，则匪必他窜，而我又须穷追。以流匪惟一策略，乃在寻无人之境，乘隙而窜。故我军此时防剿流寇，应与前剿匪战术略加变更，当用暗中埋伏，使其不意，以为我无防兵，则彼必放肆急进，乃可一网打尽。希多用此法。"①这无疑是明示西路军与其重兵布防，致使红军主力向其他方向突围，不如表面示弱，引诱红军来攻，并提前暗中设伏，以便一网打尽。从时间上看，蒋介石萌生此念头比罗卓英献策要早得多。

往更前追溯，1933年第四次"围剿"失败后，蒋介石在给陈诚的手谕中即曾提醒："近日战况处处陷于被动。弟必烦闷愁虑。望详读《孙子》，尤须注意其地形篇。并嘱赵（观涛）、罗（卓英）、吴（奇伟）等各军长亦注意于此，庶可挽回坠势，再振士气也。"②而观《孙子兵法》中的《地形篇》对六种地形的描述，"支形"显然最符合当时"剿共"之战况，所谓"我出而不利，彼出而不利，曰支"。对此，孙子建议"引而去之，令敌半出而击之"，③也就是故意引兵而去，诱敌出击，然后截击之。同年6月9日，蒋介石再次向陈诚推荐

① 周美华编注：《蒋中正总统档案·事略稿本》第25册，（台北）"国史馆"2006年版，第72、95—96页。

② 何智霖编：《陈诚先生书信集——与蒋中正先生往来函电》上册，（台北）"国史馆"2007年版，第89页。

③ 《四部丛刊·子部·孙子集注》卷10，上海商务印书馆1929年版。

《孙吴兵略问答》一书，认为“此书各篇问答实为我剿匪军唯一之要典，而于进剿军进剿时所遇各种之情形与处置尤应服膺也，望督促各军师旅团长时时勤研”。[①]从以上二书内容来看，的确处处暗藏玄机，特别是其中吴王问道：“若吾围敌则如之何？”孙武答曰：“击之之法，伏卒隐庐，开其去道，示其走路，求生诱出，必无斗意，因而击之，虽众必破。”这一谋略对蒋介石显然启发极大，[②]为其在第五次“围剿”后期的布局埋下了伏笔。

当然，罗卓英1934年6月所献之计更加印证和坚定了蒋介石原先的想法。稍后，他还派罗卓英这一军事将领赴粤与陈济棠商谈合作，力求从南路施压。对罗卓英的“驱其离巢，远处张网”建议，蒋介石亦加以采纳。随着对苏区的包围圈越来越小，蒋介石深谙一旦进攻苏区核心区域，必将处处攻坚，损失惨重。况且，此时红军仍保持较强战力，倘若决死突围，无论选择哪个方向，必势不可当。陈诚当时便意识到“此次进剿，碉堡策略，虽收功效，然以环绕匪区数千里之碉堡线，究难免

---

① 何智霖编:《陈诚先生书信集——与蒋中正先生往来函电》上册,(台北)“国史馆”2007年版,第100页。

② 《四部丛刊·子部·孙子集注》卷11,上海商务印书馆1929年版。蒋介石1935年4月在贵州绥靖公署对各高级将领讲话时又提到这段文字,他还解释说:“孙子第二段讲敌处死地,击之之法,就是先于适当地点配备伏兵,再故意开一条路给敌人走,走出隘路口以后,他因为要赶快逃命,一定没有斗志,这时乘其懈散,出其不意,攻其无备,当然可以以寡胜众,获得最后的胜利。”在这次讲话中,蒋还表示:“《孙吴兵略问答》中,分论九地的战术,几乎无地不用伏,亦可见伏兵战的重要”,“土匪的窜向,我们只要注意观察其动机,是不难算定的,我们既算定之后,就可以沿途节节设伏相机突击!”由此可见,他对这一谋略极为认可。参见秦孝仪编:《总统蒋公思想言论总集》第13卷,(台北)中国国民党中央委员会党史委员会1984年版,第163、160、159—160页。

处处感受虚薄。匪如集中全力，冲我一点，则不能绝对可保无虑”①。1934年8月16日，蒋介石还曾在日记中留下一条耐人寻味的记载：“看《六韬》后，预定：一、作战须立于主动地位，战略尤然。”②而《六韬》中《疾战》《必出》两篇，讲的都是被围困之部队必然要从敌人空虚之地急速突围，因其冒死相拼，故莫之能御。《动静》篇则讲两军对峙之时，一方可预先设伏，引诱对方前来，然后或陷其两旁，或击其前后，令其溃败。不难想见，这些与当时战局极其相似的内容，极有可能便是蒋介石之感悟所在。在他看来，与其最后陷入苦战，拼个鱼死网破，或被红军破网而去，不如先“立于主动地位”，网开一面，围三缺一，给红军虚留出一条生路，并提前构筑外围防线，以便伺机截击，正如《孙子兵法》所云“围师必缺”也。而这个缺口，也就开在他早已预判的西面。对蒋介石的这种心理，共产国际驻华军事总顾问弗雷德曾有过精辟分析：“他知道，突破不会给他带来太多的东西。他认为，根据各种预测，突破可以取得成功，但为此他要付出昂贵的代价。此外，红军最终是会被打散的，那时斗争就永不会结束。”因此，“要么他应该率领强大的部队由福建和赣江上游（向赣州方向）推进，出现在红军和闽赣两省军队之间，要么指望红军向赣西和湖南突破，停止在原地没有希望的斗争。这也会把他拖到湖南，他会在那里面临准备新战役的任务”。③

① 何智霖编:《陈诚先生书信集——与友人书》上册,(台北)“国史馆”2009年版,第53页。

② 高素兰编注:《蒋中正总统档案·事略稿本》第27册,(台北)“国史馆”2007年版,第323页。

③ 中共中央党史研究室第一研究部译:《共产国际、联共(布)与中国革命档案资料丛书》第13卷,中共党史出版社2007年版,第601—602页。

为达到“驱其离巢”的目的，蒋介石不断加大了对苏区北部和东部的压力。1934 年 8 月 27 日，他电令北路军总司令顾祝同和东路军总司令蒋鼎文，规定“东北两路军预定九月份进剿到达之线”，并要求详报“进剿部署与日程”。仅过一周，又电促二人：“各路各纵队进行部署须照限期本月杪占领前电预定地点，勿误。”①10 月 9 日，即将北巡的蒋介石还致电陈诚称：“欲促进战局之从早结束，则东路应增加兵力，如能将第四与八十九两师由汤（恩伯）带领东移，则东路即可单独向长汀、瑞金进展，一面北路军占领宁都，与薛（岳）路会合后，即可由宁都与东路军由长汀会占瑞金，可免石城与长汀线之兵力与时间也。”②对此，尚未领会其中奥妙的陈诚复电质疑：“为求歼匪于赣南计，我军重点应偏于西翼地区，使东路军不必急进，免迫匪西窜。”③其实，此处所谓“迫匪西窜”，或许才是蒋介石的真实动机。

与此同时，蒋介石对“远处张网”也进行了一系列部署，着手在西线广筑碉堡，构建数道防线。1934 年 3 月 16 日，他在日记中记：“预定……四、湘东南、桂东、汝城与道川防务。”31 日又记：“预定……六、令修汝城、桂东碉堡。”④5 月 18 日，蒋介石在电告陈济棠、何键“赣南残匪，将必西窜”

---

① 高素兰编注：《蒋中正总统档案·事略稿本》第 27 册，（台北）“国史馆”2007 年版，第 380、399 页。

② 周美华编注：《蒋中正总统档案·事略稿本》第 28 册，（台北）“国史馆”2007 年版，第 256 页。

③ 黄道炫：《中共、粤系、蒋介石：1934 年秋的博弈》，《近代史研究》2011 年第 1 期。

④ 周美华编注：《蒋中正总统档案·事略稿本》第 25 册，（台北）“国史馆”2006 年版，第 169、378 页。

的同时，亦不忘提醒他们加紧修筑两道纵深防线，“鄷县、桂东、汝城、仁化、始兴一线碉堡及工事，务请组织西、南两路参谋团着手设计。一面准备部队，一面先征集就地民工构筑碉堡为第一线；其次郴州、宜章、乐昌、曲江乃至英德为第二线。先待第一线工作完成，再修第二线。总期于此两个月内，第一线碉堡设法赶成，以为一劳永逸之计”。[①]毫无疑问，这些封锁线的构筑皆是未雨绸缪、“远处张网”之举措。

1934 年 8 月 24 日，鉴于萧克的红六军团成功突破封锁线西去，蒋介石又申斥何键：“半年来，为预防匪军西窜计，除令筑沿赣江至信丰、安远、定南封锁线外，特规定构筑赣西南及湘粤边各纵横线，以期严密”，但中共却仍能来去自如，“由此可见，各线之构筑与守备均未严密。对小股如此，则对封锁匪之主力将更属空谈。言念及此，殊堪痛心。此后对于已成之碉堡线，务须增筑绵密，使能以枪火交叉封锁。未成者，务须绵密构成，分段负责，周密其防守，尤以赣粤湘边区前空之纵横各碉线，应速完成其工事，严行其守备，倘能增加纵横碉线更利。否则再有疏虞，任匪主力西窜，则后患更大”。[②] 9 月 13 日，他再次电令何键：红六军团突破西部防线，说明“原有碉堡线既不强固，期以达到主力防匪西窜之目的，殊属可虑”，故要求“（甲）完成并巩固原有之重要碉堡；（乙）增筑战略上之重要碉堡线”，“以上甲、乙两项，希饬属赶办，

---

① 高素兰编注:《蒋中正总统档案·事略稿本》第 26 册,(台北)“国史馆”2006 年版,第 133—134 页。

② 中国人民解放军历史资料丛书编审委员会编:《红军长征·参考资料》,解放军出版社 1992 年版,第 26 页。

限期完成具报”。①

在蒋介石三番五次的督促下，身为湖南省主席兼“剿匪”西路军总司令的何键也逐渐意识到红军主力即将到来。1934 年 9 月 10 日，他在一次演讲中便声称：“东、北各路的国军，如能将其围在江西一鼓歼灭，使其不能窜渡赣水以西，此乃湘省以及全国之福。万一不能在赣水以东将其消灭，将来溃窜时，湘省乃其必经之路，因此湘西以及全省各地方的防御工事，更有积极完成的必要。”②10 月 19 日，他又电告部下：“据报：该匪至万不得已时，即决心弃老巢西窜入川，企图苟延残喘。倘一旦实现，则我西路军适当其冲要。”③在此期间，湖南保安司令李觉亦电令属区各县：“查出匪伪中央最近议决案，决意放弃闽、赣，希图西窜，进占滇、黔、川三省，以为根据地……万一该大股赤匪，乘肖逆流窜之后，再举全力向西犯顺，则防堵剿灭，当较尤难，可断言矣！故凡建筑碉堡，修筑机场，以及组织民众等事项，皆宜及时积极为之，务必克期完竣。”他还分析：“如此节节防堵，节节兜围，张网设阱，层层密布，纵能出此，焉能逃彼。预防流寇，靖乱殄凶之策，实莫善于此。”④此处“张网设阱”一语，恰可为蒋介石“远处张网”之计做一注脚。

---

① 中国人民解放军历史资料丛书编审委员会编：《红军长征·参考资料》，解放军出版社 1992 年版，第 44 页。

② 中国第二历史档案馆、湖南省档案馆编：《国民党军追堵红军长征档案史料选编（湖南部分）》，档案出版社 1991 年版，第 30 页。

③ 中国第二历史档案馆编：《中华民国史档案资料汇编》第 5 辑第 1 编“军事”第 4 册，江苏古籍出版社 1994 年版，第 774 页。

④ 中国第二历史档案馆、湖南省档案馆编：《国民党军追堵红军长征档案史料选编（湖南部分）》，档案出版社 1991 年版，第 217—218 页。

概言之，蒋介石此时运用“驱其离巢”之策略，逼迫红军西走，主要是出于对“剿共”军事形势的考量。这虽然从表面上看有“放水”之嫌，但实际上乃是欲擒故纵，“纵”之目的是为了更便于“擒”，其对“远处张网”所做的一系列预先部署适足证明此点。对此，何键有个部下后来亦曾解释：“年来赣匪在江西被封锁，匪巢尽失，势必倾巢突围窜出，蒋委员长与西路军事当局，均早已料及，衡郴之修筑广大飞机场，湘东南各县之加建碉堡，与湘省之各县团队，一再整编，皆为防赣匪西窜之准备。”①由是观之，蒋介石不仅“驱其离巢”，且已在远方布下了一张密网，而那种所谓“放水”之说，只看到前者，未窥见后者，不免失之偏颇。

二、“不可错过剿匪成功之大好机会”

1934年10月，由于获悉一些情报，并结合种种迹象，蒋介石判断中共主力即将西移。14日，他在北巡途中致电留守南昌行营的何应钦，强调：“匪情变幻无常，无论如何，堵其西南逃窜为我决定之处置，不必顾其临时匪情。”②这既反映了其对原先预判的自信和笃守，同时也说明他虽在西面留出缺口，但并非一味“放水”，而是着眼于在远处堵截。30日，当蒋介石确认红军开始行动后，又立即电告北、西、南各路：“判断匪将以全力经赣南西窜”，并由此制定了“应侧重堵截

① 胡羽高编:《共匪西窜记》,贵阳羽高书店1936年版,第121页。

② 周美华编注:《蒋中正总统档案·事略稿本》第28册,(台北)“国史馆”2007年版,第275页。

其西窜”的方针，①同时还从北路军抽调9个师组成“追剿”部队，交由薛岳带领。在他看来，此次红军主力之“离巢”，无疑为其围追堵截提供了机会。31日，蒋介石致电“追剿”军前敌总指挥薛岳：“此次追剿，为民族与革命存亡成败之所关，望督励诸将士，努力前进，急起直追，期获最后之成功。”11月13日，蒋再次致电薛岳：“望兄等努力急进，并勖勉各官长完成使命，克奏肤功，有厚望焉。”同月9日，他还在日记中勉励自己：“不可错过剿匪成功之大好机会。”②为此，他不断电令部下加紧堵截，以实现其“远处张网”、将红军一网打尽之目的。

当时，国民党已在西面修筑了多道封锁线。出于对红军战力的忌惮，这些防线大多做纵深布置。1934年9月29日，南昌行营第一厅厅长贺国光向蒋介石报告：“综合各方情报判断，赣匪似有西窜企图，如能在沿赣江至信丰、安远之第一线及宁冈、桂东、汝城、仁北、曲江之第二线以东地区歼灭之固善，倘被窜逸，则以在沿湘江桂江之第三线封锁较为确实。”③从后来的事态发展来看，这种判断应较为客观。不过为了给防堵部队打气，蒋介石却相当乐观地告诉何键：“判断匪之企图西窜行将实现。我军方针，首在巩固赣、信、安、寻第一纵线，务期聚歼该匪于此线以东地区。至第二、第三各纵

---

① 中国人民解放军历史资料丛书编审委员会编:《红军长征·参考资料》,解放军出版社1992年版,第88页。

② 周美华编注:《蒋中正总统档案·事略稿本》第28册,(台北)“国史馆”2007年版,第385、444—445、423—424页。

③ 黄道炫:《中共、粤系、蒋介石:1934年秋的博弈》,《近代史研究》2011年第1期。

线无非用作补助。”[1]

但事实很快就打破了蒋介石的这一幻想。红军与陈济棠达成秘密借道协议，得以顺利通过第一道封锁线。对粤系的“通匪”举动，蒋介石自然十分恼火，遂于1934年10月31日严令陈济棠、何键、顾祝同三人：“务将西窜匪部聚歼于湘江以东地区，勿使漏网。如果堵剿不力，以后再任匪踪在其防线之内窜过，以邻为壑，则贻害党国甚大，不问其情形如何，当概以纵匪论。令出法随，决不宽假。”语气可谓相当严厉。蒋同时还特别向陈济棠施压：“除西路与北路各军如前电部署追堵外，切望南路军抽出二十团以上兵力，限十一月十日前集中郴州以北地区，与西北两路军协力兜剿，以期克奏肤功也。”11月9日，他再次致电陈济棠：“现窜匪离巢，复经重创，自必愈形慌乱，并希饬令加紧蹑追，分头截击，务期歼匪于汝城、郴州之线，毋使漏网为盼。”[2]显而易见，蒋介石对陈济棠破坏其“远处张网”之计，致使中共“漏网”非常不满。

由于陈济棠已不可靠，而且在接下来的“追剿”中，湖南成了主战场，因此何键的态度举足轻重。为了让何键竭尽全力，蒋介石特请与何键私交甚好的刘文岛出面推动。他向刘文岛分析：“现赣匪主力溃围西窜，将达湘边，已至最后之关头。吾人应运其全力，不惜牺牲，务于湘江以东歼灭之。故湘中部署不可备广力分，专以消极的防匪保境为目的，应多留活动力，与赣中追击部队积极同负进击与兜剿之责，而以纵匪

---

① 中国人民解放军历史资料丛书编审委员会编:《红军长征·参考资料》，解放军出版社1992年版,第77页。

② 周美华编注:《蒋中正总统档案·事略稿本》第28册,(台北)“国史馆”2007年版,第384—385、385、424页。

过境以邻为壑为奇耻。……中亦期待甚殷，尚盼相与透切言之。失今不图，不特匪势坐大，湘桂川黔受其威胁，永无宁日，且党国前途，实亦不堪设想矣。”[①]言辞中明显对何键寄予厚望。为拉拢何键，蒋介石还在1934年11月12日任命其为“追剿”总司令，“所有北路入湘第六路总指挥薛岳所部及周浑元所部统归指挥，并率领在湘各部队及团队追剿西窜股匪，务须歼灭于湘、漓水以东地区”[②]。

鉴于第二道封锁线此时也已被红军突破，蒋介石于1934年11月14日电告何键：“现在匪已窜过一、二两线，今后倘再不幸窜过第三线，则扑灭更难，遗（贻）害国家不堪设想。”故希望其会同粤、桂两军，“妥为部署，分别严密追堵，务歼灭窜匪于湘水以东”。[③]同月中旬，南昌行营亦颁布“追剿”计划，要求“追剿军主力配合广西剿匪总指挥白崇禧所部，务乘朱、毛匪军主力窜至湘、桂边境之祁阳、零陵、全州一带，湘江以南，灌江以东地区围歼之。贵州之第二十五军王家烈部，应以有力之一部，在湘、黔边境之通道、锦屏、黎平一带扼要防守，堵匪北窜”[④]。22日，蒋介石又致电勉励各追堵部队：“此次朱、毛被我压迫，离开赣南老巢，窜据湘、粤、桂边境。如任其窜过湘、漓，将贻国家之巨患。各部如能协力追

---

① 周美华编注：《蒋中正总统档案·事略稿本》第28册，（台北）“国史馆”2007年版，第409页。

② 中国人民解放军历史资料丛书编审委员会编：《红军长征·参考资料》，解放军出版社1992年版，第102页。

③ 中国人民解放军历史资料丛书编审委员会编：《红军长征·参考资料》，解放军出版社1992年版，第113页。

④ 中国人民解放军历史资料丛书编审委员会编：《红军长征·参考资料》，解放军出版社1992年版，第109页。

堵，亦为歼赤匪之最好时机。”因此，“此次无论追、堵部队，不分界域，协同歼灭而后已”。[①]可谓念兹在兹，皆在追堵。

然而由于何键与白崇禧各有打算，蒋介石所期盼的“协同歼灭”并未实现，红军很快挺进湘江，并于1934年11月27日开始渡江。次日，蒋介石致电何键、白崇禧严厉呵斥道：“迭电固守河流，阻匪窜渡，何以全州沿至咸水之线并无守兵，任匪从容渡河，殊为失策。窜渡以后，又不闻我追堵各队有何处置，仍谓集结部队，待机截剿。匪已渡河，尚不当机立断痛予夹击，不知所待何机？ 可为浩叹”，“总之，窜匪一部漏网，已为失策，亡羊补牢，仍期各军之努力，歼匪主力于漓水以东、四关以西地区也。……勿任长驱西或北窜为要”。[②]12月8日，他还曾在日记中记述：“西窜之匪未能痛创，后患可虑。”[③]12月15日又记：“本周经过：甲、兜剿未成。”[④]其失望和担忧之情由此可见一斑。

事实上，蒋介石在此之前也考虑到万一未能在湘江以东扑灭红军，使其突至湘江以西，故于1934年11月17日预先拟定《湘水以西地区“会剿”计划大纲》。其方针为：“西窜之匪一部或其残部，如窜过湘、漓水以西，应以不使该匪能长驱入黔，会合川匪及蔓延湘西，与贺、萧合股之目的，围剿该匪于

① 中国人民解放军历史资料丛书编审委员会编：《红军长征·参考资料》，解放军出版社1992年版，第121页。

② 中国人民解放军历史资料丛书编审委员会编：《红军长征·参考资料》，解放军出版社1992年版，第134页。

③ 蒋介石日记，1934年12月8日，美国斯坦福大学胡佛研究所藏。

④ 周美华编注：《蒋中正总统档案·事略稿本》第28册，（台北）“国史馆”2007年版，第587页。

黎平、锦屏、黔阳以东，黔阳、武冈、宝庆以南，永州、桂林以西，龙胜、洪州以北地区以消灭之。”在这份大纲中，蒋介石还特别提醒黔军“应于锦屏、黎平两地控置有力部队，俟匪西窜时，相机堵击，阻其入境”。①而当红军果然突破湘江后，蒋又于12月12日重申该大纲：“兹为严防赣匪入黔，重申前令起见，各军守备区域，按照筱电规定地点，迅速完成碉堡，严守之。”②

不难看出，上述蒋介石命令的主旨有二：其一，“务歼灭窜匪于湘水以东”；其二，如若无法完成前项任务，则力求在湘江以西聚歼之，“严防赣匪入黔”。这也就意味着蒋介石这一时期最担心的是中央红军沿红六军团西征故道，经黔东北上，与湘西二、六军团或川北红四方面军会合或成掎角之势，因此希望能在湘桂黔边予以全歼，不让其进入贵州。从这个角度来看，那种认为蒋介石欲图西南、故意“放水”的观点，不免有些过度诠释，以致难脱穿凿附会之嫌。

三、“此时仍以先破赤匪为要也”

1934年12月中旬，红军放弃原定经湘西北上与红二、六军团会合的计划，转入贵州境内。而随着形势的演变，蒋介石的思路也发生了一些微妙变化。该月29日，他在日记中写道：“若为对倭计，以剿匪为掩护抗日之原则言之……乃仍以亲剿川黔残匪，以为经营西南根据之张本，亦未始非策也。当再熟

---

① 中国人民解放军历史资料丛书编审委员会编:《红军长征·参考资料》,解放军出版社1992年版,第115—116页。

② 中国人民解放军历史资料丛书编审委员会编:《红军长征·参考资料》,解放军出版社1992年版,第158页。

筹之！”①这条材料往往被人误解成蒋介石为进入西南而有意“放水”。对此，前文已详加辩驳，证明其并无纵容或驱赶红军进入西南之意。但不容否认，在红军入黔前后，蒋介石确实开始将“追剿”中共与统一西南这两个长期困扰他的问题结合起来进行考量。

1934 年秋，时任北平政务整理委员会秘书长的何其巩曾上书蒋介石提出：“今之论者，咸虑赣匪主力西窜，经湘入川，再造根据。职之愚见，则以为赣匪之可虑，不在其窜逃，而在其守险负隅，旷日持久。……基此推论，赣匪倘能在赣川以东，合围而聚歼之，固为上策。否则有计划的网开一面，迫其出窜，然后在追剿中予以节节之击灭，似亦不失为上策中之中策也。”这实际上与此前罗卓英的“驱其离巢，远处张网”之计不谋而合。何其巩还针对西南三省献策：“川滇黔三省，拥有七千万以上之人口，形险而地腴，煤盐油矿以及各种金属，皆不缺乏，足为国防之最后支撑点。宜乘徐匪猖獗之时，或在赣匪西窜之时，力加经营。即钧座不能亲往，亦宜派遣忠义大员，统率重兵入川。第一步清剿共匪，第二步整理三省军政，第三步发展交通及一切产业，在彼建立国防重工业之主要部门。一旦国际大战发生，乃能处于可战可守可进可退之地，争取最后之胜利，达到复兴民族之目的。”对何其巩的上述看

① 周美华编注：《蒋中正总统档案·事略稿本》第 28 册，(台北)“国史馆”2007 年版，第 673 页。

法，蒋介石颇为欣赏，批曰："颇中肯綮，足备参考。"①

从蒋介石事略稿本的有关记载来看，他在此之前也一直思考如何解决川黔问题。1934 年 11 月 26 日，蒋介石便致电薛岳："如匪不能在湘桂边境消灭，则中央追击两纵队应继续跟进，即入黔川腹地，亦所不辞，并预备入黔为要。"而 12 月 1 日蒋介石批阅何其巩之上书，显然又觉甚合其意，遂于同日再令薛岳："兄等应努力兜剿，切勿稍有犹豫。……如匪窜黔省，则我中央部队应不顾一切，直入贵州勿误。"②这表明他此时虽然仍渴望在湘桂边境全歼红军，但同时也做好红军一旦入黔，国民党中央军随即跟进，乘势渗入西南的准备。当时，蒋介石还曾对陈布雷说："川、黔、滇三省各自为政，共军入黔我们就可以跟进去，比我们专为图黔而用兵还好。川、滇为自救也不能不欢迎我们去，更无从借口阻止我们去，此乃政治上最好的机会。今后只要我们军事、政治、人事、经济调配适宜，必可造成统一局面。"③而事态的发展正如其所料。12 月 15 日红军攻克黎平后，贵州省主席王家烈因兵力薄弱，不得不电请"追剿"各部入黔"会剿"。这样，薛岳率领的国民党中央军也就顺理成章地进入了贵州。

薛岳进入贵州之初，蒋介石一方面仍令其加紧截击："据

① 周美华编注:《蒋中正总统档案·事略稿本》第 28 册,(台北)"国史馆"2007 年版,第 508—513 页。从何其巩所述有关内容来看,如"江西剿共军事已达最后阶段","日内如或得机面觐,当更从容陈对其详",这封上书应呈送于 1934 年 10 月蒋介石视察北平之时。不过据《事略稿本》记载,蒋至 12 月 1 日才见到并予以批阅。

② 周美华编注:《蒋中正总统档案·事略稿本》第 28 册,(台北)"国史馆"2007 年版,第 491、513 页。

③《围追堵截红军长征亲历记——原国民党将领的回忆》上册,中国文史出版社 1991 年版,第 11 页。

报，现匪主力由黎平向剑河、溶（榕）江逃窜。黔军力弱，恐难防堵，希督励所属，克日迅由晃县、玉屏直趋镇远截击，以期一举聚歼。”①他并告诫：“此次进剿镇远，行动太慢。无论友军如何，我军应不顾一切，独立专心进剿，勿使匪立主动，而我反陷于被动也。”②另一方面则进一步将“追剿”红军与解决西南二者相结合，以求实现“一石二鸟”。据薛岳幕僚李以劻回忆，蒋介石此时曾亲笔写信给薛岳指示机宜：“西南诸省久罹军阀鱼肉人民之苦。此次中央军西进，一面敉平匪患，一面结束军阀割据。中央军所至，即传播中央救民德意，同时也宣扬三民主义之精神。”③

对此，薛岳亦心领神会。1934 年 12 月 31 日，他致电蒋介石称：“本路军今次入黔，责在剿匪，间接亦为中央对西南政治设施之监视者。”这与蒋的思路极为吻合，故蒋当即复电：“所见甚是，当令筹备。”④后来，薛岳又谈及：“职对黔粤桂均用极诚恳态度应付，务使我军确实把握贵州，以为西南军事据点。”蒋介石也予以高度肯定，称其“处理得宜，无任欣慰”。⑤

在此期间，因为广西财源之命脉在于收取贵州鸦片过境

---

① 中国人民解放军历史资料丛书编审委员会编:《红军长征·参考资料》,解放军出版社 1992 年版,第 170 页。

② 周美华编注:《蒋中正总统档案·事略稿本》第 28 册,(台北)“国史馆”2007 年版,第 670 页。

③《围追堵截红军长征亲历记——原国民党将领的回忆》上册,中国文史出版社 1991 年版,第 39 页。

④ 周美华编注:《蒋中正总统档案·事略稿本》第 28 册,(台北)“国史馆”2007 年版,第 684 页。

⑤ 杨奎松:《国民党的“联共”与“反共”》,社会科学文献出版社 2008 年版,第 307 页。

税，故桂系对中央军入黔极为抗拒，亦派第七军军长廖磊率两师进入贵州，目标直指贵阳。在这种情况下，薛岳做出了一个令人吃惊的举动，竟置向乌江挺进的红军于不顾，率部一路直奔贵阳。1935 年 1 月 1 日，他向部下吴奇伟、周浑元两纵队发出密电："本路军以迅速向西追剿，免匪窜犯贵阳，而保我中心城市，以别〔利〕尔后向四川进剿之目的，以一部尾追，以主力进出于贵阳。"为避免王家烈和桂系警觉，薛岳还要求保密："本路军部署，不得向友军宣泄。"①

在经过一路狂奔后，薛岳部终于抢先进入贵阳。1935 年 1 月 5 日，他致电蒋介石，主张在贵阳整备，"再观匪行动，以妥定进剿机宜"。②而薛岳的这一休整，也恰为红军在遵义休整留出了难得的 12 天时间。陈云后来就说："这十二天的休息，使赤军在湘南之疲劳，完全恢复，精神一振；使以后之战争，不仅战斗力不减，反如生龙活虎。"他还分析："当时赤军之所以能得休息十二天者，由于南京进剿军薛周两部急急进贵阳城，争夺贵阳地盘，不愿向赤军攻击，深惧牺牲自己实力。"③可见中央军与西南地方势力之间的利益争夺确实一度影响了其"追剿"红军的进程。

但这并不意味着蒋介石有意"放水"④，毕竟其主观上从未

① 中国人民解放军历史资料丛书编审委员会编:《红军长征·参考资料》，解放军出版社 1992 年版，第 181 页。

② 中国人民解放军历史资料丛书编审委员会编:《红军长征·参考资料》，解放军出版社 1992 年版，第 191 页。

③ 《陈云文选》第 1 卷，人民出版社 1995 年版，第 59—60 页。

④ 胡羽高曾言:"中央军之目的，并不在剿灭共匪，而在征服黔川，不过藉追剿之美名，掩经略之手段，利用匪作向导，大军随后迫胁"，显系断定蒋介石"放水"。参见胡羽高编:《共匪西窜记》，贵阳羽高书店 1936 年版，第 267 页。

放松对红军的“围剿”。在他内心，“追剿”红军与解决西南固然最好“一石二鸟”，但前者无疑更重要，应首先考虑。1935年1月14日，薛岳在军内的靠山陈诚曾向蒋介石含蓄提出：“职意伯陵（薛岳）所率之中央部队，固应努力于追剿，以引起地方部队之观感，而资表率，但贵阳仍不可轻于放弃，似可以后方为名，控置一部作为根据，将来西南之军政上裨益必多。”在这封函电中，陈诚还请示：“钧座总揽全局，示人以公，或不便出此，可否由职秘密示意伯陵办理，乞电示遵。”[①]这显然是建议将重心放在统一西南上，同时探询蒋介石的态度。但从目前可见资料来看，蒋介石似乎并未允其所请。相反，他不断提醒薛岳：“此时仍以先破赤匪为要也”，“应严令周纵队与吴纵队会攻遵义之匪，然后再言其他”。[②]他自己也一再饬令各部加紧追堵，并做出有关部署，如下表所示：

1935年1月至4月蒋介石有关“追剿”文电节录[③]

文电名	主要内容
蒋介石关于速渡乌江追击中央红军给薛岳电(1月12日)	迅率所部渡过乌江,连络各友军,跟踪追剿,以收聚歼之效。
蒋介石关于在长江南岸“围剿”中央红军的计划(1月19日)	我军以追剿军蹑匪急追,压迫该匪于川江南岸地区,与扼守川南行动部队及各要点之防堵部队,合剿而聚歼之。

① 何智霖编:《陈诚先生书信集——与蒋中正先生往来函电》上册,(台北)“国史馆”2007年版,第154页。

② 高素兰编注:《蒋中正总统档案·事略稿本》第30册,(台北)“国史馆”2008年版,第22、21页。

③ 中国人民解放军历史资料丛书编审委员会编:《红军长征·参考资料》,解放军出版社1992年版,第245、257、265、280、286—287、317—318、352、366、376、432页。

续表

文电名	主要内容
蒋介石关于速向黔西北追击中央红军给薛岳电(1月25日)	现在匪已向西北窜,兄部与黔军应速完成追击,不失时机,予以猛烈之截击为要。
蒋介石关于划分第一、第二路军作战地域及限期消灭红军的电令(2月13日)	第二路军须协同川军,在大江以南,横江、筠连以东地区,将西窜之匪完全消灭。
蒋介石关于在赤水河以西地区消灭红军的部署(2月19日)	我军以集歼该匪于叙、蔺以南,赤水河西,仁怀、毕节以北地区之目的,拟连合各军向匪围剿……防匪盘旋西窜。
薛岳转蒋介石关于消灭中央红军于乌江以西地区的部署(2月27日)	我军亟应利用地形追剿与堵截,并努力将该匪聚歼于乌江以西地区。……如有贻误,定以纵匪论罪也。
蒋介石关于在乌江以西、赤水河以东消灭中央红军的部署(3月12日)	现拟将匪歼灭于乌江以西、赤水河以东地区……防匪西窜。
蒋介石关于在古蔺地区消灭红军的部署(3月16日)	我军以聚歼该匪于古蔺地区之目的,拟即分击与堵剿。
蒋介石关于在古蔺东南地区消灭中央红军的电令(3月30日)	以如许大兵包围该匪于狭小地区,此乃聚歼匪之良机。……剿匪成功,在此一举。勉之勉之。
蒋介石关于对中央红军采取积极攻势的训令(4月17日)	我军在黔对匪战术,应取积极攻势,不得到处防守,陷于被动地位,以致处处为匪乘隙偷窜,使我官兵东西奔驰,徒劳无功。

由上可知，红军在黔北活动期间，蒋介石频繁调动和督促各路部队，处心积虑欲消灭红军，何尝有“放水”之举？ 1935年3月14日，他还曾在日记中祈祷：“本日朱匪尚未窜出赤水河以东，犹在围剿之中，如上帝赐我中华以解放，尚可一网打

尽也。”[1]4月9日，蒋介石又致电各部强调：“为彻底歼匪之目的……追剿部队应不分昼夜衔尾追踪，迫其无暇抗战，促其崩溃，俾得乘机解决。此时万不可姑息官兵体力稍有滞濡，以免功亏一篑，贻害党国。”[2]10日，他再次训示各将领：“不顾一切，跟匪穷追，最为紧要。……所谓斩草除根，此其时矣！”[3]急切之情溢于言表。

在此期间，由于薛岳有意保存实力、占据贵州，希图黔军与红军两败俱伤，故行动一度偏于保守。为此，蒋介石曾告诫之：“军阀土匪如任其自杀，必有一伤，且必为军阀惨败无疑，结果徒增大匪势，恐中央亦无力收拾矣。故中央军此时万不可稍存观望，虽遭人疑忌，亦应努力为之。”[4]后来，他还一再痛斥薛岳等人“追剿”不力：“当此釜底游魂之匪，若再不乘机聚歼，运其智勇，各尽职责，则何颜再立于斯世？”[5]并责令薛岳：“现两广正藉口中央军在黔逗留不进，以罪中央。如果匪东窜，而我军不克积极追堵，则彼等更可加罪中央，而且使川军对中央亦受不良影响，则事更难为。务督各部向匪猛进，不得稍事贻误。”[6]与此同时，蒋介石甚至越过薛岳直接

---

① 高素兰编注:《蒋中正总统档案·事略稿本》第30册,(台北)“国史馆”2008年版,第121页。

② 中国人民解放军历史资料丛书编审委员会编:《红军长征·参考资料》,解放军出版社1992年版,第423页。

③ 何智霖编:《陈诚先生书信集——与友人书》上册,(台北)“国史馆”2009年版,第63页。

④ 高明芳编注:《蒋中正总统档案·事略稿本》第29册,(台北)“国史馆”2007年版,第309页。

⑤ 中国人民解放军历史资料丛书编审委员会编:《红军长征·参考资料》,解放军出版社1992年版,第360页。

⑥ 中国人民解放军历史资料丛书编审委员会编:《红军长征·参考资料》,解放军出版社1992年版,第315页。

电令周浑元：“请兄率部兼程急进，以后电报直致重庆可也。”[①]他还给中央军前线将领万耀煌下令：“务望兄亲自督率，急起直追，奋勇猛进，当此……我军歼匪之良机，切盼不顾一切，觅匪袭击，勿稍犹豫，完成使命。”[②]显而易见，蒋介石综合种种考虑，仍力主积极“追剿”。

1935 年 4 月，红军四渡赤水后通过佯攻贵阳，成功调出滇军主力孙渡所部，然后突然向西折入云南，这更是出乎蒋介石之预料，远非其能操纵。25 日，差点在贵阳被生擒而惊魂未定的蒋介石训令薛岳：“此次匪入滇境，山峦重叠，道路崎岖，给养困难，气候险恶，瘴雾弥漫，是匪自陷死地矣！ 我军若能追堵如计，必可消灭残匪于此滇、黔交界之中。”[③]然而，云南省主席龙云为保存实力，不欲与红军交手。30 日，他电告蒋介石：“匪仍在西北之间，而窜西窜北，实尚未明显。在此一二日内，职意各部队除追击者继续追击外，其尚在曲（靖）、沾（益）、威（宁）各县之部队，似宜暂驻原地，以观匪之行动如何，再行决定。”此电明显流露出一种消极避战的情绪。而同日，意欲雪洗耻辱的薛岳则致电蒋介石称：“我军应穷追，勿使其有喘息之余地而歼灭之于金沙江南岸，免使滋蔓滇西，为患将来。”面对这两种截然相反的建议，蒋介石于 5 月 1 日复电龙云：红军去向虽未判明，但仍须提前部署，

---

① 高素兰编注:《蒋中正总统档案·事略稿本》第 30 册,(台北)“国史馆”2008 年版,第 21 页。

② 高素兰编注:《蒋中正总统档案·事略稿本》第 30 册,(台北)“国史馆”2008 年版,第 251 页。

③ 中国人民解放军历史资料丛书编审委员会编:《红军长征·参考资料》,解放军出版社 1992 年版,第 441 页。

“务期歼灭于南岸地区也”。①

正在此时，红军已迅速逼近金沙江，蒋介石判断其将北渡入川与红四方面军会合，如此则更难处理，于是在1935年5月4日下令“追剿”部队：“周、吴、李各纵队，应由伯陵严督，不顾任何牺牲，追堵兜截，限歼匪于金沙江以南地区，否则以纵匪论罪。”②其亟欲剿灭红军之心态昭然若揭。而当红军顺利渡过金沙江后，蒋介石更是在日记中惊呼：“匪已全部渡过金沙江，其窜力之速，更增余人以恶疾之心理，非速灭此丑，则我民族无噍类矣。”③他还懊恼不已地写道：“上周朱毛股匪全部渡过金沙江，而我军各部迟滞呆笨，被其玩弄欺诈，殊为用兵一生莫大之耻辱。”并感慨：“残匪之机惊灵捷与我军之呆笨迟钝，更为民族前途忧，非全力扑灭此匪，国家与民族更不堪设想矣。”④沮丧和担忧之情表露无遗。

红军渡过金沙江后，快速向大渡河挺进。1935年5月11日，蒋介石电令薛岳和西康的刘文辉，要求其紧急部署，“封锁朱、毛股匪于金沙江以北、大渡河以南，雅陇（砻）江川（以）东地区”，予以“根本歼灭”。⑤15日，又委任杨森为大渡河守备指挥，并勉励其效仿活捉石达开的四川总督骆秉

---

① 中国人民解放军历史资料丛书编审委员会编:《红军长征·参考资料》,解放军出版社1992年版,第451页。

② 中国人民解放军历史资料丛书编审委员会编:《红军长征·参考资料》,解放军出版社1992年版,第456页。

③ 高素兰编注:《蒋中正总统档案·事略稿本》第31册,(台北)“国史馆”2008年版,第48页。

④ 蒋介石日记,1935年5月11日“本周反省录”,美国斯坦福大学胡佛研究所藏。

⑤ 中国人民解放军历史资料丛书编审委员会编:《红军长征·参考资料》,解放军出版社1992年版,第516页。

章，“予匪以迎头痛击”。[1]在做了初步安排后，他在18日的日记中祈愿：“惟愿刘杨辈能遵令布防，在大渡河得以一鼓歼灭耳。”[2]但红军最终还是成功摆脱了国民党部队的层层围追堵截，强渡大渡河、飞夺泸定桥，并翻越夹金山，在四川懋功与红四方面军胜利会师。面对这一失败结局，蒋介石不由哀叹：“我军节节败退，全无抵抗能力，以致士气沮丧，纪律荡然。剿匪前途良堪浩叹。”[3]其内心无疑充满了挫败感和失望感。

四、国民党“追剿”失败的真实原因

综上所述，从中央红军开始突围，蒋介石就认为“不可错过剿匪成功之大好机会”，企图用多道封锁线剿灭红军，阻其入黔。当红军进入贵州后，他又立即调兵遣将严令“聚歼”，并无驱其入川之意。在红军取道云南，经金沙江、大渡河北上期间，蒋介石同样兴师动众，期冀“一网打尽”“斩草除根”和“一鼓歼灭”。由是观之，所谓“放水”说显然不符合事实。试想，如果蒋介石有意纵共“西窜”，又何必多此一举修筑众多封锁线？而若非他频繁调动各部严密防堵，红军又何须四渡赤水、费尽周折？

那么，国民党“追剿”失败的原因究竟何在？毋庸置疑，首先是各地军阀貌合神离，彼此猜忌，钩心斗角，各求自保。

---

① 中国人民解放军历史资料丛书编审委员会编:《红军长征·参考资料》，解放军出版社1992年版，第518页。

② 蒋介石日记，1935年5月18日“本周反省录”，美国斯坦福大学胡佛研究所藏。

③ 中国人民解放军历史资料丛书编审委员会编:《红军长征·参考资料》，解放军出版社1992年版，第562页。

关于粤系借道以及桂系对红军实行“送客式的追击，敲梆式的防堵”，前人已不乏描述，在此不赘，仅补充一些川军、黔军和滇军的材料。四川军阀邓锡侯曾对部下面授机宜：“追击部队应与共军保持一日距离，既不失共军行踪，也不认真追击，放放空枪空炮，只要能上报就算了事。”时任川军第三师副团长的奉伯常也回忆：“在尾追途中，红军停我停，等红军走了又才前进。每日侦询土人和因伤病散失的红军，了解中央红军走向，上报应付蒋中央。”①另外，白崇禧晚年在忆及红军长征时亦说：“国军所以不能将之完全歼灭之原因，主要是部队素质不一，未能同心戮力；以致形成追击迟缓，堵击不力的结果。譬如，匪窜至贵州时，国军不仅堵不住，反而被匪打败；龙云部队若戮力剿匪，匪根本不能渡过金沙江。”②从这个意义上说，尽管蒋介石本人不曾“放水”，但各地方实力派则确实屡屡敷衍。

而且在与地方实力派博弈的过程中，蒋介石虽然最终获胜，但也有些做法不甚明智。1935 年 6 月，大渡河会战刚结束，蒋介石便开始着手裁撤川军。5 日，他在成都对川军高级将领说：“现在我们剿不了土匪，并不是土匪怎么厉害，完全是因为我们自己的军队不健全。”所以，“讲到整理四川的军队，第一件根本的事情，就是先要裁兵。我看以现在四川兵额之多，部队之杂，至少要裁去半数以上。然后才可以谈到整

① 李涛、李海编著:《国民党将领看长征》,军事科学出版社 2004 年版,第 237 页。

② 《白崇禧先生访问纪录》上册,(台北)“中央研究院”近代史研究所 1989 年版,第 121 页。

理”。①同月下旬，行营参谋团就发布命令：“查全川部队，兵额太多，最短期间，实非裁减半数不可。”②这一措施显然操之过急，极大地打击了川军的积极性。刘湘后来即曾指出：“朱毛徐张在懋功合股，若言天时，则天寒地冻；若言地利，则贫瘠草荒；若言人和，则内讧军分。而我军事当局，却坐视良机，不作长围高困之图，仍本一贯改编杂牌旧套，下令全川6军限期一律整编。因此，疲倦不堪之朱毛得以喘息，振羽重飞，此非朱毛徐张有绝大本领，实在是我们中枢当局无‘剿共’真经。”③言辞中明显对蒋介石裁撤川军耿耿于怀。

其次，围追堵截的战略战术因循呆板。蒋介石围追堵截红军长征的战略战术，基本上还是沿袭第五次“围剿”时的堡垒政策。他曾对川军将领说：“现在我们剿匪，一面要严密防堵，勿使流窜，一面就要紧合长围，使之坐毙。为达到这个目的，最稳健最有效的办法，就是多筑碉堡，多做防御工事。……碉堡线可说是我们的万里长城，这个长城筑得坚固，就可以困死土匪！……所以多筑碉堡实是剿匪工作中最要之一着。”④然而，堡垒政策亦有其局限：其一，碉堡只能以封锁围困为目标，不能大规模杀伤对方有生力量。其二，堡垒政策须以对手固守阵地为前提方能奏效，缺乏机动性和灵活性。这就

① 秦孝仪编：《总统蒋公思想言论总集》第13卷，(台北)中国国民党中央委员会党史委员会1984年版，第223页。

② 中国人民解放军历史资料丛书编审委员会编：《红军长征·参考资料》，解放军出版社1992年版，第583页。

③ 李涛、李海编著：《国民党将领看长征》，军事科学出版社2004年版，第255页。

④ 秦孝仪编：《总统蒋公思想言论总集》第13卷，(台北)中国国民党中央委员会党史委员会1984年版，第219—220页。

决定了堡垒政策一般只适用于包围某个固定区域，而不适用于运动战中的歼敌，尤其是在行动敏捷的红军面前更显得十分笨拙。其三，修筑碉堡需耗费时日，无法立竿见影。如红军三渡赤水后，蒋介石下令“扼要各渡河点，星夜赶筑据点碉堡工事”，“统限三天完成”。对此，孙渡曾向龙云分析：“匪利在运动战，我军则不问匪情及时间许可与否，动云布防数百里，赶筑碉堡，并随时为匪被（牵）动，头痛医头，脚痛医脚，反一无所成。”故龙云向蒋介石提出：“构筑碉堡，固属要图，但材料款项均缺，时间亦不许可。目下匪情，倾向流动，一有变化，又成虚设。”但蒋介石并不接受，仍“以筑碉堡为最善”。①因此当国民党军队尚在川南和黔北赶筑碉堡时，红军已四渡赤水，将之甩在身后，远走高飞了。

最后，国民党部队士气低落，缺乏战斗力。黔军素有“双枪兵”之称固不待言，即使是国民党中央军，在红军飘忽无常、行动迅猛的打击下也同样兵无斗志。1935 年 3 月，蒋介石便因红军三渡赤水而在日记中痛斥周浑元：“纵其西窜，痛心极矣！”红军四渡赤水后，他又骂周“束手无策，屡令不进，屡戒不悛，孺子不可教也。可叹！”4 月 4 日，蒋再次在日记中发火：“对匪情判断处置，皆如此料。惜将士愚弱，不能遵照旨意，致匪东西自如，不能如计歼灭，任其偷窜者三次。失却良机，可痛！”②同日，他还电责部下：“查现在大部股匪，任意窜渡大河巨川。而我防守部队，不能于匪窜渡之际

---

① 周朝举主编：《红军黔滇驰骋史料总汇》中集第二分册，军事科学出版社 1990 年版，第 992、994、999—1000、1001 页。

② 高素兰编注：《蒋中正总统档案·事略稿本》第 30 册，（台北）“国史馆”2008 年版，第 129、236、327 页。

及时制止，或于匪渡河之际击其半渡。甚至匪之主力已经渡过，而我军迄无查觉。军队如此腐败，实所罕见。……上下相率懒慢怠忽，敷衍塞责。……军人至此，可谓无耻之极。”[①]同月8日，他又严责吴奇伟追击红军不力：“对此区区残匪，既不敢进攻，犹恐被匪诱入夹击……如此旷日持久，怕匪畏匪，尚能革命乎？ 此（非）剿匪而乃避匪，最后纵匪之逃窜而已。军人至此，精神安在？”[②]21日，蒋介石还曾在日记中记载：“薛部之无组织与其卫兵之无训练，思之忧虑。”[③]但言者谆谆听者藐藐，国民党部队之疲沓风气依然如故。

当然，国民党“追剿”失败的最主要原因还在于红军的指挥正确和英勇善战。特别是遵义会议后毛泽东重新开始领导红军，随机应变，实行机动灵活的战略战术，走出了一步步好棋。1935年2月，中共中央、中革军委明确提出：“为了有把握的求得胜利，我们必须寻求有利的时机与地区去消灭敌人，在不利的条件下，我们应该拒绝那种冒险的没有胜利把握的战斗。因此红军必须经常的转移作战地区，有时向东，有时向西，有时走大路，有时走小路，有时走老路，有时走新路，而唯一的目的是为了在有利条件下，求得作战的胜利。”[④]这就改变了此前红军在李德的指挥下一度墨守僵化、盲目硬拼的作

---

① 中国人民解放军历史资料丛书编审委员会编:《红军长征·参考资料》,解放军出版社1992年版,第393页。

② 中国人民解放军历史资料丛书编审委员会编:《红军长征·参考资料》,解放军出版社1992年版,第409页。

③ 高素兰编注:《蒋中正总统档案·事略稿本》第30册,(台北)“国史馆”2008年版,第540页。

④ 中国人民解放军历史资料丛书编审委员会编:《红军长征·文献》,解放军出版社1995年版,第262页。

战方式，重新获得了勃勃生机。

在此期间，中央红军在毛泽东的领导下，充分发扬运动战的优长，根据情况的变化，迅速及时地变换作战方向，纵横驰骋于川滇黔广大地区，迂回穿插于数十万敌军之间，在广阔的战场上声东击西，忽南忽北，不断调动和迷惑敌人，创造战机，出其不意、避实就虚地打击敌人，先后四渡赤水，并乘虚南渡乌江，跳出了优势敌军的包围圈。接着威逼贵阳，分兵黔东，进军云南，巧渡金沙江，粉碎了敌人彻底消灭红军的企图，取得了战略转移中具有决定意义的重大胜利。对这段历史，时任中央红军总参谋长的刘伯承曾评论："遵义会议以后，我军一反以前的情况，好像忽然获得了新的生命，迂回曲折，穿插于敌人之间，以为我向东却又向西，以为我渡江北上却又远途回击，处处主动，生龙活虎，左右敌人。我军一动，敌又须重摆阵势，因而我军得以从容休息，发动群众，扩大红军。待敌部署就绪，我们却又打到别处去了。弄得敌人扑朔迷离，处处挨打，疲于奔命。"①时任红三军团第四师政治部主任的张爱萍也评价："从遵义到胜利地渡过大渡河与四方面军会师，是中央红军二万五千里长征途中最关紧要的带有决定意义的阶段。也是红军长征中行动最积极、最活跃的阶段。是战争史上的最光辉的范例。"②

其中，四渡赤水尤其展现了毛泽东高超的军事指挥艺术。1935 年 1 月 19 日，中央红军由遵义北进，相机从泸州、宜宾之间北渡长江，因遭遇国民党重兵封锁，遂于 29 日一渡赤水，挥

① 《刘伯承回忆录》，上海文艺出版社 1981 年版，第 7 页。

② 中国人民解放军历史资料丛书编审委员会编：《红军长征回忆史料》(1)，解放军出版社 1990 年版，第 282 页。

师西进川滇边的扎西。川滇敌军很快从南北两面扑来。这时红军决定暂缓执行北渡计划，掉头东进，于2月18日至21日二渡赤水，重入贵州，奇袭娄山关，再占遵义城，击溃了国民党中央军吴奇伟纵队两个师和黔军王家烈部八个团，俘敌3000余人，缴获大批武器弹药。这是中央红军长征以来的首次大胜，沉重打击了敌军的气焰，鼓舞了红军的斗志。蒋介石在打了败仗后，调整部署，指挥多路敌军向遵义一带合围。红军则再次转兵西进，于3月16日至17日三渡赤水，重入川南。蒋介石误以为红军又要北渡长江，急调重兵围堵。红军却乘敌不备突然挥师东进，折返贵州，于3月21日至22日四渡赤水，随即南渡乌江，摆脱了敌人重兵的围追堵截。由此可见，四渡赤水无疑是中央红军在战略转移中由被动转为主动，由挫折走向胜利的转折点，是红军长征中最惊心动魄、最精彩的军事行动。

在四渡赤水中，红军在广阔战线上机动作战，牵着敌人的鼻子来回打转，使敌军捉摸不透其行动方向，“追剿”计划屡屡落空。如红军第四次渡过赤水后，滇军司令官孙渡便说：“匪素用曲线行动，是否其主力东窜，拟以一部东窜，而主力仍西窜，不得而知。”①其对红军行动无可奈何之窘态，跃然纸上。蒋介石此时也一再在日记中表示困惑：“匪由茅台西窜。其再转南转北，抑留一部于东面乎？”“匪果由沙土西窜乎？ 抑图偷乌江东窜乎？”完全被弄得晕头转向。他还夸赞

---

① 周朝举主编:《红军黔滇驰骋史料总汇》中集第二分册，军事科学出版社1990年版，第1106页。

红军“迅速可羡”。[①]1935 年 4 月他在贵阳对高级将领训话时，也承认红军“或东或西、时进时退，使我们不易判明他的企图”[②]。他还说：“现在我们可以算得清楚：土匪最多不过一万人左右。我们有这许多军队来围剿，却任他东逃西窜，好像和我们军队玩弄一般，这实在是我们最可耻的事情！……将来战史上评论起来，这就是我们最大的失败！”[③]

总之，国民党“追剿”失败是由诸多因素造成的，所谓蒋介石“放水”说纯属臆测，与事实相去甚远。深入来看，或许蒋介石的某些决策在客观上有利于红军突围，但其主观上从未有意“放水”。进而言之，尽管蒋介石后来借“追剿”之机统一了西南，但我们却不能倒果为因地反推他当初便纵共“西窜”。1935 年 6 月 30 日，蒋介石曾在半年反省录中总结：经过一路围追堵截，红军“人数亦杀减十之九以上，然而未得完全歼灭，恐遗后患，是乃学识智虑不精之过。然而川滇黔因此得以统一，完全入于中央范围之中，国家地位与民族基础皆能因此巩固。……深信上帝之使命决非偶然者也”[④]。这说明他始终将“追剿”视为首要任务，并深以未竟全功为憾，而解决西南问题只是其聊以自慰的一个收获而已。至于张戎言之凿凿地认定蒋介石“放水”的另一动机是为了换回其子蒋经国，则

① 高素兰编注：《蒋中正总统档案·事略稿本》第 30 册，(台北)“国史馆”2008 年版，第 128、249、522 页。

② 秦孝仪编：《总统蒋公思想言论总集》第 13 卷，(台北)中国国民党中央委员会党史委员会 1984 年版，第 160 页。

③ 秦孝仪编：《总统蒋公思想言论总集》第 13 卷，(台北)中国国民党中央委员会党史委员会 1984 年版，第 148 页。

④ 高素兰编注：《蒋中正总统档案·事略稿本》第 31 册，(台北)“国史馆”2008 年版，第 512 页。

更是无稽之谈。1934 年 7 月 7 日，蒋介石曾在日记中明确表示："非消灭赣匪，不能与俄谈话。"①此种必欲除之而后快之语，足见其反共决心。况且，当宋庆龄于 1931 年建议释放共产国际联络员牛兰夫妇以遣返蒋经国时，蒋介石都坚决回绝："余宁使经儿不还，或任被苏俄残杀，决不愿以害国之罪犯而换我亲子也。"②他又怎么可能因此放弃"剿灭"中共的大好机会呢？

① 高素兰编注:《蒋中正总统档案·事略稿本》第 26 册,(台北)"国史馆"2006 年版,第 499 页。

② 周美华编注:《蒋中正总统档案·事略稿本》第 12 册,(台北)"国史馆"2006 年版,第 465 页。

关于蒋介石“放水”长征说的再辨析

长期以来，许多人认为在中央红军长征前后，蒋介石为了实现某种目的特别是统一西南，故意放中共突围，并驱赶其进入云贵川。但揆诸史实，这种说法纯属牵强附会之臆测。对此，笔者已在前文详加批驳。唯有几个具体细节尚未完全澄清，故本节拟再做辨析。

一、蒋介石为何未派更多中央军参加“追剿”？

仔细考察，蒋介石“放水”说虽在近年甚嚣尘上，但其实由来已久。1936 年，曾任赣粤闽湘鄂“剿匪”军西路军总司令部顾问的胡羽高在其编撰的《共匪西窜记》一书中，便批评蒋介石“纵共西窜”。为证明此点，他一再质疑蒋介石“为何不多派劲旅，拦头截击，使西窜大股，归于扑灭，而必保留如此庞大无伦之军队，绥靖残匪散兵”，“当共匪深入湘南之后，南昌行营，除派薛岳周浑元两部尾随之外，并不简派精锐师旅，绕出匪之先头或侧翼，分途截堵，竟令数十师庞大兵力，摆在闽赣粤匪残区中，而美其名曰绥靖”。[①]不难看出，他认为蒋介石未倾全力“追剿”，乃因有意“放水”。

事实上，蒋介石未派更多中央军参加“追剿”，是出于其他原因，并非其欲“放水”。个中缘由，金冲及先生曾从三个方面做了解释[②]。笔者拟在其基础上，结合更多史料予以分析。

首先，蒋介石低估了突围红军的战力。经过一年“围剿”，蒋介石认为红军已是强弩之末，即便突围亦成“流寇”，必将很快覆灭。1934 年 10 月 20 日，他非常乐观地告诉西路军总司令何键：“判断匪之企图西窜行将实现。我军方针，首在巩固赣、信、安、寻第一纵线，务期聚歼该匪于此线以东地区。至第二、第三各纵线无非用作补助。”[③]11 月 9 日，他又致电南路军总司令陈济棠：“现窜匪离巢，复经重创，自必愈形慌乱。”[④]这一时期，他还告知“追剿”军前敌总指挥薛岳：“要令各军将士，应认识西窜流寇，人数虽众，乃多裹挟；在江西经国军四年血战，无以生存，才相率西逃。今已势穷力蹙，内部不和，缺粮缺弹，形如缺水之鱼。”[⑤]这些都说明蒋介石最初对“追剿”前景充满信心。在这种情况下，他认为薛岳统领中央军 8 个师加 1 支队，联合湘军何键所部 7 个

① 胡羽高编:《共匪西窜记》,贵阳羽高书店 1936 年版,第 158、13 页。

② 金冲及撰:《中央红军在贵州的若干重大问题》,载《历史研究》2014 年第 1 期

③ 中国人民解放军历史资料丛书编审委员会编:《红军长征 · 参考资料》,解放军出版社 1992 年版,第 77 页。

④ 周美华编注:《蒋中正总统档案 · 事略稿本》第 28 册,(台北)“国史馆”2007 年版,第 424 页。

⑤ 《围追堵截红军长征亲历记——原国民党将领的回忆》上册,中国文史出版社 1991 年版,第 39 页。

师加1旅，粤军陈济棠所部8个师加1个独立旅，桂军李宗仁、白崇禧所部5个师，共约30个师，担负“追剿”任务，应该已是绰绰有余。

其次，红军主力虽已离开中央苏区，但仍留下项英、陈毅等将领率数万留守部队在那里坚持游击战争（国民党方面后来认为有3.7万人），另外还有寻淮洲、方志敏的“北上抗日先遣队”活跃在闽浙赣苏区，国民党的“清剿”和“绥靖”工作依然繁重。1934年10月24日，陈诚电呈蒋介石：“以现势观之，匪已西窜，如由进剿部队追击，不但追不可及，且亦不可能。此时就军队本身及环境观之，可令周浑元部队就近准备稍追外，其余实有整理并从速肃清残匪之必要。”[①]而此时的蒋介石也不完全清楚红军到底留下多少兵力，故十分慎重，任命原北路军总司令顾祝同为驻赣绥靖主任，原东路军总司令蒋鼎文为驻闽绥靖主任，率30多个师的兵力，继续致力摧毁中央苏区，以免中共“死灰复燃”。至于陈诚，蒋介石原想委任其为“追剿”军前敌总指挥，但陈诚保荐薛岳，蒋亦表示同意，遂改任陈诚为预备军总指挥，集中亟待休整的嫡系部队作为机动以策应各方需要。[②]另据国民党军第四军副军长陈芝馨分析，此安排的原因之一就是“蒋介石考虑到江西方面困难重重，须由陈诚负责”[③]。11月12日，蒋介石还电告陈诚：“吾人当前最急之务，为湘边追击及赣南清剿，必须用其全力先完成此

---

① 何智霖编:《陈诚先生书信集——与蒋中正先生往来函电》上册,(台北)“国史馆”2007年版,第141页。

② 《围追堵截红军长征亲历记——原国民党将领的回忆》上册,中国文史出版社1991年版,第5页。

③ 魏鉴贤:《随薛岳所部追堵红军长征的见闻》,《文史资料选辑》第62辑,中华书局1979年版,第48页。

种任务。”①这里将“清剿”与“追击”二者并提，足见他对“清剿”的重视程度。

再次，当时粤系、湘系、桂系与蒋介石均貌合神离、互存敌意，如果派更多中央军参加“追剿”，大批开入地方实力派的势力范围，势必引起他们的疑惧和猜忌，从而激化矛盾。因此，蒋介石在此问题上不得不小心翼翼。1934 年 11 月，薛岳率部进入湖南后，蒋任命湖南省主席何键为“追剿”总司令，“所有北路入湘第六路总指挥薛岳所部，及周浑元所部，统归指挥；并率领在湘各部队及团队，追剿西窜股匪，务须歼灭于湘、漓水以东地区”②。这显然是为了安抚何键，表示无并吞之意。

最后，蒋介石之所以留驻重兵于中央苏区，还因为他担心中央红军突然杀回。在前几次“围剿”中，红军声东击西、神出鬼没的战法给国民党军队造成了很大杀伤，尤其是经常使用“回马枪”战术。这也给蒋介石留下了极为深刻的印象。1934 年 3 月 10 日，他在给陈诚的电报中便提醒：“无论匪主力有否向广昌以南退窜，即使其真正南窜时，亦必乘我不备，总有回头向我反攻之一日。证诸往事，历历不爽。故须严令各部时时紧防。”③不难想见，虽然红军主力后来突围，但蒋介石出于戒备之心，害怕红军“回窜”，仍未敢倾巢追击。

总之，由于各种复杂的原因，蒋介石将较多中央军留在江

---

① 周美华编注:《蒋中正总统档案·事略稿本》第 28 册,(台北)“国史馆”2007 年版,第 442 页。

② 中国人民解放军历史资料丛书编审委员会编:《红军长征·参考资料》,解放军出版社 1992 年版,第 102 页。

③ 何智霖编:《陈诚先生书信集——与蒋中正先生往来函电》上册,(台北)“国史馆”2007 年版,第 130 页。

西进行“清剿”，只派部分兵力参加“追剿”。这是他综合考量诸多因素后的决策。从后见之明看，这一决策虽不无失当之处，但不能简单视之为“放水”。试想，他如欲“放水”，为何不派出更少部队？ 那样岂不更便于“纵共西窜”？

二、国民党中央军在湖南为何没有大的战斗?

中央红军开始长征后，由于与陈济棠达成借道协议，很快突破第一道封锁线。粤系只求自保、未尽全力一事，已是人所共知。但国民党中央军在湖南境内的表现也颇为人诟病。时任“追剿”部队第四军吴奇伟部参谋的魏鉴贤曾回忆，薛岳率领的吴奇伟、周浑元“两个纵队均在红军的右侧后，相距红军甚远，直至贵州边境，没有与红军接触过”①。胡羽高在《共匪西窜记》一书中也写道：“薛路自吉安出发后，与共匪朱毛齐驱并驾，平行千数百里，该路始终不肯堵住匪的马头。”②李宗仁更是抱怨：“共军入湘之后，按当时情势，中央军本可利用粤汉铁路和湘江，水陆两路南下，截击共军，使其首尾不能相顾。而蒋先生却屯兵湘北，任共军西行，然后中央军缓缓南下，迫使共军入桂。”③这无疑是暗讽蒋介石“放水”，有意驱共入桂。

如果说李宗仁等人是站在批评的立场上指责蒋介石“放水”，那蒋纬国则从为国民党“追剿”失败辩护这一动机出

---

① 魏鉴贤:《随薛岳所部追堵红军长征的见闻》,《文史资料选辑》第62辑，中华书局1979年版,第50页。

② 胡羽高编:《共匪西窜记》,贵阳羽高书店1936年版,第258页。

③ 李宗仁口述,唐德刚撰写:《李宗仁回忆录》下卷,华东师范大学出版社1995年版,第478页。

发，同样也点明蒋介石“放水”。他说有一个退休的空军大队长曾回忆：“当年他当飞行员时，奉命勘查江西突围时部队所走的路线，但是他发现国军并不是去追击（尾追或超越追击）。国军再怎么穷，当时动员几百辆卡车，装载一部分部队，那怕只有一个师或一个团都能够先追到前面将中共军队堵住再加以围剿，中共的退兵也不致于能打得过国军，但是实际的情形却是南北边各有一支部队，中共走多远，我们的军队就走多远，也没有超越他们，这哪里是追击，简直是护航。”①

显而易见，以上说法都认为因为蒋介石有意“放水”，所以国民党中央军在湖南未与红军发生大规模接触，甚至一路“护送”红军。但客观来看，这种观点未免过于武断。实际上，薛岳所部之所以在湖南没有大的战斗，是有各种原因的。

首先，应该承认，蒋介石确有借刀杀人、坐山观虎斗的心理，希望恶仗主要由粤军、湘军、桂军去打。这或许也是他未派更多中央军参加“追剿”的一个原因。在其如意算盘中，如果各地军阀同红军打得两败俱伤，他正好可坐收渔翁之利。对蒋的这种心理，共产国际驻华军事总顾问施特恩曾有过精辟分析：“蒋介石从来未让自己的嫡系部队参加对红军的斗争，他始终利用自己潜在竞争者的部队来对付红军。因此结果是，尽管损失惨重，但他本人最后在军事方面还是得到了加强。”由此可见，“蒋介石把承担牺牲的必要性算计到何等程度”②。然而，这并不意味着蒋介石有意放红军一马，毕竟他主观上还

---

① 蒋纬国口述，刘凤翰整理：《蒋纬国口述自传》，中国大百科全书出版社2008年版，第6页。

② 中共中央党史研究室第一研究部译：《共产国际、联共（布）与中国革命档案资料丛书》第13卷，中共党史出版社2007年版，第606—607页。

是非常渴望消灭红军的。在此期间，他不仅在日记中勉励自己："不可错过剿匪成功之大好机会。"①还不断电令部下（包括薛岳、何键、陈济棠、白崇禧等人）加紧堵截，以实现"一网打尽"红军之目的。试想，如果他有意"放水"，欲驱赶和尾随红军进入西南，又怎会三令五申、严令聚歼红军呢？

其次，"追剿"初期国民党中央军的追击颇为努力，并非如蒋纬国所说的不去追击。由于此前已在红军西去途中修筑多道纵向封锁线，且多由粤军、湘军、桂军负责防堵，因此薛岳部队的主要任务便是尾追和伺机截击。1934年11月1日，红军野战司令部曾致电各军团及纵队，通报敌军跟追我军战术："'追剿'部队在挺进我军前方或尾追时，亦须与我分列行进，乘机猛击我行进部队中部；尾击时，力求与我保持接触"，"如跟踪不上，不可距我太远。在我行亦行，我止敌亦行，在我追中行进或宿营时赶到而行袭击，使我不及休息，以致沿途溃散"。②这说明国民党中央军仍是穷追不舍的，并未消极避战。历史地看来，他们在侧击和尾击两种战术中更多采用的是后者，这其实也是一种不得已的做法。当时担任"追剿"任务的万耀煌晚年就说："我们虽然有碉堡线围住共匪，可是碉堡是单线，是阻不住共匪突围的，追击时也是困难重重，匪的流动性大，流窜方向不定而飘忽，不能侧击，只好在后面跟进。"③应该说，这种不断袭扰是一个比较明智的做

① 周美华编注：《蒋中正总统档案·事略稿本》第28册，（台北）"国史馆"2007年版，第423—424页。

② 中国人民解放军历史资料丛书编审委员会编：《红军长征·文献》，解放军出版社1995年版，第116页。

③ 《万耀煌先生访问纪录》，（台北）"中央研究院"近代史研究所1993年版，第343页。

法，给红军造成了不小损失。

再次，薛岳曾率部抢先堵截红军，并非像蒋纬国所说从未超越追击。1934 年 10 月 30 日，薛岳刚开始“追剿”时便制订了《第六路军“追剿”中央红军的作战计划》，规定：“本路军以歼灭朱、毛赤匪之目的，速向永州附近集中堵截匪之西窜，尔后视战况之推移，务压迫该匪于湘粤赣边境地区而聚歼之。”并要求：“各部队之行动，切不可因小匪牵制而迟滞其前进。”11 月 12 日，蒋介石也电令薛岳：“赣匪西窜甚速，现已超过郴、宜线。应照前令，兼程取捷径直趋永州。”①14 日，蒋又致电薛岳：“途中不可为散匪牵制，应不顾一切取直径从速到达永州，并限先头部队于哿日前到永州勿误。”②后来的行程亦大致如此，薛岳抢先占领了永州，封锁了红军北上路线。

第四，蒋介石和薛岳之所以要抢占永州，是为了防止红军经湘西北上与贺龙、萧克二、六军团会合。中央红军长征的最初想法就是到湘西根据地去重振旗鼓，国民党对此也早有判断，十分提防。时任蒋介石侍从室主任的晏道刚后来回忆：“蒋介石心目中最害怕的是红军在湖南重建根据地，怕中央红军与贺龙所部红军会合，将来在鄂湘川黔建成一片苏区。故在 11 月中旬指示何键、薛岳部署：以湘军刘建绪部在湘江东岸布防，以吴奇伟率中央军 5 个师，沿湘桂公路进行侧击，保持机动，防止红军北上（怕红二、六军团会合）。以周浑元部尾追

---

① 中国人民解放军历史资料丛书编审委员会编:《红军长征·参考资料》，解放军出版社 1992 年版，第 90、97 页。

② 周美华编注:《蒋中正总统档案·事略稿本》第 28 册，(台北)“国史馆”2007 年版，第 445 页。

红军，取道宁远进占道县加以确保。”蒋介石此时还提醒薛岳：“如侦察匪军有久盘之计，务即合围，毋容其再度生根。对朱、毛与贺龙合股之企图，务必随时洞察其奸，在战略上要经常注意，加以防范。”①

根据蒋介石这一指示，薛岳于1934年11月18日抵达衡阳后，立即与何键召开军事会议，商讨会剿事宜，并做出如下具体部署：湘军刘建绪部（辖4个师）于25日以前到达桂北全州，接替原驻守的桂系部队，沿湘江布防，从西面堵击红军。桂系夏威部（第十五军）驻守灌阳，从南面侧击红军；中央军周浑元部（辖4个师）从东面追击红军。自己则亲率5个师及一个支队，“沿湘桂公路经祁阳、零陵向黄沙河前进，策应追堵各纵队之作战，主要防红军北上”。很明显，薛岳试图以湘江为依托，令湘军从西面，桂军从南面，周浑元部从东面，自己坐镇北面，四面围击红军，正所谓布下了一个“天炉阵”。11月25日，他明确电告周浑元：“力求压迫其主力决战于湘江，进入我天炉阵而击破之。”②

由上可知，国民党中央军在稍后的湘江一战中之所以未与红军有大的战斗，是因其将主力置于北面以防堵红军北上，亦即毛泽东所说的敌人已在去往湘西的路上布下了大口袋。而这无疑是一项异常艰巨的任务。如果不是因为“通道转兵”，中共中央决定转向敌人兵力薄弱的贵州，如果红军仍按原计划北上湘西，那薛岳所部必将与之正面交手，一场恶战不可避免。

---

① 《围追堵截红军长征亲历记——原国民党将领的回忆》上册，中国文史出版社1991年版，第7—8、38页。

② 《围追堵截红军长征亲历记——原国民党将领的回忆》上册，中国文史出版社1991年版，第46、47页。

但历史在这里奇妙地转了一个弯，将双方主力的较量往后延滞了一段时间。晏道刚便说：“薛岳所率吴奇伟部及直辖部队，由于红军不是由永州北上与红二、六军团会师的，该部在湘南境内没有战斗”，“薛岳所率周浑元部，这次也没有大的战斗。惟该部抢先占领道县，使红军行动受阻，达成战略任务，曾受到蒋的嘉奖”。①对此事的来龙去脉和其中奥妙，描述得可谓相当清楚。

综上所述，蒋介石之所以未派更多中央军参加“追剿”，以及国民党中央军在湖南没有大的战斗，都是由各种复杂因素造成的，有时还带有历史的机缘巧合。在这个决策过程中，虽然不乏蒋介石的工于心计及其与地方实力派的相互博弈，但仍不宜简单断言他有意“放水”。至于蒋纬国用“放水”说为其父“追剿”失败开脱时，也往往违背了历史的常识。如他回忆蒋介石到西南后对刘湘、龙云等军阀说：“国军马上就到，而且我们不想在你们这里打，因为不论胜负，对地方来说总是骚扰，我们要逼他们到陕西后就范。”②这完全是无中生有的杜撰。当时中共中央自己尚在不断变动长征的目的地，最终确定为陕北已是很晚的事。蒋介石又怎能未卜先知，预先算到红军的落脚点便是陕西呢？

---

① 《围追堵截红军长征亲历记——原国民党将领的回忆》上册，中国文史出版社 1991 年版，第 9—10 页。

② 蒋纬国口述，刘凤翰整理：《蒋纬国口述自传》，中国大百科全书出版社 2008 年版，第 6 页。

外国学者笔下的红军长征

中国工农红军长征是人类历史上的空前壮举，已经成为20世纪的一个伟大传奇，引起了世人的广泛关注。美国记者埃德加·斯诺的《红星照耀中国》（又名《西行漫记》）是首部全面报道红军长征的著作，在国际上产生了强烈反响。他在书中写道："不论你对红军有什么看法，对他们的政治立场有什么看法，但是不能不承认他们的长征是军事史上的伟大业绩之一。"他还预言："总有一天有人会把这部激动人心的远征史诗全部写下来。"①

正如斯诺所预言，80多年来，不少外国学者怀着极其浓厚的兴趣研究长征，出版了一系列有关长征的专著。如日本学者冈本隆三分别于1965年和1969年出版《长征——中国革命锻炼的记录》和《中国革命长征史》二书，英国的中国问题专家迪克·威尔逊1971年出版《一九三五年长征：中国共产主义生

① ［美］埃德加·斯诺著：《西行漫记》，董乐山译，三联书店1979年版，第180、181页。

存斗争的史诗》，美国作家埃德蒙兹1973年撰写了《毛泽东的长征：人类大无畏精神的史诗》，美国著名作家和记者哈里森·索尔兹伯里在1984年重走长征路后写出了《长征——前所未闻的故事》，以及美国学者简·弗瑞兹1988年出版的《中国的长征：6000英里的险遇》。20世纪90年代以后，又陆续出版了美国杨炳章的《从革命到政治：长征与毛泽东的崛起》，英国杭尔德的《向自由的长征》，法国迪皮伊的《毛泽东领导的长征》，日本宾户宽的《中国红军——困难与险峻的二万五千里》等著。此外，许多中共党史和中国近现代史论著也会浓墨重彩地描写长征。它们的作者虽然立场有所不同，对中国革命和中国共产党的态度也各有差异，但都对长征做出了高度的评价。

一、充分肯定长征是人类历史上无与伦比的壮举

外国学者普遍认为，红军长征在人类历史上是无与伦比的。德国的王安娜在《中国——我的第二故乡》一书中说："毫无疑问，长征是人类历史上一个伟大的业绩"，是"无与伦比的现代奥德赛史诗"。①斯诺甚至认为，与红军长征相比，公元前2世纪西方战略之父汉尼拔翻越阿尔卑斯山的进军，不过是一次轻松的假日远行。②冈本隆三也表示："闻名于世的长征，是在极端困难的条件下进行的，它的成功是二十

---

① ［西德］王安娜著：《中国——我的第二故乡》，李良健、李布贤校译，三联书店1980年版，第143、140页。

② ［美］埃德加·斯诺著：《西行漫记》，董乐山译，三联书店1979年版，第180页。

世纪的一大奇迹。”①美国军事学家塞缪尔·格里菲斯将军在《中国人民解放军》一书中，还将红军长征与公元前400年色诺芬率领1万希腊人从波斯撤退到黑海做了比较，认为这是“一次更加雄伟的壮举”。红军行程6000英里，而希腊人行程仅2000英里；红军征战一年，希腊人只有4个月；红军在数量上十倍于希腊人。因此，红军长征胜利的历史意义比色诺芬撤退“不知要大多少倍”。美国作家威廉·莫尔伍德同样强调，希腊远征波斯的大撤退，较之中国的长征，其规模如此之小，其所遭受的牺牲和成就的英雄业绩如此平平常常，“简直不能相提并论”②。而索尔兹伯里更直接断言：“任何比拟都是不恰当的。长征是举世无双的。”③

二、热情赞颂长征精神

斯诺很早就将长征精神概括为“冒险、探索、发现、勇气和胆怯、胜利和狂喜、艰难困苦、英勇牺牲、忠心耿耿”。他还充满激情地写道：“这些千千万万青年人的经久不衰的热情，始终如一的希望，令人惊诧的革命乐观情绪，像一把烈焰，贯穿着这一切，他们不论在人力面前，或者在大自然面前，上帝面前，死亡面前都绝不承认失败——所有这一切以及还有更多的东西，都体现在现代史上无与伦比的一次远征的历

① 张惠才：《冈本隆三与〈中国革命长征史〉》，《党史通讯》1986年第9期。

② 王应一编译：《西方学者谈红军长征的历史意义》，《党史通讯》1986年第9期。

③ ［美］哈里森·索尔兹伯里著：《长征——前所未闻的故事》，过家鼎等译，解放军出版社1986年版，第5页。

史中了。”[①]美国的塞缪尔·格里菲斯将军也说：“中国共产党人，以他们反复经受的考验证明，他们能够忍耐难以言状的艰难困苦；能够战胜途中大自然好像决意要阻挠他们前进而向他们提出的一切挑战；能够击败下定决心要消灭他们的敌人而到达自己的目的。”[②]这其实就是指红军不怕牺牲、一往无前的大无畏精神。美国记者索尔兹伯里同样说：长征是“人类有文字记载以来最令人振奋的大无畏事迹”，“这是一次充满了集体英雄主义、献身精神和希望的举世无双的行动”，“它将成为人类坚定无畏的丰碑，永远流传于世”。[③]法国学者西蒙娜·戴博瓦尔更是提出：“长征已经在各大洲成为一种象征：人类只要有决心和毅力，就能达到自己的目的。”[④]

三、高度评价毛泽东对长征胜利的贡献

长征为什么能胜利？外国学者普遍认为是与毛泽东高超的政治智慧和军事指挥分不开的。迪克·威尔逊指出，在长征中，“毛泽东取得了原由俄国控制的党中央的领导权，抛弃了错误的方针和战术”，“毛泽东比其他任何人都更懂得历史的发展规律，因而能够在历史转折关头，仅仅施加一点点但是具有决定性的推动力，形势即迅猛向前发展”。他还感叹：“一

① [美]埃德加·斯诺著：《西行漫记》，董乐山译，三联书店1979年版，第164页。

② 王应一编译：《西方学者谈红军长征的历史意义》，《党史通讯》1986年第9期。

③ [美]哈里森·索尔兹伯里著：《长征——前所未闻的故事》，过家鼎等译，解放军出版社1986年版，第4、405、4页。

④ 王应一编译：《西方学者谈红军长征的历史意义》，《党史通讯》1986年第9期。

个人能够如此像施魔法一般地左右人类历史的进程，这样的事例在二十世纪并不多”，“毛泽东领导的长征，就是这样的历史壮举，而且在某些方面更有赖于一个人的英明指挥”。埃德蒙兹更是在《毛泽东的长征：人类大无畏精神的史诗》一书中写道：“长征是毛泽东的长征。毛泽东在长征期间为使中国共产党重新获得活力而作出的努力是卓越不凡的。”美国学者罗斯·特里尔在《毛泽东传》中也说：长征胜利必不可少的因素，就是“毛泽东的魄力和巧妙用兵”。而且，“毛泽东对长征的领导闪耀着政治天才”，他提出抗日口号并将西北作为红军长征的目的地，“使他们在亿万根本不知道马克思的中国人的心目中成了爱国者”。①

四、深入发掘长征在中共党史上的转折意义

长征不仅是红军的一次战略转移，而且是中国共产党从失败走向胜利的一个重大转折。对此，外国学者也有非常深刻的认识。美国学者 J. P. 哈里森就指出：“作为中共经受各种艰难困苦的象征和日后取得胜利的预兆，长征成了中共党史上一条重大的分界线。它是人类历史上一次最伟大的革命运动的分水岭。”威廉·莫尔伍德也说：“长征简直是将革命划分为‘公元前’和‘公元后’的一条分界线。其后发生的一切事情，都要从这个举世无双的奇迹说起。”迪克·威尔逊还具体分析：“长征的艰苦，锻炼出了人们的纪律性和献身精神，身居领袖地位的毛泽东，遂能将共产主义运动变成前进的动力，

① 王应一编译:《西方学者谈红军长征的历史意义》,《党史通讯》1986 年第 9 期。

十四年以后就取得了全国胜利，把国民党赶下大海。这样，长征在性质上就由走投无路的撤退，变成走向胜利的序幕。”①

五、全面阐述长征胜利对中国革命的深远影响

冈本隆三提出：“中国革命经过了长征的严峻考验，造就出中国革命的栋梁之才。可以说长征是不屈不挠的现代革命精神的源泉。”②威廉·莫尔伍德也说：“长征塑造了一代新人，这代新人在不到二十年的时间内，就推翻了两千年来停滞不前的伦理体系和政治制度。”索尔兹伯里同样写道：“长征是一篇史诗。这不仅是因为淳朴的战士及其指挥员们所体现的英雄主义精神，还因为长征实际上成了中国革命的熔炉。它锻造了在毛泽东领导下打垮蒋介石、夺取全中国的整整一代的人和他们兄弟般的革命情谊。”③美国学者莫里斯·迈斯纳进而提出，在中国共产党领导的革命事业中，长征是具有巨大政治意义和心理影响的一件大事。从政治上看，正是在长征中，毛泽东重新获得党和军队的领导权，把革命队伍带到了一个相对安全的地区，他们在那里可以实现其抗日誓言，从而激起中国人民的民族感情，以达到爱国和革命的双重目的。另一方面，长征的心理影响也是无形的。在中国共产主义运动的历史上，再没有哪一件事像红军长征及长征中的传奇事迹那样，能给予人们以极为重要的希望和信心，也就是使人们树立一种信念：只

---

① 王应一编译：《西方学者谈红军长征的历史意义》，《党史通讯》1986 年第 9 期。

② 张惠才：《冈本隆三与〈中国革命长征史〉》，《党史通讯》1986 年第 9 期。

③ [美]哈里森·索尔兹伯里著：《长征——前所未闻的故事》，过家鼎等译，解放军出版社 1986 年版，第 5 页。

要决心大，意志坚，即使在最绝望的条件下，也能立于不败之地。同时，长征的幸存者意识到那么多战友已经牺牲而自己还留在人世，这就使他们所肩负的革命使命具有神圣的性质，并产生几乎像宗教意识一样的献身精神。正是这种对革命必胜的坚定信念和勇于牺牲的献身精神，促使中国共产主义运动获得成功。

从以上对长征的高度评价和热情赞颂可以看出，中国共产党领导的红军长征壮举以及在这个过程中形成的长征精神，已经赢得了世界各国人士的钦佩和敬仰，成为超越国界的人类共同的精神财富。

抗战篇

近年来，一些贬低中国共产党抗战的历史虚无主义观点在社会上颇为流行，在网上更是甚嚣尘上。这些言论打着所谓“还原抗战真相”的旗号，似是而非、混淆视听，却有不少人以讹传讹，造成了非常恶劣的影响。这些言论大多带有浓厚的情绪化色彩，甚至连有些材料都是虚构的，根本没有经过审慎的考证，有很多硬伤，在学理上是不难驳倒的。

中共在抗战中“游而不击”吗?

1937 年 7 月，全国抗战爆发，国共两党捐弃前嫌，携手投入抗日御侮的民族战争中。中国抗日战争从作战地域上分为两大战场，即国民党指挥的正面战场和共产党领导开辟的敌后战场，两大战场相对独立又相互配合，形成共同抗击日本侵略者的战略局面。然而长期以来却不断有人贬低敌后战场的贡献，甚至诋毁中共“游而不击”。如国民党早在抗战中便指责“所谓八路军与新四军均抗而不战，游而不击”①，陈诚在一次演说中也“有谓八路军游而不击，延安无一伤兵就是证据等语”②。后来，有些台湾学者亦强调中共除了在平型关击破日本一个运输队（百余人）外，只是游而不击，浑水摸鱼，到处掠夺民间武装力量，壮大自己，对日作战并未取得多少战

① 《皖南事变文电选编(国民党部分)》,安徽省档案馆 1985 年版,第 21 页。

② 《朱德等关于毁谤八路军“游而不击”及国民党破坏抗战等问题致林森、蒋介石等电》(1940 年 1 月 15 日),《新中华报》,1940 年 1 月 20 日。

果①。近年来，这种观点在大陆也开始出现，尤其是在网络上流传甚广，亟须澄清。

一、所谓“洛川会议内部指示”是杜撰的

仔细梳理，“游而不击”说的一个重要依据就是认为中共中央在洛川会议上制定了所谓“七分自我发展，二分妥协，一分抗日”的内部指示，这无疑说明其并非真心抗日，而是游而不击。但揆诸史实，这个依据明显是不符合历史事实的，完全是子虚乌有，是杜撰的。

所谓“七分自我发展，二分妥协，一分抗日”的说法，最早来自一个中共叛徒。1940 年，第十八集团军独立第一师杨成武部骑兵连党支部书记李法卿向国民党投诚，据其供认：十八集团军出发前，毛泽东、朱德等曾召集训话，指示工作方针，大意谓：“中日战争为本党发展之绝好机会，我们的决策是七分发展，二分应付（国民党），一分抗日。”②此说一出，立即被国民党编入《摩擦问题真相》一书中，作为反共的宣传材料。后来，蒋介石的《苏俄在中国》也予以引用。其他如王健民的《中国共产党史稿》、郭华伦的《中共史论》、日本古屋奎二的《蒋总统秘录》、苏联奥·鲍·鲍里索夫的《苏中关系》，均照此援引。秦孝仪主编的《中华民国重要史料初编——对日抗战时期》一书，亦将之作为“重要史料”收入。时至今日，网上各种帖子更是以讹传讹，随意加以引用，俨然

---

① 刘丰祥:《台湾地区学者 1990 年以来有关抗日战争正面战场、敌后战场研究综述》,《历史教学(高校版)》2007 年第 8 期。

② 秦孝仪主编:《中华民国重要史料初编——对日抗战时期》第 5 编第 1 册,(台北)中国国民党中央委员会党史委员会 1985 年版,第 358 页。

将之看成一条可靠材料。

对于这条材料，首先必须澄清的是，李法卿原话叙述的是毛泽东、朱德等对全军的训示，并非网上所传的所谓洛川会议内部指示。其次，此说缺乏其他佐证，正所谓“孤证不立”。大陆学者杨奎松曾根据其研究经历明确表示：所谓中共决定“七分发展，二分应付，一分抗日”的说法，“笔者遍查此时期之中共文件乃至未公开之历次会议记录，不仅未见类似说法，且颇多与此不合者”①。最近，他又强调：“80 年代初不少研究中共党史的专家都看过洛川会议记录，不少文章中都介绍了会议讨论及发言的情况。我当年也读过这个记录，并做过笔记。网上所传‘记录’所以一望而知是杜撰的。”②

既然洛川会议没有制定过这么一个内部指示，那么中共是否在其他场合有过类似说法呢？ 关于这一点，美国学者莱曼·范斯莱克在《剑桥中华民国史》一书中写道：“这已成为国民党史的诚实问题。我曾较详细地研究这个问题，并认为这种政策从未宣布过；在这种意义上此项指控是捏造。”③近年来，一些台湾学者也逐渐意识到这一问题。如曾任职于调查局的曾永贤便说：“在研究的过程中，接触了很多有关抗战时期中共从事扩张的资料。在这些资料当中，我们最感觉缺乏的是，我们虽指出共匪在抗战期间实行其‘一分抗日，二分应付，七分

---

① 杨奎松:《论抗战初期的国共两党关系》,《近代史研究》1996 年第 3 期。

② 杨奎松:《谈往阅今——中共党史访谈录》,九州出版社 2012 年版,第 140 页。

③ [美]费正清、费维恺编:《剑桥中华民国史(1912—1949)》下卷,刘敬坤等译,中国社会科学出版社 1994 年版,第 775 页。

发展'之策略方针，可是却没有很丰富的资料，来加以证明。"[1]而台湾的中共党史专家陈永发更是质疑："国民政府这种指责，预先假定应付、扩大和抗日三事可以截然划分"，但实际上，"对于中共，这一假定根本就是荒谬绝伦"。在他看来，"中共的扩展实力过程中，不得不抗日，更不得不应付国民政府。所以尽管国民政府指责中共不抗日，但中共在敌后地区，甚至在敌后地区之外，逐渐取得民族主义代理人的地位"。因此，"除非国民党在抗日问题上有能说服人的充分证据，否则只质问共产党是否'二分应付'国民党，很难引起共鸣"。[2]由此看来，这个所谓"七二一"指示显然纯属虚构。

究其根源，这条杜撰出来的材料之所以会被反复炒作，实际上就是为了贬低中共的抗日态度，指责其只用"一分抗日"，"没有抗战之决心，只图保全自己的实力"[3]。但这个目的恐怕无论如何都无法达到，因为有太多的材料证明，中共的抗战态度始终是积极和坚决的。1938 年 5 月，毛泽东在《抗日游击战争的战略问题》一文中就提出："不游不击，或游而不击的态度，是要不得的。"[4]此后，一些中共地方组织也强调，"必须积极的对敌斗争"[5]，游击队"应积极主动的向外活动（反对缩在山沟中，不游不击，或游而不击）"，"不能以

---

① 曾永贤:《从日本档案谈我国抗日战史研究的方向——"中华民国"史料研究中心第 93 次学术讨论会记录》,《中国现代史专题研究报告》第 10 辑,(台北)"中华民国"史料研究中心 1981 年版,第 112 页。

② (台湾)陈永发:《中国共产革命七十年》上册,台湾联经出版事业公司 1998 年版,第 332—338 页。

③ 周敩之:《我们所需要的游击战》,《政治情报》1938 年第 17 期。

④ 《毛泽东选集》第 2 卷,人民出版社 1991 年版,第 418 页。

⑤ 中国人民解放军历史资料丛书编审委员会编:《八路军·文献》,解放军出版社 1994 年版,第 785 页。

积蓄力量为借口，而不打仗，或少打仗，怕牺牲等等”。[1]这表明尽管有个别地方曾较为保守，但从总体上看，中共积极抗日的态度是一以贯之的，并为此做出了不懈的纠偏努力。

对中共的这种决心，甚至连国民党军令部部长徐永昌都在日记里承认：“全国对抗战心口如一，第八路军的人第一，……其余类多口是心非。”[2]对中共这种决心，日本人亦曾指出：“对于中共，只有排除任何妥协，必须从各方面都采取彻底的对抗政策。就中共的信念而言，他们是要一直战斗到日军完全从中国撤退为止的。”[3]他们还对比了国共两党的抗日态度，认为，“考查大东亚战争和抗日阵线的关系时，所不能忘却或略过，是中共政权在中国民众抗日意识的源泉点上，中共政权在重庆的上位”，“如果有人以为只要和重庆能够谈判成功，就可以解决中国事变，那是很大的错误。根据我们的见解，真正的抗日势力，始终一贯的是中国共产党”。因此，“吾人对解决大东亚战争之关键之中国事变之终局，乃在解决中国共产党军，此当再加确认者也”。[4]由此可见，中共的抗日决心是坚定不移的，这一点毋庸置疑。

二、中外记者团和美军观察组眼中的中共抗战

如今还有一些人攻击中共在抗战中“游而不击”的理由

---

① 《游击战参考资料选编》第7册，军事科学院战争理论研究部1981年版，第12、171—172页。

② 《徐永昌日记》(手稿本)第4册，(台北)“中央研究院”近代史研究所1991年版，第212页。

③ [日]日本防卫厅战史室编：《华北治安战》下册，天津市政协编译组译，天津人民出版社1982年版，第473页。

④ 时事研究会编：《赤胆忠心录》，大连新文化书店1946年版，第44、30页。

是，除了平型关大捷和百团大战，八路军没有其他显赫战绩。对于这种观点，首先需要澄清的是，平型关战斗和百团大战只是八路军的经典之战，并不是全部。据统计，中共武装八年间累计大小战役战斗 12 万余次，年平均 15000 余次，月平均 1200 余次，日平均 40 余次。①这个计算结果，与日本战史记载华北日平均作战 42 次也是基本相符的。②

关于敌后战场的英勇抗战和辉煌战绩，另外还有不少材料能真实地反映这一点。如 1944 年中外记者西北参观团对延安和晋绥根据地进行了长达数月的采访。访问归来后，美联社记者冈瑟·斯坦因立即在美国《基督教科学箴言报》上撰文说："在封锁线后面我发现了这样一个热烈的新社会，简直使我目瞪口呆，五年以来，在重庆对共产党除恶意的诽谤而外毫无所闻的我，对着在延安所发现的事物，吃惊的擦拭着自己的眼睛。"③1945 年回国后，他又出版《红色中国的挑战》一书，并在书中列出专章《中共作战努力目击记》，从不同方面引证了大量的材料，证明中共部队"在不断地战斗"。他还澄清，"从我所见到的一切证据来看，我的结论是：延安所说的中共领导的战绩，比我在重庆和西安所听到的国民党的战绩可靠得多"。④

在这次采访活动中，美国合众社记者哈里森·福尔曼曾经

① 张宏志：《中国抗日游击战争史》，陕西人民出版社 1995 年版，第 1 页。

② ［日］日本防卫厅战史室编：《华北治安战》上册，天津市政协编译组译，天津人民出版社 1982 年版，第 125 页。

③ 袁武振：《面前是新中国一角的曙光——1944 年夏中外记者团延安纪行》，《党史纵横》1995 年第 2 期。

④ ［美］冈瑟·斯坦因著：《红色中国的挑战》，李凤鸣译，希望书店 1946 年版，第 205、199 页。

近距离观看了晋绥军区第八分区的一场战斗，深受鼓舞。他在庆功会上说："过去有人告诉我们：八路军不打仗，现在我们亲眼看到八路军是作战的；过去有人同我们讲八路军没有伤兵，现在我们看到了八路军是有伤兵的；过去有人给我们讲八路军没有捉住俘虏，现在我们看到了八路军捉住了俘虏；在过去有人给我们讲这地方人民害怕并恨八路军，现在我们看到了人民是爱护八路军、拥护八路军的。"①

回国后，福尔曼又写出了一本《北行漫记》，把他在边区的见闻和八路军的抗战事迹写成生动的故事，并从他拍的1000张照片中选出最好的65张做插图。他在书中首先声明："我们新闻记者多半是既非共产党，也不是共产党的同情者。"但在亲眼看见大量事实后，他这样写道："从我两月中和八路军在敌后一起活动中所见到的事实——真地从事参加于这种坚强据点与碉堡的占领与毁坏——我才相信共产党的说话并无夸张之处。攻势只在武器缺乏与形势不利下受到限制。业已有华北抗日根据地区域中的八千万人当中的五千万人，从日本人的高压下面解放出来。不但此也，华北大城市如北平、天津、太原、济南和青岛，目前虽在敌人控制下，却直接与时常受到八路军的威胁，他们只是缺少武器去把它们克复。"②

美国记者武道是国民党中宣部顾问，被国民党当局认为政治上忠实可靠，但延安之行改变了他的态度。回到重庆后，他在新闻界联席会议上坦言，他过去对八路军共产党是反对的，可是这次到了延安和晋西北，证明他过去的观点是错误的，八

① ［美］福尔曼著：《北行漫记》，陶岱译，新华出版社1988年版，第274页。

② ［美］福尔曼著：《北行漫记》，陶岱译，新华出版社1988年版，第1、133页。

路军真是能打仗。他在为重庆《大美晚报》撰写《我从陕北回来》一文时，又从八个方面谈到边区的所见所闻：1. 老百姓生活进步；2. 土地革命已停止；3. 医药设备不够用；4. 人民都有选举权；5. 适应抗战的学校；6. 强烈的抗战意志；7. 言论出版自由；8. 我看见了战斗。①

继中外记者团之后，美国《纽约时报》驻中国特派员艾金山也进入边区访问。他后来也指出："随共军进入战地的外国记者都认为中共军队的确竭力抗击日寇。有许多在沦陷区跳伞降落的美国航空队多由中共游击队营救出险，对中共尤为感激与赞扬。自然，中央军也有过同样的行为。不过我曾注意考察地名，去年三月每次日本广播与华军接触，事如属实，什九是与共军的冲突。同盟社称他们为'中国红军'。"②

与此同时，美国还曾派了一个军事观察组到延安和晋绥、晋察冀抗日根据地考察，"他们看到八路军在前线英勇作战、战绩辉煌，绝非国民党所诬蔑的'游而不击'"③。于是，他们向国内报告："最最重要的、无可争辩的事实是，共产党军队，从抗日战争开始几乎一无所有，在华北、华中一个很大地区里，不仅保存了下来，而且极大地增强了他们的实力，在那些地区里他们正继续牵制着大量日军"④，"七年来，共产党

---

① 袁武振：《面前是新中国一角的曙光——1944年夏中外记者团延安纪行》，《党史纵横》1995年第2期。

② 《美国〈纽约时报〉驻中国特派员艾金山撰文指出，国共两党必须根据民主基础拟定一个共同纲领》，《新华日报》，1945年2月20日。

③ 金城：《延安交际处回忆录》，中国青年出版社1986年版，第196页。

④ [美]约瑟夫·W. 埃谢里克编著：《在中国失掉的机会——美国前驻华外交官约翰·S. 谢伟思第二次世界大战时期的报告》，罗清、赵仲强译，国际文化出版公司1989年版，第278页。

人牵制了很大一部分日本在中国的军队；七年来，共产党人在华北抵御日本人的坚决而组织严密的大规模进攻，成功地保卫了大片地区”①。1945 年 3 月 24 日，观察组成员卢登还在华盛顿举行了一次记者招待会，向美国新闻界介绍了中共武装部队抗日的情况。他说，“虽然共产党部队缺乏武器，他们仍然在有效地进行抗日游击战争”，“中共军队虽然在装备上还不能同日本大规模作战，但他们困扰着日军，对日军积极进行游击战争”。他同时介绍了中共援助美国飞行员、协助收集日军情报和气象情报的事例②。今天看来，这些对中共抗战的记录和报道显然是比较客观公正的。

三、日军视中共为“华北致命伤”

对中共敌后战场的作用，还有更具说服力的材料，那便是来自日方的资料。据战后日本有关机构所编战史记载，“蒋系军在华北最后的地盘由于中原会战失掉以后，共产军（八路军）显然成为扰乱华北治安的主要敌人”③，“八路军、新四军等中共部队以及它所领导的民兵游击队，已经代替国民党军而成长为抗战的主力了。事实上，这一时期的国民党军几乎退出了抗日阵线而主要从事反共，同时还相继出现了投降者。因

---

① 梁宗智译:《摩根韬日记(中国部分摘译)》,《近代史资料》总第 48 号,中国社会科学出版社 1986 年版,第 162 页。

② 项立岭:《转折的一年》,重庆出版社 1988 年版,第 124 页。

③ [日]日本防卫厅战史室编纂:《日本军国主义侵华资料长编——〈大本营陆军部〉摘译》上册,天津市政协编译委员会译校,四川人民出版社 1987 年版,第 630 页。

此，日军的作战完全以消灭解放区和‘扫荡’共产党军为目标了”①。

事实也正是如此。早在1938年，华北方面军的情报部门便断定：“今后华北治安的对象是共军。”1939年12月，华北方面军情报负责人会议也指出：“根据最近情报，共产势力渗透华北全部地区，就连北京周围通县、黄村（大兴）等地，也都有组织地渗透于民众中间。”他们由此认定：“中共势力对华北治安的肃正工作，是最强硬的敌人。为此，应加紧收集情报，确立排除中共势力的对策，实为当务之急。”在这次会上，华北方面军参谋长笠原幸雄亦承认：“今后华北治安的致命祸患，就是共军。只有打破这个立足于军、政、党、民的有机结合的抗战组织，才是现阶段治安肃正的根本。”基于这种认识，他主持制定的1940年“肃正计划”规定：“中共势力迅速壮大，不容忽视。如不及早采取对策，华北将成为中共天下。为此，方面军的讨伐重点，必须全面指向共军。”不久后，日本在河北的特务机关还对1940年2月管区内的治安状况做了如下概述：“国民党游击队的投降倾向显著，已至日趋没落之地步。与之相反，共产党八路军所取得的地盘，则占有保定道的全部、河北省80%的地区。如今，河北省成为中共独占的活跃舞台。”②

1940年8月八路军发动的百团大战，更是给日军以沉重的打击。他们表示：“此次袭击，完全出乎我军意料之外，损失

① ［日］日本历史学研究会编：《太平洋战争史》第4卷，金锋等译，商务印书馆1962年版，第145页。

② ［日］日本防卫厅战史室编：《华北治安战》上册，天津市政协编译委员会译，天津人民出版社1982年版，第100、126、127、177、223、157页。

甚大，需要长时期和巨款方能恢复。”并一再惊呼，“随着国民党系匪团的南逃，管内及周围残存之敌，形成一色的共产势力。其赤化及抗日工作，更加隐蔽，活动也更加积极顽强”，“共军对我占领区的进犯越来越频繁，已成为今后肃正工作上最严重的问题。……有鉴于此，今后的讨伐肃正的重点必须集中指向共军，全力以赴，务期将其全歼”，“共军无论在质量上、数量上均已形成抗日游击战的主力。因此，占领区内治安肃正的主要对象，自然是中共势力”。①

1941 年，华北方面军再次强调：“在 1941 年度要彻底进行正式的剿共战，已经成为空前未有的大事。”他们还对比了国共两党军队：“蒋系军队一直处于颓势，……据此，方面军将工作重点置于对共施策上，进一步针对实际情况，予以加强。”②1942 年，他们又说：“治安肃正的重点，应放在以剿共为主的作战讨伐上。”③到了 1944 年年初，华北方面军司令部更是在 1943 年度的综合战报中详细公布：“敌大半为中共军，与蒋军相反，在本年交战一万五千次中，和中共的作战占七成五。在交战的二百万敌军中，半数以上也都是中共军。在我方所收容的十九万九千具敌遗尸中，中共军也占半数。但与此相比较，在我所收容的七万四千俘虏中，中共军所占的比率则只有一成五。这一方面暴露了重庆军的劣弱性，同时也说明了中共军交战意识的昂扬。……因此，华北皇军今后的任务

---

① ［日］日本防卫厅战史室编:《华北治安战》上册,天津市政协编译组译,天津人民出版社 1982 年版,第 296、277、236、216 页。

② ［日］日本防卫厅战史室编:《华北治安战》上册,天津市政协编译组译,天津人民出版社 1982 年版,第 362—363、363 页。

③ ［日］日本防卫厅战史室编:《华北治安战》下册,天津市政协编译组译,天津人民出版社 1982 年版,第 101 页。

是更增加其重要性了。只有对于为华北致命伤的中共军的绝灭作战，才是华北皇军今后的重要使命。”①

对中共领导的敌后战场，时任华北方面军司令官的冈村宁次后来在回忆录中也写道：“我就任华北方面军时的形势是，对重庆政府军的作战已大致结束，周围几乎到处都有共军活动，另有几处盘踞着重庆系地方军。因此，说到作战，大体上各军、方面军直辖兵团对当地共军都在日夜进行讨伐战（规模大小不等）。”他还说：“中共利用与日本的作战，努力掌握华北民心，逐步巩固了地盘。另一方面，蒋介石将其嫡系最精锐的胡宗南部队，集中于接近中共根据地延安的西安附近，几乎不用于对日作战（仅在河南作战时出动过一、二个师），专门监视延安。”②

毫无疑问，以上这些来自敌人、把中共视为主要对手乃至“华北致命伤”的判断，无不彰显了敌后战场的地位和作用，同时也充分说明中共军队绝非“游而不击”。

---

① 《朱德选集》，人民出版社 1983 年版，第 148—149 页。

② ［日］稻叶正夫编：《冈村宁次回忆录》，天津市政协编译委员会译，中华书局 1981 年版，第 324、37 页。

中共为何主要打游击战?

全国抗战时期，中共开展的敌后游击战可谓世界战争之奇观，连日本人也赞叹：在世界战争史上“虽然有各种各样的游击战，但只有毛泽东率领的中国共产党军队的抗日游击战争，堪称历史上规模最大、质量最高的游击战”①。然而长期以来却不断有人质疑这一事实，他们批评中共打游击战而非正规战，是“藉游击为名，离开正面战争”②，“避免作战，保存实力”③。这种观点甚嚣尘上，混淆了不少人的视听。而从目前研究状况来看，有关中共抗日游击战的成果虽然汗牛充栋，但大多集中于对其军事战略演变过程的梳理和历次战斗的罗列，至于中共为何主要打游击战，则始终语焉不详，对所谓“游而不击”说也缺乏有针对性和有说服力的正面回应。因此，现拟做一番辨析与澄清。

---

① 高鹏编著:《敌后游击战》,团结出版社2005年版,第9页。

② 周效之:《我们所需要的游击战》,《政治情报》1938年第17期。

③ “国防部史政局”编纂:《中日战争史略》下册,(台北)正中书局1968年版,第495页。

一、“军事上的第一要义是保存自己消灭敌人”

中共在抗战中为何长期坚持游击战？关于这个问题，毛泽东曾经在《战争和战略问题》一文中解释说：“如果没有最广大的和最坚持的游击战争，而使敌人安稳坐占，毫无后顾之忧，则我正面主力损伤必大，敌之进攻必更猖狂，相持局面难以出现，继续抗战可能动摇，即若不然，则我反攻力量准备不足，反攻之时没有呼应，敌之消耗可能取得补偿等等不利情况，也都要发生。假如这些情况出现，而不及时地发展广大的和坚持的游击战争去克服它，要战胜日本也是不可能的。因此，游击战争虽在战争全体上居于辅助地位，但实占据着极其重要的战略地位。抗日而忽视游击战争，无疑是非常错误的。”①

当然，除上述带有较强理论色彩的阐释外，毛泽东还有其他的现实考虑，其中最主要的一点就是首先要保存自身实力。对此，他并不讳言，曾多次公开讲过：“军事上的第一要义是保存自己消灭敌人”，“一切军事行动的指导原则，都根据于一个基本的原则，就是尽可能地保存自己的力量，消灭敌人的力量”。②中共中央也一再指示：“抗日战争与过去国内战争不同，没有集中最大力量对敌进行消灭战的可能。”因此今后应开展“分散的游击战争，采取一切斗争方式与敌人周旋，节省与保存自己的实力，以待有利的时机”，要“善于荫蔽自己，保存实力”，反对“一切只着眼到一时的痛快拼命斗争而

① 《毛泽东选集》第2卷，人民出版社1991年版，第552—553页。

② 《毛泽东选集》第2卷，人民出版社1991年版，第379、406页。

不知道转弯的办法”。①

但这里需要注意的是，毛泽东和中共中央之所以如此重视保存实力，其目的正是为了更好地消灭敌人，二者始终是联系在一起的，相辅相成、并行不悖。毛泽东在《论持久战》一文中即曾阐述：“保存自己的目的，在于消灭敌人；而消灭敌人，又是保存自己的最有效的手段”，但“战争目的中，消灭敌人是主要的，保存自己是第二位的，因为只有大量地消灭敌人，才能有效地保存自己”。②林彪当时也说：“不论我们的目的是保卫和收复领土也好，保存自己的兵力和民力也好，都只有逐渐地和最后地消灭敌人的力量才行。”③由此可见，那种将保存实力与消灭敌人割裂开来，认为中共开展游击战就是为了“避免作战，保存实力”的观点，显然失之于偏颇。④

而正是从这个“保存自己消灭敌人”的军事原则出发，毛泽东较早形成了抗日游击战争的战略思想。1937年8月1日，他指示周恩来等人：“在整个战略方针下执行独立自主的分散作战的游击战争，而不是阵地战，也不是集中作战。……只有如此才能发挥红军特长，给日寇以相当打击。”⑤在8月下旬的

① 中央档案馆编：《中共中央文件选集》第13册，中共中央党校出版社1991年版，第212—213、124—125页。

② 《毛泽东选集》第2卷，人民出版社1991年版，第498、482页。

③ 林彪：《论华北正规战的基本教训与游击战争的发展条件》，《解放》第43、44期合刊，1938年7月1日。

④ 甚至连白崇禧也曾澄清：“有人认为打游击乃保存实力之作法，殊不知于敌后游击，任务极为艰巨，因补给困难，且多半以寡抵众，以弱抵强，故必须官兵加倍淬历奋发，机警勇敢，绝非保存实力者所能胜任。”参见《白崇禧回忆录》，解放军出版社1987年版，第304页。

⑤ 《毛泽东军事文集》第2卷，军事科学出版社、中央文献出版社1993年版，第20页。

洛川会议上，他又正式提出："红军的战略方针是独立自主的山地游击战"，"游击战争的作战原则是分散以发动群众，集中以消灭敌人，打得赢就打，打不赢就走"。①

但在洛川会议上，也有人不赞成游击战而主张打运动战。他们认为只有打几场大胜仗，才能提高党与红军的威信，增强全国军民的抗战信心，并更有利于动员群众和扩大红军，因而主张红军的战略方针应该是游击战与运动战相结合，或实行"运动游击战"，即要做打大仗的部署和准备。面对这种意见分歧，毛泽东十分担忧，连续致电前线的中共将领阐明自己的战略思路。9 月 12 日，他致电彭德怀，要求其必须"坚持依傍山地与不打硬仗的原则"。17 日，毛泽东在给朱德、彭德怀、任弼时、林彪、聂荣臻、贺龙、萧克、刘伯承、徐向前的电报中又指出："红军此时是支队性质，不起决战的决定作用。但如部署得当，能起在华北（主要在山西）支持游击战争的决定作用。"21 日，他再次致电彭德怀强调："今日红军在决战问题上不起任何决定作用，而有一种自己的拿手好戏，在这种拿手戏中一定能起决定作用，这就是真正独立自主的山地游击战（不是运动战）。"25 日，他还致电周恩来、刘少奇、杨尚昆、朱瑞、朱德、彭德怀、任弼时提出："整个华北工作应以游击战争为唯一方向。"②

1938 年 5 月，毛泽东《论持久战》一文又针对那种对游击战的质疑进一步澄清："不要以为少打大仗，一时显得不像民

---

① 中共中央文献研究室编：《毛泽东年谱（1893—1949）》修订本中卷，中央文献出版社 2013 年版，第 16 页。

② 《毛泽东军事文集》第 2 卷，军事科学出版社、中央文献出版社 1993 年版，第 44、47、53、57 页。

族英雄，降低了资格，这种想法是错误的。游击战争没有正规战争那样迅速的成效和显赫的名声，但是‘路遥知马力，事久见人心’，在长期和残酷的战争中，游击战争将表现其很大的威力，实在是非同小可的事业。”他还说：这样“不怕人家骂‘不抵抗’吗？不怕的。根本不战，与敌妥协，这是不抵抗主义，不但应该骂，而且完全不许可的。坚决抗战，但为避开敌人毒计，不使我军主力丧于敌人一击之下，影响到抗战的继续，一句话，避免亡国，是完全必需的。在这上面发生怀疑，是战争问题上的近视眼”。①言辞中充满了对游击战的自信和决心。

从后来的情况来看，多数中共将领逐渐认识到了游击战的必要性。左权后来便说：“战争的目的是消灭敌人保存自己，不能借口英勇牺牲，不顾主客观条件乱干一顿，以牺牲愈多愈大作为光荣作为测量战绩之尺度，这不是我们的战略战术思想，我们需要的是进行有胜利把握的战斗，以少的牺牲取得大的胜利。”②究其原因，中共将领的这种思想转变一方面固然是缘于毛泽东坚持不懈的说服工作，另一方面则是大家在战争实践中对敌我双方实力对比有了更清醒的认识。特别是在平型关战斗中，八路军一一五师以4000余人的兵力伏击日军的一支辎重部队，虽然获胜，但自身亦损失十分之一，且相当一部分还是长征过来的团、营、连、排骨干干部。如果继续照此打下去，后果将不堪设想，势必使自己损失殆尽。

---

① 《毛泽东选集》第2卷，人民出版社1991年版，第499—500、507页。

② 《游击战参考资料选编》第7册，军事科学院战争理论研究部1981年版，第172页。

二、中共军队的武器装备

具体说来，抗战时期中共与日本军队的实力差距主要体现在武器装备上。虽然从一场战争的最终胜负来说，武器不是决定性因素，唯武器论是不正确的，但在制定具体战略战术时，武器状况则无疑是必须首先考虑的一个重要因素。毛泽东即曾表示："红军技术与装备十分贫弱"，"首先是技术装备不如敌人，也不如某些友军"，①"应该承认在技术和兵员教养的程度上，现时我们不及敌人"②。林彪经过与日军的交手，也很快发现："我军的火战力量比敌人小，敌人的火战力量比我们大。"③1937 年 10 月，刘少奇在《抗日游击战争中各种基本政策问题》一文中亦指出：我们的军队、游击队有哪些弱点呢？"第一，我们是战略上的内线作战，处在敌人后方和侧翼作战，外面的补充和接济很困难；第二，我们的器械与军事技术低劣"④。由此可见，武器问题确实是当时中共军队对日作战的最大难题。

八路军开赴华北抗日前线时，武器装备与日军相比处于绝对劣势，与国民党军队相比也有很大差距。1937 年 7 月前，日军一个师团不计步马枪，装备轻重机枪 645 挺、掷弹筒 576 具、火炮 108 门、坦克 24 辆。国民党一个嫡系步兵师大约装

---

① 中共中央文献研究室编:《毛泽东文集》第 2 卷,人民出版社 1993 年版,第 6、140—141 页。

② 《毛泽东选集》第 2 卷,人民出版社 1991 年版,第 504 页。

③ 林彪:《论华北正规战的基本教训与游击战争的发展条件》,《解放》第 43、44 期合刊,1938 年 7 月 1 日。

④ 《刘少奇选集》上卷,人民出版社 1981 年版,第 83 页。

备掷弹筒243具、轻重机枪328挺、火炮46门。①而八路军尽管接受了改编，但并未及时获得军械物资的补充，武器装备简陋至极，基本上是红军时期遗留下来的一些老家底，小米加步枪，大刀片子加木柄手榴弹，数量还严重不足，几乎没有重武器；而且武器是万国牌的，参差不齐，口径不一，无法通用。

1937年10月，《一二九师一九三七年十月份人员武器统计电》报告：（一）人员9367，马445，骡马90。（二）长枪3412，马枪724，自来德539，手枪93，花机枪3，重机枪29，轻机枪93，手机枪72，合计4965，外迫击炮6门，刺刀55。（三）步马枪弹43012发，自来德2872，手枪弹6051，重机枪弹23222，轻机枪弹27361，冲锋弹310，合计102828发，迫炮弹67，手榴弹203。②显而易见，一二九师的武器装备很差，枪支严重不足，平均两人才有一杆枪，弹药也缺乏，平均每支步马枪只有十发子弹左右。甚至连刺刀都非常少，这直接导致第七六九团在夜袭阳明堡与敌人肉搏时，“我只以手榴弹杀敌，我战士用脚踢敌，缺少大刀、刺刀”③。

此外，一一五、一二〇师的情况亦是如此。据一二〇师参谋长周士第的日记记载，1937年8月一二〇师改编后共9595人，仅有各种枪5216支，迫击炮2门，马刀2把，刺刀117把，弹药276995发；1939年1月部队扩大到21738人，但仍仅

---

① 唐世尧：《日军侵华与中共军队消长（1936—1945）》，（台北）中国文化大学2005年版，第19页。转引自汪官锋：《抗日战争时期八路军军械保障研究——以第一二九师为例》，国防科学技术大学2008年硕士学位论文，第7页。

② 后勤学院学术部历史研究室、中国人民解放军档案馆编：《中国人民解放军后勤史资料选编·抗日战争时期》第5册，金盾出版社1992年版，第191页。

③ 中国人民解放军历史资料丛书编审委员会编：《八路军·文献》，解放军出版社1994年版，第71页。

有枪8717支，各种炮24门，弹药870959发。①至于这一时期组建的各种补充团，武器装备更是差得出奇。据陈赓回忆，抗战初期的补充团大多数人没有武器，因而在神头岭战斗中只能持“白腊杆”（长矛）上战场。②新四军的武器装备也一样。他们是由南方游击队改编来的，在经历三年艰苦的游击战争后，整编时已极度疲惫，经费困难、军需不足和装备低劣等问题尤为突出。部队集结完毕接受所属战区长官点验时，全军共10300多人，6200多支枪，是一支人数不多、服装不整、武器很差的部队。③

而且随着战争的持续，中共军队的武器磨损严重，弹药消耗量很大。1940年3月，朱德、彭德怀曾向中央军委详细汇报：“我军现有步兵轻武器百分之八十均使用过度，来复线已磨平，口径已松，射击已失效”，“自动火器（轻重机枪）平均每连不及一挺”，“关于弹药，在一、二月份战斗中，将以前所有弹药大部均已耗完，近所用的多是由敌手夺来，现有平均每枪不到十粒”。④稍后在百团大战中，一二九师又消耗枪弹72.6万发，炮弹2460发，手榴弹20808枚，炸药1.2万斤；损失武器1354（挺），枪弹4.5万余发，炮弹22发，手榴弹561枚；损坏武器400余支（挺）。⑤

---

① 《周士第日记选》,《军史资料》1987年第6期。

② 中国人民解放军历史资料丛书编审委员会编:《八路军·回忆史料》第1册,解放军出版社1988年版,第199页。

③ 马洪武、童志强:《新四军发展史》,山西人民出版社1997年版,第32页。

④ 中国人民解放军历史资料丛书编审委员会编:《后勤工作·文献》第2册,解放军出版社1997年版,第266页。

⑤ 根据《一二九师百团大战武器弹药消耗损失与损坏统计表》(1940年)统计,参见后勤学院学术部历史研究室、中国人民解放军档案馆编:《中国人民解放军后勤史资料选编·抗日战争时期》第5册,金盾出版社1992年版,第668页。

在全国抗战初期，国民党虽然曾给中共提供一些军饷军械，但数量十分有限。1941 年 1 月，中共中央军委后勤部部长叶季壮在《八路军的后方勤务工作》一文中便指出："军实工作——包括军械、被服、器材三部分。这是八路军最困难最缺乏的，即在抗战之初，亦仅能领发最少部分，至于武器则从未发过；而最近一年多以来，则从未发过粒弹片药。"①周恩来后来也说："除了抗战初期领了一百二十挺轻机关枪和六门反坦克小炮以外，从未得到国民党政府军事委员会之任何轻重武器的装备，即弹药、被服、粮秣、经费以及各项交通、卫生器材的供给和补充，也在 1940 年起全部停止了。"②

国民党给新四军的供应更是少得可怜，"整个新四军的经费，只相当于国民党军一个丙等师的经费"③，"仅仅相当于中央军的一个团，而械弹的发给甚至还赶不上中央军的一个团"④。为此，项英曾于 1938 年 1 月 14 日致电长江局并转中共中央："新四军整个经费每月只批六万五千元，其他补充均未批示。如此每月不能维持其军伙食实数一万余，购买枪支更谈不上，一切衣毯均无，严冬作战大成问题。请你们对于新四军问题设法直接交涉，易于解决。"同月 16 日，他更向长江局详细报告："总共全军人数约万余人，枪 5000 以上，但新兵占半数，枪支多杂色，子弹缺乏。……至于服装、被毯、皮带、

---

① 后勤学院学术部历史研究室、中国人民解放军档案馆编:《中国人民解放军后勤史资料选编·抗日战争时期》第 1 册,金盾出版社 1991 年版,第 94 页。

② 《中共党史参考资料》第 9 册,中国人民解放军政治学院党史教研室 1979 年编印,第 463 页。

③ 中国新四军和华中抗日根据地研究会:《新四军的组建与发展》,军事科学出版社 2001 年版,第 67 页。

④ 《皖南事变资料选》,上海人民出版社 1983 年版,第 352 页。

绑腿，仅高敬亭、傅秋涛两部齐全，其他均无。军政部始终不给，自身又无钱解决，这都使我们动员开赴前线感受种种困难。”一个月后，他在致长江局的电报中又说：“武器缺乏得很，……徒手太多，加以枪支中有很多土造单响、五响，这样去作战，是显示太弱。……各部的服装还未补充够，有些还穿着长衫，真不像样。”①

当时，由于国民党不允许中共扩编军队，只按最初编制发放军饷，所以对八路军和新四军日益壮大的队伍来说，那些本已非常微薄的军饷更显得杯水车薪。1938 年 10 月 23 日，朱德在给蒋介石的签呈中报告：“八路军现有正规部队，除原有之三个师外，并组成有十一个支队，每支队辖三个团，计全体人数已达十二万。前曾蒙军政部核定、许以改师为军，请准以每军三个师，师各三个团，组成正规部队，便于长期作战。”除了申请扩编外，朱德还要求增加经费：“八路军现在所担作战及发展游击战争任务异常重大，区域异常辽阔，加以币价跌、物价贵、运输线长，过去核发之经费，每月经常费只五十万元，米津十万元，河防米津一万四千元，实万分不够。现拟请按照核准之编制予以增加，在未核定前请先增加每月经常费至一百万元。”至于武器弹药等，更是迫在眉睫的急需物资，“八路军远留敌后作战，弹药资材最感缺乏。现平汉路断，交通运输更感困难，请准予一次发给步枪子弹六百万发，半年用的三个军卫生、通讯及炸药材料，以便坚留敌后持久抗战”。②

---

① 《中共中央东南局》下卷，中共党史出版社 2006 年版，第 513、516—517、532 页。

② 中国人民解放军历史资料丛书编审委员会编：《后勤工作·文献》第 2 册，解放军出版社 1997 年版，第 82—83 页。

但从蒋介石的反应来看，中共军力的迅猛发展显然让他感到了威胁，因此不仅未满足朱德的要求，而且还屡屡拖欠和威胁停发。1939 年 5 月 7 日，朱德致电八路军各部告知："呈请改师为军，增加经费至现在无着落，致造成困难。呈蒋批，以我军不听指挥为借口，过去原有之经费亦将完全停止发给"，"且弹药供给亦异常困难。前呈请发子弹六百万发，仅批二十五万发"。10 月 12 日，他又通知所部："弹药困难情形已极端严重，一年来不断向蒋、程、阎、卫用各种方法索取弹药，结果只获贰百余万发"，"在反共限共、投降妥协危机严重发展之下，对我军弹药补充将愈益减少，我之弹药困难愈将要增加，这必须引起我全军人员以最大之警觉，加紧爱惜弹药"。次年 1 月 30 日，朱德再次电令各部队必须注意节省弹药，因为"子弹缺乏成为我军目前、特别是将来的抗战中最严重的问题，一方面现已无存，弹药制造困难，另一方面主要的在国民党限共、防共的政策下，限制发给我军弹药，计去年总共发给我军弹药不及二百五十万发，而其中十月份批准之六十万发，除已领到二十五万发外，其余竟拖延到现在不发，估计今后将更严厉限制我军弹药或全不发弹药"①，焦急与愤懑之情溢于言表。

1940 年 7 月 22 日，彭德怀在致中央军委的电报中也说："敌寇对我严格封锁，物质供给大感困难，国民党对我不发一颗子弹，今后弹药将可能遭受到不可想像的困难。"然而就是在这种严重缺乏弹药的情况下，八路军还是于该年 8 月发动了

① 中国人民解放军历史资料丛书编审委员会编：《后勤工作·文献》第 2 册，解放军出版社 1997 年版，第 183、215、243 页。

百团大战。9 月上旬，彭德怀电告南方局的周恩来、叶剑英："百团大战已取得伟大胜利，惟因子弹、炮弹之缺乏，可能扩大之战果不能扩大，如榆次、寿阳、阳泉、井陉等较大据点不能克服，影响破路，又因黄色炸药缺少，……本可彻底毁灭之正太路，因上列原因之限制，未能达到最后毁灭之目的。"因而请其"趁此胜利之影响"，速向蒋介石、何应钦要弹药。①

万万没想到的是，国民党不但未给予八路军应有的补充，相反却因内心恐惧，在 1940 年 10 月 19 日发出皓电，强令八路军、新四军一个月内全部撤到黄河以北。对此，毛泽东 11 月 9 日在为朱德代拟致何应钦、白崇禧的佳电中，一方面恳请宽限北移时间，另一方面再次提出了补给要求。他表示："以现有五十万人之众，领四万五千人之饷，虽有巧妇，难以为炊"，且"职军已十四个月未蒙发给颗弹片药，有一枪仅余四发五发子弹者，有一伤仅敷一次两次药物者，于是作战则专凭肉搏，负伤则听其自然"，故"不得不上达聪听，以求于艰难之中，获涓埃之助"。②但国民党对中共的这一要求仍置若罔闻。11 月 19 日，军需局通知八路军西安办事处，谓奉军政部部长何应钦之命令，从本日起，停止发给八路军经费，即十月份欠发之二十万元，亦一律停发。③12 月 8 日，何应钦、白崇禧还在齐电中说："十八集团军遵令改编之始，原仅四万五千人，而至今竟称为五十万人。今姑不问其人员武器有无虚实，亦不计裹

---

① 中国人民解放军历史资料丛书编审委员会编:《后勤工作·文献》第 2 册,解放军出版社 1997 年版,第 291、296 页。

② 中共中央文献研究室编:《毛泽东文集》第 2 卷,人民出版社 1993 年版,第 312—313 页。

③ 中国人民解放军历史资料丛书编审委员会编:《后勤工作·文献》第 2 册,解放军出版社 1997 年版,第 311 页。

胁成军，能否任战，而事前既未照章核准，事后又不许中央过问，仅要求中央照数发饷。……中央安有如许财力，地方安有如许兵力，供给此核定数目以外无限制之兵员！”[①]明确拒绝了中共的补给要求。

这一时期，由于日军斗志顽强，且其在陷入绝境时经常毁坏武器，因此中共军队的武器缴获也不多。如平型关战斗中，“只缴到不上一百条的完整步枪。敌兵将枪打碎，伤兵自杀”[②]。1938 年 5 月，任弼时在向共产国际执委会主席团报告时也说：“我们的武器很不够。许多新战士参加作战，要么带手榴弹，要么赤手空拳。当然，他们可以用从敌人那里缴获来的武器部分地武装自己，但是从敌人那里缴获来的武器往往不是都能用的，因为敌人在失败时常常破坏自己的武器。”[③]至于弹药缴获，亦往往十分有限。如杨成武部进行的黄土岭战斗，虽然击毙了阿部规秀，缴获弹药 2.3 万发，却消耗弹药近 10 万发，以致无法从缴获中获得完全补充。[④]在此期间，彭雪枫也致电毛泽东说：“现平均每人子弹仅二十发，……每次战斗中常得不偿失。”[⑤]个中原因，叶季壮后来曾分析：“拿缴获来说，八路军在武器弹药、军用器材方面的缴获，一般的均为全国之冠，而解决了八路军本身部分的困难；但由于种种原

---

① 《皖南事变文电选编(国民党部分)》，安徽省档案馆 1985 年编印，第 36 页。

② 《彭德怀军事文选》，中央文献出版社 1988 年版，第 151 页。

③ 中共中央党史研究室第一研究部译：《共产国际、联共(布)与中国革命档案资料丛书》第 18 卷，中共党史出版社 2012 年版，第 75 页。

④ 《杨成武军事文选》，解放军出版社 1997 年版，第 88 页。

⑤ 中国人民解放军历史资料丛书编审委员会编：《后勤工作·文献》第 2 册，解放军出版社 1997 年版，第 148 页。

因，如敌军作战完全依靠汽车、火车之不断输送，在前线部队所携带之弹药资材不多，以及战斗经过时间较长，到解决战斗时敌兵身上所剩无几，故常常在大的胜利之后，亦不能补充我军之消耗，有时亦仅刚刚够本而已。”①

为解决武器弹药补给问题，当时的中共将领可谓殚精竭虑。1939 年 8 月，朱德、彭德怀、左权致电聂荣臻告知总部弹药情况：“一、现存无几，待领后再发。望努力节省使用。二、正在努力建设造弹厂，望为收集弹壳，以后领子弹必须以弹壳兑换。”1941 年 1 月，朱德、彭德怀、罗瑞卿又电告各部，由于敌人的掠夺和国民党断绝我之供给，物质资材的缺乏将是严重的，因此要求收集钢丝、铜圆、弹壳、炮弹壳、铜器、锡器和收买子弹等，并重申：“总部现已无存弹，生产亦极有限，还须大量铜、钢与弹壳。规定以后凡领取子弹者，必须带子弹壳来，一颗换一颗，否则不发。”②1942 年 2 月，八路军总部再次提醒各部注意：“子弹缺乏，成为空前未有，特别是将来，在华北最严重最困难”，“现已无存弹药，制造困难，……子弹壳必须收回，并按期送交总部”。③ 这种对上缴弹壳的三令五申，无疑更反映了其缺乏弹药之程度。

而在落实总部的这一要求时，各部队也各出奇招。如徐向前要求：“在战斗中注意收集弹壳，打一枪后，马上把弹壳收

---

① 后勤学院学术部历史研究室、中国人民解放军档案馆编:《中国人民解放军后勤史资料选编·抗日战争时期》第 1 册,金盾出版社 1991 年版,第 94 页。

② 中国人民解放军历史资料丛书编审委员会编:《后勤工作·文献》第 2 册,解放军出版社 1997 年版,第 207、388—389 页。

③ 后勤学院学术部历史研究室、中国人民解放军档案馆编:《中国人民解放军后勤史资料选编·抗日战争时期》第 1 册,金盾出版社 1991 年版,第 540 页。

藏起来，不只收集自己的，还要收集敌人遗弃的。”[1]刘伯承亦有感于“今后战斗频繁而我军弹药无处可领”，不得不号召各地“收用土炮、土枪、刀矛、弩箭等旧式武器，罐子抬枪、马子前膛枪”作为武器[2]，并强调：“由于我们弹药日益困难，在今后武器使用上，应尽可能缩小需用子弹的火器使用范围，大大提高手榴弹、地雷、大刀、矛子及土枪、土炮等自己能以制造的武器。已开始编拟使用这些武器的教材，即在野战与地方部队中，同样进行这些训练，求得普遍善于使用这些武器，发挥其应有的效能，达到以数量战胜质量的要求。”[3]在此，刘伯承其实已触及一个颇为深刻的问题，即武器状况在相当程度上决定了战略战术。

当然，这种缺枪少弹的窘境也刺激了各个根据地兵工事业的发展。1941 年 1 月，晋察冀军区在转发总部收集制弹原料的通知时就强调：“目前子弹已成为最严重问题，虽过去能得到后方一部分补充，但为数极少，运输亦极感困难，为坚持抗战巩固抗日根据地，必须要自力更生解决子弹问题。”[4]4 月，中央军委又发出指示说：“在与日寇战斗中，枪械弹药之缴获较少，而国民党不会再发弹药，因此我各根据地，对兵工建设，应有正确的原则与注意。”[5]

---

① 《徐向前军事文选》，解放军出版社 1993 年版，第 93 页。

② 《刘伯承军事文选》，解放军出版社 1992 年版，第 287—288、295 页。

③ 后勤学院学术部历史研究室、中国人民解放军档案馆编：《中国人民解放军后勤史资料选编·抗日战争时期》第 5 册，金盾出版社 1992 年版，第 104 页。

④ 后勤学院学术部历史研究室、中国人民解放军档案馆编：《中国人民解放军后勤史资料选编·抗日战争时期》第 3 册，金盾出版社 1991 年版，第 667 页。

⑤ 中国人民解放军历史资料丛书编审委员会编：《后勤工作·文献》第 2 册，解放军出版社 1997 年版，第 521 页。

不过由于缺乏技术人员、设备简陋和原材料等方面的原因，根据地兵工厂的产能非常有限，且精度不高。1940 年 1 月，军工部在总结上年军事工业概况时便说："枪筒钨钢我们无法购买，我们所用的枪筒原料只能是铁轨，确切一点说是用山西省的小铁轨，加以破开锻打作为枪筒钢料，小铁轨是一种碳钢，……这种钢硬度及强度均不高，以之做枪筒是不能经久耐用的"，而且"轧直也无机器，只用榔头，因此枪管不能合乎标准的直是想象可知的"。①

有鉴于兵工生产的这种现状，中共及时调整了其发展方向。1941 年 11 月，中央军委指示：（一）日寇"扫荡"频繁，后方不巩固，根据地财力亦日见涸竭，故兵工生产日益不易。这种情形应当引起我们的极大注意。（二）在敌我工业技术水平悬殊与根据地极不巩固之条件下，我们的兵工生产当然处于劣势地位，欲求山地敌我装备平等，大规模建设军事工业及希望新式武器之生产等，都是无实现可能的空想。因此，"在目前条件下，兵工生产的基本方针应当是修理枪械、翻造子弹、特别是大量生产手榴弹、地雷等，大量发给军队、民兵及居民，以便到处与敌斗争，以量胜质。……只有这样，才是在今天坚持敌后艰苦卓绝的斗争之唯一道路"。②也就是以弹药为主、枪械为辅，大量制造手榴弹、地雷等落后武器。

从后来的情形来看，由于种种原因，中共军队在抗战时期

---

① 后勤学院学术部历史研究室、中国人民解放军档案馆编：《中国人民解放军后勤史资料选编·抗日战争时期》第 2 册，金盾出版社 1991 年版，第 280—281 页。

② 后勤学院学术部历史研究室、中国人民解放军档案馆编：《中国人民解放军后勤史资料选编·抗日战争时期》第 1 册，金盾出版社 1991 年版，第 126 页。

缺乏常规武器的状况始终未见明显改观。1943 年，《太岳纵队一九四二年供给工作总结》指出，有的部队武器很匮乏，“各军分区的枪支弹药都不够分配。如三军分区游击队平均三人才有步枪一支”①。1945 年，朱德在《论解放区战场》中也表示：“几年来在解放区战场上，我们最困难的，是部队装备和军用器材问题。”②

三、抗日游击战的奇效

如上所述，中共军队的武器装备实在太简陋，而这无疑严重制约了其战斗力的发挥。1939 年 7 月，彭雪枫即曾致电中原局书记刘少奇说：“广大武装部队战斗力太差，子弹缺乏，使部队不能进行比较顽强的大的歼灭战，只能到处实行游击动作，获得小的胜利而已。”③同年 11 月，左权在总结八路军两年来的抗战成果时也指出：“武器不足与武器窳败，障碍了八路军更多胜利之获得，被我击败之敌眼见得不难立时消灭，但往往因武器落后，火力不足，竟被其漏网或竟不能消灭。”④1940 年 9 月，山东纵队在向八路军总部和中央军委报告时同样强调：“近来屡因弹药缺乏影响战斗甚大，得手之歼灭战因了弹打完不能解决战斗。”⑤在此方面，百团大战中的关家垴战

① 后勤学院学术部历史研究室、中国人民解放军档案馆编:《中国人民解放军后勤史资料选编·抗日战争时期》第 5 册，金盾出版社 1992 年版，第 382 页。

② 《朱德选集》，人民出版社 1983 年版，第 172 页。

③ 中国人民解放军历史资料丛书编审委员会编:《后勤工作·文献》第 2 册，解放军出版社 1997 年版，第 205 页。

④ 《左权军事文选》，军事科学出版社 2005 年版，第 364 页。

⑤ 后勤学院学术部历史研究室、中国人民解放军档案馆编:《中国人民解放军后勤史资料选编·抗日战争时期》第 3 册，金盾出版社 1991 年版，第 58 页。

斗更是一个典型例证。1940 年 10 月，彭德怀、左权亲自指挥一二九师三个旅的优势兵力，围攻日军一个大队 500 余人，苦战两昼夜，仍有五六十名日军逃走，而一二九师则损失了 2000 多人，是日军的数倍之多。

总之，中共军队武器装备的明显劣势决定了它无法和日军进行正面作战，“在武器未改变前，运动战的可能日益减少甚至不可能”①，只能采取游击战、麻雀战、破袭战等战法，积小胜为大胜。对此，罗荣桓曾总结说：“在敌人后方我们还是游击战，不可能过早地转为正规战。这是由于敌人还强大，占领城市及交通运输线；而我们则愈益处于被分割、封锁之农村中，装备亦极低下，弹药不易补充。”②朱德更是一言以蔽之：我军是“有什么枪打什么仗”③。而彭德怀后来也承认：“在目前情况下，由于敌后战争的长期性，与我之装备不如敌人，得不到大后方的接济，我方军事指导原则主要只能是游击战争。”④

由此可见，中共在抗战中长期以游击战为主显然是一种迫不得已、别无他途的选择，并非消极避战。这不仅是无可厚非的，而且恰恰充分展示了中共坚定的抗战决心和高明的战略战术。1941 年 4 月，冀中军区司令员吕正操在介绍冀中平原游击战经验时就说：“在技术贫乏条件下的我们，特别是只有极低劣武器的游击队，为要不当亡国奴，为要取得最后的胜

① 中央档案馆编：《中共中央文件选集》第 13 册，中共中央党校出版社 1991 年版，第 212 页。

② 《罗荣桓军事文选》，解放军出版社 1997 年版，第 154 页。

③ 《朱德选集》，人民出版社 1983 年版，第 168 页。

④ 《彭德怀军事文选》，中央文献出版社 1988 年版，第 148 页。

利”，必须开展广泛的游击战争，“避开敌人的长处，而发挥我们的长处”，“若是犯了不服气的毛病，在这种情况下，一定要和敌拼死拼活，免不掉吃大亏，结果未必出了气，倒把抗战力量断送了，这是万万要不得的”。①这段话既表明了其爱国志向，又反映了一种清醒的认识。

1943 年 8 月，上海朝日新闻社《文友》半月刊发表武克《中共军内幕时析》一文也称：“共军的生活都是极其艰苦的，要克服物质上的缺乏，对抗恶劣的环境，打破艰险，巩固部队，必须有超乎常人之外的坚强意志与严密组织。共军对这方面的运用，可算登峰造极，发挥无遗，……以至视为神通广大，莫测高深。”这篇文章还分析：“共军的战斗技术在战斗生活中锻炼起来，他们很少从外面得到接济，必须珍惜他们的弹药，使能收到预期的效果而不致浪费。在优势兵力围剿下，稍一不慎，则有被歼的危险，乃要求具有高度的运动性。这就是中共军在环境中磨炼出来的两项特长，即精确的射击与敏捷分散行动。”②今天看来，这种对中共为何要打游击战的分析虽然来自敌方，却不失透彻明理。

而从实践来看，中共开展游击战，确实给敌人带来了极大的困扰。1940 年，华北方面军总结说：“共军、匪的机动游击战法极为巧妙、顽强，成为我治安上最大的祸患。”③1943 年 5 月 26 日至 28 日，山西伪《新民报》登载该报随军记者张

① 《游击战参考资料选编》第 7 册，军事科学院战争理论研究部 1981 年版，第 37—38 页。

② 时事研究会编：《赤胆忠心录》，大连新文化书店 1946 年版，第 33—34 页。

③ [日]日本防卫厅战史室编：《华北治安战》上册，天津市政协编译组译，天津人民出版社 1982 年版，第 342 页。

文心《癸未春太行作战纪评》一文，文章也承认：“一向即以狡黠著称之共产党军，彼等确有不可漠视之独特战法。……其所以几年仍未全灭者，实不能不归功于其特有战法，所谓特殊战法者，亦即彼等所自觉得意之游击战。”该文还说：“‘化整为零，化零为整’，尤为彼等之拿手戏。化整为零，则人员分散，易使追剿兵队迷失目标，难于搜查；化零为整，则力量集中，亦可收击敌之效。以上叙述，皆为狡黠共产军所用之战法，……如中央军者，集则易乱，散则无力，其击溃尚为容易，而共产党军集则为整，化则为零，其每个散开之小组皆为有机体，更从彼等所最熟悉之山路，可以巧妙运用。”①这种对国共两党军队战法的比较，更彰显了中共游击战的效果。

另外还值得一提的是，游击战所取得的这种神出鬼没的奇效甚至也引起了国民党的关注。1938 年 10 月 20 日，阎锡山发电向各部推荐八路军的战斗经验：“据报八路军常以小部兵力出没于曲新地区附近，该处之敌，因屡遭袭击，常受重大之牺牲，故对八路军甚为注意等情。仰转饬所属，应仿效此种办法，遇有好机予敌猛袭，使敌难于应付，以收游击之效为要。”②同月，蒋介石在武汉召开高级将领会议，邀请朱德参加。朱德在会上提出了国共两党举办游击干部训练班的建议，蒋介石予以采纳，并要求拟出具体实施计划。其后，周恩来和叶剑英研究制定了游击干部训练班教育计划大纲，由周恩来提交给蒋介石。11 月，蒋介石邀请中共代表周恩来和叶剑英参

---

① 时事研究会编：《赤胆忠心录》，大连新文化书店 1946 年版，第 34 页。

② 黄道炫：《抗战初期在山西的八路军——以阎锡山档案为中心的探讨》，杨凤城主编：《中共历史与理论研究》第 2 辑，社会科学文献出版社 2015 年版，第 48 页。

加在南岳召开的最高军事会议。这次会议确定自七七抗战开始到武汉失守为第一期抗战，以正规战为主，尔后为第二期抗战，决定第二期抗战实行“游击战重于正规战，变敌后为其前方，用三分之一力量于敌后方”的方针。①为此，蒋介石命令各战区划分出若干游击区，指派部队担任游击。

为了培养游击战的指挥人才，国民政府军委会还专门在衡山举办了三期南岳游击干部训练班，蒋介石亲任主任，白崇禧、陈诚任副主任，并聘请了叶剑英等中共将领为教官（叶剑英初为副主任，后任副教育长），传授游击战战略战术和政治工作，周恩来也曾到训练班视察与授课。1939 年 1 月，国民党军训部又编写了《游击战纲要》一书，下发各战区及军事学校，作为研讨游击战之教材。该年 6 月新四军呈报了有关游击战的工作报告后，何应钦亦曾批示：“此报告颇有价值，可供我军战术研究之资料。”蒋介石也复电叶挺、项英说：“所陈各节颇有见地，已令择列教令，以供我游击各部队之参考。”②由是观之，国民党当初尚且如此重视学习中共的游击战，那我们今天又怎么能妄自菲薄呢？

---

① 秦孝仪主编:《中华民国重要史料初编——对日抗战时期》第 2 编第 3 册,(台北)中国国民党中央委员会党史委员会 1981 年版,第 149 页。

② 中国人民解放军历史资料丛书编审委员会编:《新四军·参考资料》第 2 册,解放军出版社 1991 年版,第 117 页。

八路军在中条山战役中是否“隔岸观火”？

1941 年 5 月，日军集结十余万精锐部队大举进攻晋南中条山地区。经过一个多月的作战，“达到了消灭敌军主力的目的，收到事变以来罕见的战果”①，而国民党则遭受了“抗战史中最大之耻辱”②。在战事危急关头，国民党曾经数次向中共求援，但终究无法挽回败局。于是，中共“隔岸观火”乃至“趁火打劫”之说遂在坊间尤其是网络上广为流传。关于这一问题，以往学者虽已有一些研究③，但在针对性方面仍有所欠缺，因此本节拟做进一步梳理和辨析。

---

① ［日］日本防卫厅防卫研究所战史室著:《中国事变陆军作战史》第 3 卷第 2 分册,田琪之等译,中华书局 1983 年版,第 132 页。

② 中国第二历史档案馆编:《中华民国史档案资料汇编》第 5 辑第 2 编“军事”第 3 册,江苏古籍出版社 1998 年版,第 405 页。

③ 如刘贵福的《抗战中期的国共配合作战问题——以百团大战、中条山战役为中心的讨论》(载《抗日战争研究》2007 年第 2 期)、邓野的《日苏中立条约在中国的争议及其政治延伸》(载《近代史研究》2009 年第 6 期)、杨奎松的《关于中条山战役过程中国共两党的交涉问题——兼与邓野先生商榷》(载《近代史研究》2010 年第 4 期)、黄天华的《也谈中条山战役期间的国共关系——与杨奎松先生商榷》(载《社会科学研究》2012 年第 5 期)等文。

一、国民党的求援和中共的应对

1941 年是抗战时期国共关系风云变幻的一年。该年 1 月，皖南事变发生，两党合作濒临破裂。4 月，苏日两国签订《中立条约》，互相约定在与第三国交战时保持中立，同时该条约还涉及中国东北与外蒙的主权，这更在国内激起轩然大波，引发了一阵反苏反共浪潮。而 5 月日军进攻中条山，又在国共之间插入了一个楔子，激化了双方的矛盾。

根据日方资料记载，日军发动此次中条山会战的目的乃在于“消灭和扫荡蟠踞在晋豫边区的中央军主力，消灭其在黄河以北的势力”，然后“日军即可自由行动，那时候可以全力对付中共军”，“确保华北安定”。①不过其之所以在此时发起进攻，或许还别有意图。国民党《中央日报》曾发表社论分析：“由战略上言，初无一定目的，而其准备亦似不甚充分，其目的似在依赖外交上日苏中立条约表面上之成就，……以威胁中国并为离间中国与英美苏联间友谊之凭藉。”②也就是说，日本企图通过主动进攻，故意显示日苏签约使其从北方与苏对峙的僵局中解脱出来，有利于扩大侵华，以激起中国对苏联的不满。从日军发起进攻的时间来看，这一分析似乎不无道理。不过既然已认识到这是日本的离间之计，国民党当然不会轻易上当，中苏关系并未受此影响，反倒是国共关系在皖南事变后再度紧张，这或许也算是日本发动此役的一个意外收获吧。

---

① ［日］日本防卫厅防卫研究所战史室著:《中国事变陆军作战史》第 3 卷第 2 分册，田琪之等译，中华书局 1983 年版，第 133 页。

② 《日寇最近军事动向》，《中央日报》，1941 年 5 月 17 日。

中条山会战虽然始于5月7日，但早在4月下旬，重庆统帅部就已察觉日军将在晋南与豫北地区发动一次进攻。据军令部部长徐永昌日记记载，从4月14日起，“山西南部及豫北敌增兵之讯，几于无日无之，其气势大有山雨欲来风满楼，亦似敌必取洛阳西安者”①。不过由于蒋介石在皖南事变后的主要精力在图谋进攻陕北，故未能及时部署对日防御。直到4月25日，他才决定加强中条山和洛阳、潼关的工事。5月2日，军委会电令第一、二、五战区做好应战准备。对这种仓促应战的情况，徐永昌事后在总结此战失利原因时曾说：“一、各渡河前岸无防御工事；二、措置垣曲等重要地带部队特别脆弱；三、半月前已知敌进犯但无适当准备；四、本部早已呈准令其先攻，而以俊如（即卫立煌，时任第一战区司令长官——引者注）迟到，未能如期做到。”②

面对日军即将开始的进攻，在明知己方准备不足的情况下，为了保住中条山这一战略要地，蒋介石不得不转向中共紧急求援。5月5日，他嘱咐军令部次长刘斐“面询周恩来，当兹敌将大举攻我晋豫，十八集团军能否击敌，或即放弃抗日立场，请两日内答复，周答以即电延安”③。5月8日，中条山会战打响的第二天，在没有收到中共答复的情况下，蒋介石又授意刘斐在党政军联席会上提议：“发动各机关各团体呈请中共部队协助国军打击敌军在晋南之蠢动。如果中共部队不策应

① 《徐永昌日记》（手稿本）第6册，（台北）“中央研究院”近代史研究所1991年版，第99页。

② 《徐永昌日记》（手稿本）第6册，（台北）“中央研究院”近代史研究所1991年版，第117页。

③ 《徐永昌日记》（手稿本）第6册，（台北）“中央研究院”近代史研究所1991年版，第101页。

作战，显然系违反抗战立场背离民众意旨，是自弃也，且其结果将引起共党内部之分化。如其出兵抗战，则足以协力打击敌军，亦国之幸也。”①

不难看出，蒋介石此举意在一石二鸟：如果中共出兵，自然有助于解中条山之围；而如果中共不出兵，则必然在社会各机关团体面前暴露其“假抗日”之真面目。对此，其亲信幕僚唐纵曾赞叹“委座之贤能诚不可及也”。其实，这也是他自己的一贯主张。在此前后，他曾几度呈文述及解决中共问题的思路，“主张政治斗争重于军事斗争，分化重于防制，（加强）宣传的战斗性以瓦解中共”②。由此可见，围绕中条山会战中共是否出兵问题，国共双方的政治较量已经展开。

针对国民党出的这个难题，5 月 8 日，毛泽东复电周恩来：“（一）对于敌军进攻，须强调‘全国人民团结起来反对日本帝国主义进攻’的号召。（二）对于国民党要求我们配合作战，须告以当然如此，不成问题。（三）我们要求事项：（甲）速解决新四军问题；（乙）速发饷弹；（丙）停止反共；（丁）派机送周回延开会。”③此电一方面表示中共当然会配合作战，另一方面则趁机提出要求，解决皖南事变后悬而未决的问题。

对延安这一回复，蒋介石在 5 月 9 日的日记中写道：“中共藉此要胁，应淡然处之。”但由于其急于请中共出手相助，

---

① 公安部档案馆编注：《在蒋介石身边八年——侍从室高级幕僚唐纵日记》，群众出版社 1991 年版，第 206—207 页。

② 公安部档案馆编注：《在蒋介石身边八年——侍从室高级幕僚唐纵日记》，群众出版社 1991 年版，第 207、203、209 页。

③ 中共中央文献研究室编：《毛泽东年谱（1893—1949）》修订本中卷，中央文献出版社 2013 年版，第 295 页。

遂于11日告知周恩来："只要你们用游击战争的方法，切断同蒲路、正太路、平汉路等，敌人一恐慌，一定会恢复原状"，"你们如配合行动，我决不会亏待你们，饷弹有了成绩后自然发给"，"各地反共捉人，要使他们安心，我一定命他们放人"。①大概周恩来的回答较为积极，所以蒋判断："中共对晋南战事或能望其参加击敌也。"②

但毛泽东此时已识破国民党"一石二鸟"之计，决定不轻易入其彀中。5月9日，他致电周恩来："国民党现已大慌，却仍想用激将法使我为他拼命，所谓中共与日妥协一类鬼话可置之不理，对配合作战，可满口答应，请其速发饷弹等。"③同日，中共中央还电告前线将领："国民党要求我军配合作战，惟仍想用激将法，谓中共如不与日妥协，便应在华北发动攻势，制止敌进"，"我们方针，决不被其激将法所动，仍按我军现在姿态，巩固各根据地，耐心发展敌伪奸三种工作（这是极重要的），按当地情况许可，拔取敌伪某些深入我区的据点。……在接近豫陕地区，应有相当部队配合友军作战"。④这表明中共决心按自己的游击方式进行配合作战，而不是国民党所希望的提供大规模援助。

在此期间，苏联驻华军事总顾问崔可夫曾劝告周恩来，八

① 杨奎松：《关于中条山战役过程中国共两党的交涉问题——兼与邓野先生商榷》，《近代史研究》2010年第4期。

② 叶惠芬编辑：《蒋中正总统档案·事略稿本》第46册，（台北）"国史馆"2010年版，第242页。

③ 杨奎松：《关于中条山战役过程中国共两党的交涉问题——兼与邓野先生商榷》，《近代史研究》2010年第4期。

④ 中共中央文献研究室编：《毛泽东文集》第2卷，人民出版社1993年版，第349页。

路军应当给予国军配合，以便争取民心。这引起了毛泽东的极大不快。他措辞严厉地指示周恩来，要其转告崔可夫说：两年半来，国民党打日本打得很少，前年冬季攻势以来就没有打什么仗，而“我党对日则无日不战”，“要告诉总顾问，要他不要随便乱说。国民党至今还说我军游而不击，甚至说我对日妥协等鬼话，……我们决不为这些鬼话所动”。①

5 月 10 日，由于战况告急，卫立煌亦致电彭德怀，请求八路军配合作战。对此，毛泽东要求彭德怀“拟一部署计划电告，此计划中在太南太岳两线者战事发生时虽不是猛打，但应准备施行之，在其他区域者只做样子，不应实施。计划拟好后不急于告卫，但先复卫一电告以自当配合作战之意以鼓励之，仅在其催促时再以计划告他。另以一电给卫，请其转陈重庆速发饷弹”②。14 日，他又电告彭德怀说：“目前国民党非常恐慌，望我援助甚切。判断在日寇此次打击下，国民党不能不向我讨好。国共地位将发生根本变化，我党在抗战中将日益占据领导地位。因此，我们的基本方针是团结对敌，是配合作战，但决不为国民党激将法所冲动，而是周密考虑情况，给以有计划的配合”，“我意主要配合区域应是晋东南与冀南，其他作为次要配合区域（即按寻常状态作战）”。③

5 月 16 日，彭德怀拟定《关于配合国民党军对进攻中原之敌的作战部署》，提出：“为提高与坚定国民党作战决心，兴

① 杨奎松:《关于中条山战役过程中国共两党的交涉问题——兼与邓野先生商榷》,《近代史研究》2010 年第 4 期。

② 杨奎松:《关于中条山战役过程中国共两党的交涉问题——兼与邓野先生商榷》,《近代史研究》2010 年第 4 期。

③ 《毛泽东军事文集》第 2 卷,军事科学出版社、中央文献出版社 1993 年版,第 641 页。

奋民众，扩大我之政治影响，除由一二九师决死一纵队各以一部兵力在安阳以南之平汉路，洪洞以北之同蒲路各先行破击外，我华北各兵团（除山东部队外）应立即准备于最近期内作一较大规模之行动，配合友军作战。”破击范围包括同蒲路、汾离公路、平绥路、正太路、石德路、沧石路、白晋线、邯济线等，并提出除破路外，力求拔除敌人钉在根据地内之据点，并准备反“扫荡”作战。①

5 月 18 日，毛泽东与朱德、王稼祥等联名致电彭德怀，基本同意其部署，不过也提醒说：“目前方针是必须打日本，但又决不可打得太凶。不打则国民党不能谅解，中间派亦会说话，但如打得太凶，则有相反危险，日本将转向我们报复，国民党坐收渔利，并将进攻边区。”当然，出于宣传的考虑，他们同时也提出：可以“在一部分地方打得大些，而在其他地区则打得小些，使国民党觉得我们真在打就好了”。电报还附去了周恩来报告的苏联顾问意见，并说：“恩来电是转给你作参考的。他电反映国民党及外国人的压力，我们不可不听，又不可尽听。望按此总方针调节我们的行动。”②

事实上，中共当时还是出兵相助了的。5 月 12 日，八路军已“开始对平汉铁路、同蒲铁路及白晋路各交通线猛烈破坏，使日军无法运输接济，日军乃不得不放弃渡河计划”③。22 日，彭德怀又发布战斗指令，命令各部队在平津、平保及太原

---

① 中国人民解放军历史资料丛书编审委员会编:《八路军·文献》,解放军出版社 1994 年版,第 640—641 页。

② 杨奎松:《关于中条山战役过程中国共两党的交涉问题——兼与邓野先生商榷》,《近代史研究》2010 年第 4 期。

③ 周立:《中条山战事与国内团结问题》,《上海周报》第 3 卷第 23 期,1941 年 5 月 31 日。

南北铁路发展较大游击战，翻车、破路、断敌交通；于23日在临汾及安阳南对敌灵活进击；如敌向西安前进，应准备较大之战役，配合友军作战。①

在配合作战的过程中，中共也一改皖南事变后拒绝向国民党做任何呈报的做法，积极汇报战果。5月15日，毛泽东致电彭德怀、左权，要求八路军“总部应与蒋介石、徐永昌、卫立煌、阎锡山通报，不断告以敌情、战况，特别是胜利消息，表示我军热心配合作战，并向他们请示，以影响其抗战决心，争取国共好转”②。同日又电告八路军驻西安和洛阳办事处负责人：“向各方表示，八路军新四军均在敌后猛击敌人，与正面友军配合作战，决不计较国民党的反共仇恨。惟饷弹两缺，希望政府接济。”③但中共这种扩大宣传的努力遇到了很大阻挠。就在同一天，国民政府军事委员会发言人在新闻记者招待会上声称：“现无十八集团军（共产军）部队参加中条山之战事。”④直到5月底，经过据理力争，在卫立煌的协助下，国民党才终于发表了八路军的战绩。30日，毛泽东电告彭德怀：“九个月来中央社第一次广播我军战绩，谓据洛阳讯，我军已截断正太路车不通等语，是卫处已起作用，望对正太、平汉两路战绩多报卫、蒋。”⑤

---

① 王焰主编:《彭德怀年谱》,人民出版社1998年版,第250—251页。

② 中共中央文献研究室编:《朱德年谱》(新编本)中册,中央文献出版社2006年版,第1058页。

③ 《毛泽东军事文集》第2卷,军事科学出版社、中央文献出版社1993年版,第643页。

④ 周立:《中条山战事与国内团结问题》,《上海周报》第3卷第23期,1941年5月31日。

⑤ 中共中央文献研究室编:《毛泽东年谱(1893—1949)》修订本中卷,中央文献出版社2013年版,第302页。

国民党之所以不积极发表八路军的战报，原因是颇复杂的。首先是因为日军攻势猛烈，中条山战局急转直下，而八路军尽管“在日军攻势发动（五月七日）后，已立即开始袭击其交通线”，但其配合仍为游击战，以破路为主，且较分散，没有集中在最危急的晋南，“其活动地区距中条山最近处也在三百里外”，此种“在远后方的袭击，自难发生直接影响”。①这在国民党看来，显然是未尽全力援助，故极表不满。5 月 20 日，王世杰在日记中记载：“晋南战事，我方损失颇重。共产党军队迄今仍无协同国军作战之行动，军部方面甚愤慨。”至 29 日党政军会报，白崇禧、刘斐、程潜等均主张正式发表谈话，谓十八集团军应允在晋南作战，但迄今尚无作战之报告。王世杰力主从缓发表，但未获赞同。②

其次是缘于政治偏见。在此，徐永昌起到了关键作用。早在 5 月初蒋介石向中共求助时，他就在日记中判断：“中共之打敌与否，全视与彼有利与否。如其有利，我不要求彼亦打（开战前及开战初为证），否则乘我要求答我以必打（其实是看我打，遇机尚要捡我便宜）而不打。”因此，“今日共产党只有妨害抗战而已。青年信之，有资格人士赖之，政府冀之，实乃过愚”。出于这种偏见，徐永昌主张对八路军配合作战的战报不予发表。6 月 3 日，他在日记中记载：“朱、彭接连报告其在敌后战果”，而“昨日会报前对是否宣布十八集团战报问题颇多讨论。有谓宣布则可打破敌人多时挑拨离间（敌人每每广播国共如何如何分裂，又播共如何与日已不冲突，或谓共

① 《论晋南之战》,《时代批评》第 4 卷第 72 期,1941 年。

② 《王世杰日记》(手稿本)第 3 册,(台北)“中央研究院”近代史研究所 1990 年版,第 81—82 页。

早已不复助国军作战）；有谓使十八集将来如不作战，此时岂非代彼宣传（而周恩来则日持战报究询为何不载该军战况）。余主仍不发表一切（不发表其战况，不发表其未战），俟再看情形而定”。①这段记载表明中共确实出兵相助了，但其战报被徐永昌等人压下，担心为共产党宣传。

二、中间派的质疑和中共的澄清

由于不明真相，中间派此时对中共颇有微词，不断呼吁八路军出兵助战。5 月 23 日，黄炎培等人致电毛泽东：“请速与中央军协力抗敌，御西犯敌军，间执谗慝。”②同一天，张一麐、颜惠庆、胡文虎、钱永铭、王云五、成舍我等 14 位旅居香港的参政员，亦联名致电周恩来并转朱德、毛泽东：“同人窃以为此次中条山战事，关系我抗战前途甚大，关系国共合作尤大。十八集团军诚能在中央指定之区域，全力与敌作战，则胜利益操左券，合作更成事实。”③

这一时期，《大公报》对中共的批评尤为严厉。5 月 21 日，《大公报》发表《为晋南战事作一种呼吁》的社评称：“晋南战役，业已经过半个月之久，我军苦战，全国关切，而十八集团军集中晋北，迄今尚未与友军协同作战，则系事实。”并表示：“现当晋境敌军求逞之际，近在咫尺的十八集团军，岂能坐视敌军猖獗而不抗？ 岂能坐视国军苦战而不援？

① 《徐永昌日记》（手稿本）第 6 册，（台北）“中央研究院”近代史研究所 1991 年版，第 103、119、124、124 页。

② 《黄炎培日记》第 7 卷，华文出版社 2008 年版，第 106 页。

③ 《留港参政员致电朱德毛泽东，促十八集团军对敌作战》，重庆《大公报》，1941 年 5 月 26 日。

在国家民族的大义名分之下，十八集团军应该立即参加晋南战役，……我们谨代表国民舆论，作热诚激切之呼吁！”更要害的是，这篇社评还引述了日本挑拨国共关系的一些宣传，如日语对华广播：“以中条山为中心盘踞于山西省东南之第十八集团军主力，于我军攻击重庆军时，不但始终持对岸观火态度，且出动游击队威吓重庆军侧面，并乘机解除败残军之武装”，“日军与共产军素不彼此攻击”。针对这些传闻，《大公报》提出：“这些说法，固然大部出自敌人的捏造，惟既播之中外，其事实真相，自为中外人士，尤其我们忠良各界亟愿闻知。因此，我们热诚希望第十八集团军能给这些说法以有力的反证。第十八集团军要反证这些说法，最有力的方法，就是会同中央各友军一致对敌人作战，共同保卫我们的中条山，粉碎敌人的‘扫荡’。”①

为了应对这种沸沸扬扬的批评，周恩来在重庆向舆论界做了大量宣传工作。5月13日，他“列举事实，向中外记者驳斥国民党参政员许孝炎散布的‘十八集团军不配合对敌作战’的谣言”。16日，他又“向美国通讯社声明：外传所谓‘八路军不抗日，打中央军’之说，全系日寇造谣中伤”。此后，他一再要求国民党澄清谣言，宣布并发表八路军配合作战的事实。5月28日至31日，周恩来还连续致电毛泽东，建议采取针锋相对的宣传：（一）向记者发表声明，向国民政府军事委员会提出质问；（二）朱德电卫立煌，询问是否未将前方战况报军委会，现在前方浴血抗战，后方血口喷人，势难使死者瞑目，生者心安，要卫立煌立即转电中央社解决，同时令八路军立送战

① 《为晋南战事作一种呼吁》，重庆《大公报》，1941年5月21日。

报；（三）分别答复国民参政员邵从恩、张澜等，揭破敌人阴谋，说明事实真相，指出目前战果证明第十八集团军在政府不发饷弹情况下仍抗战耗敌，要邵等主持公道，代请饷弹，以便扩大战果，电文送中央社发表，用以向海外广作宣传，同时发社论；（四）华北作战抓住要害，给敌严重打击，以影响国内外。①

而当《大公报》5 月 21 日社评发表后，周恩来更感到事关真伪曲直，连夜致函《大公报》，说明中条山会战真相。信中一方面驳斥日寇谣言，另一方面历陈八路军的抗战业绩和中共团结抗战的诚意，并说："我可负责敬告贵报，贵报所据之事实，并非事实。在贵报社论发表一周前，晋南白晋公路一段即为第十八集团军部队袭占，停止通车；其他地区战事尚在发展，只因远在敌后，电讯联络困难，此间遂不得按时报道。"至于八路军为何未直接参加晋南作战，他也解释说："十八集团军作战地界，奉命不与友军混杂，免致引起误会。"②因为此前国民党曾要求八路军、新四军限期北上，集中开到"冀察两省及鲁北晋北"③。在这封信中，周恩来还声明："我们可负责向贵报及全国军民同胞声明：只要和日寇打仗，十八集团军永远不会放弃配合友军作战的任务，并且会给敌人以致命的打击的。"最后，他恳切地提出希望："敌所欲者我不为，敌所不欲者我为之。四五年来常持此语自励励人。今敌欲于积

① 中共中央文献研究室编：《周恩来年谱（1898—1949）》，人民出版社、中央文献出版社 1989 年版，第 502、503、505 页。

② 《"敌所欲者我不为，敌所不欲者我为之"——周恩来先生致本报的信》，重庆《大公报》，1941 年 5 月 23 日。

③ 秦孝仪主编：《中华民国重要史料初编——对日抗战时期》第 5 编第 4 册，（台北）中国国民党中央党史委员会 1985 年版，第 229 页。

极准备南进之际，先给我以重击，并以封锁各方困我，力不足则辅之以挑拨流言，和平空气。我虑友邦人士不察，易中敌谣，故曾向美国通讯社作负责声明，已蒙其十九日在上海广播，不图今日在此复须作又一次声明。我信贵报此文是善意的督责，但事实不容抹杀，贵报当能一本大公，将此信公诸读者，使贵报的希望得到回应，敌人的谣言从此揭穿。”①

平心而论，周恩来此信确实写得有理有据、感人至深。5月23日，《大公报》全文发表了这封来信，并配发社评《读周恩来先生的信》。社评不再纠缠于具体问题，而是将中共在中条山会战的表现与《苏日中立条约》联系起来，提出：“中共不比一般人，其组织有国际性，其国家观与普通人不尽相同，……苏日中立条约成立了，中共向来最信仰苏联，所以人们要知道中共今后的政策是否受苏日妥协何等影响。这种推论，本来很浅薄，然一般同胞，在这紧要关头，当然要证明中共今后是否仍在民族自卫的阵线。”这说明国共围绕中条山会战的争论，其实仍是此前《苏日中立条约》签订后双方宣传战的余波。这篇社评还说：“读周先生的来信，关于此点得到圆满答复，就是十八集团军一定协同作战”，而“我们前天的评论，其实只一句话，就是期待十八集团军将协同作战的事实尽速表现出来。我们愿声明，只要有此事实，就满意了，且并不苛求或奢望一定有大的战果”。②由此可见，《大公报》关注的是中共是否依然抗日这一事实，并不在意其战果之大小。

5月29日，《大公报》又发表了一则短评《问军事委员

---

① 《“敌所欲者我不为，敌所不欲者我为之”——周恩来先生致本报的信》，重庆《大公报》，1941年5月23日。

② 《读周恩来先生的信》，重庆《大公报》，1941年5月23日。

会》："晋南的战报，渐趋活泼，各路反攻，牵制敌人，这应该是晋南战役的转机。我们谨向军事委员会询问一点，就是：十八集团军是否业已协同作战？ 全国同胞对于此点异常关切，该集团军如已有协同作战的事实表现，请公布，以慰全国同胞之望；否则，也请说明真相，以便再加督劝。"①显然，《大公报》对中共是否参战依然十分关心。对此质询，《中央日报》于次日登载了记者对军事委员会发言人的采访，称中共部队"截至今日止，尚未据报与敌军正式接触"②。

针对《中央日报》这种对中共作战的否认，周恩来又于6月1日在《新华日报》发表声明指出这与事实不符，"因最近一周，单就中央社之洛阳专电，便有六次提及晋东我军或十八集团军作战地区之战况的，而大公报两次西安专电，更证明太行山及晋北我军均在与敌作战"，这些通讯社虽然限于规定不得将作战部队之番号标出，"但不能以此便谓无十八集团军在内"。周恩来还说："大公报说得好：'我们愿声明，只要有此事实，就满意了，且并不苛求或奢望一定有大的战果。'但我们当然并不以此等战果为满足，我们愿意接受国人善意的督责和更多的希望。我们期待着更大的战果的来临。……但同时我却企求国人注意，在我上次致大公报公函发表以后，敌人挑拨的谰言，已停止了，但最近两日却又广播起来了。我们应勉励勿为敌人流言所动，更勿为敌人挑拨所中。我们全中国军民应团结成一个铁拳一样，好击碎敌人的进攻，也击碎敌人的

① 《短评·问军事委员会》，重庆《大公报》，1941年5月29日。
② 《军方解答十八集团军行动》，《中央日报》，1941年5月30日。

挑拨流言！”①

在此期间，延安也起来反击谣言，5月25日，毛泽东发出党内指示：“日本和军事进攻同时发动了谣言攻势，例如所谓‘八路军不愿和国民党中央军配合作战’，‘八路军乘机扩大地盘’、‘打通国际路线’、‘另立中央政府’等等。这是日本挑拨国共关系以利诱降的诡计。国民党中央社和国民党报纸照抄散布，不惜和日本的反共宣传互相呼应，其用意何在，甚为可疑。我们也应揭穿它，反对它。”②

5月28日，延安《解放日报》发表社论《谣言与烟幕》，针对国民党说中共不打日本以及日方制造的“中共与日军从不冲突”等谣言予以驳斥。社论指出：最近，所谓“十八集团军集中晋北，不与友军协同作战”的谣言广泛地、有计划地传布着。而“这个谣言的最初散布者乃是专长此道的个中老手——（日本）同盟社。日寇于本月初发动了一个大规模的军事攻势，而同时却发动了一个大规模的谣言攻势。……谣言攻势在挑拨国共关系，描画一幅黯淡的画图来吓你说，你看国共关系恶劣至此，自力更生，还有什么希望呢？快降吧！”而“像《大公报》和中央社这类新闻，居然一方面说：‘敌方所传大部出乎捏造自不能信’，另一方面，又重述着‘敌方所传’，称‘十八集团军集中晋北迄今尚未与友军协同作战则为事实’。日本人一个钱不花，就有中国人义务地替他的谣言当留声机和见证人。宁非怪事！”“可惜的是，香港的一部分参政

① 周恩来：《关于中央社发表谈话的事实真相的声明》，《新华日报》，1941年6月1日。

② 《毛泽东选集》第3卷，人民出版社1991年版，第804页。

员竟为这个小小手法所迷惑。”①显而易见，这是批评《大公报》和张一麐等人对中共的质疑是为虎作伥、助纣为虐，帮了敌人的忙。

历史地看来，中共的这些解释和澄清应该发挥了很大作用，使越来越多的人对事实真相有所了解。后来，南方局曾经总结说：“中条山战役，顽固分子因怕我不打，怕我乘机报复。及至得悉在此战役中我已配合作战，乃极力埋没我之战绩，说我不打敌人，只打自己。在报纸上大造广泛的反共舆论。我只能在自己报端披露战绩，揭破其阴谋，并经过各党派进步分子与中间分子，向社会解释，顽固派阴谋因此全部暴露。”②

三、国民党对会战失利原因的检讨

值得注意的是，与那种将中条山会战失利归咎于中共“隔岸观火”“见死不救”的观点相比，国民党的总结尚属客观。1941 年 5 月 28 日，蒋介石指出此役的败因乃在于：（一）黄河北岸只注意前线工事，而对于其各渡口生死攸关之桥头堡毫不注重，此为最大之错误。（二）在敌军大规模攻势准备时，我军早已探悉，其时间且在半月以上。在此期间，我军一如常时而毫无万一之准备，此为我军平时疏忽大意之过错也。（三）晋南部署以第四十三军最弱部队当皋垣大道之要务，此部署与准备设计不周之错误也。至于各部队之通讯所、指挥所及平时对敌匪突击队之防范、搜索与避毒、防空，尤其对集中轰炸之

① 《谣言与烟幕》,《解放日报》,1941 年 5 月 28 日。

② 中央统战部、中央档案馆编:《中共中央抗日民族统一战线文件选编》下册,档案出版社 1986 年版,第 608 页。

处置，皆未有准备等各种缺点，犹在其次也。①

与此同时，国民政府军委会桂林办公厅也对中条山会战做出检讨，归结了十个方面的败因：（一）战术呆板，始终陷于被动。（二）疏忽情报判断，部署错误。（三）战场整备不周。（四）部队长官对战术修养太差，感觉迟钝。（五）补给不良。（六）司令长官离开战区，不能及时执行统帅部命令。（七）作战指导不周。（八）通信连络不良。（九）警戒、盘查、搜索等均甚疏忽。（十）政工人员工作不力，致军纪败坏，民众离心离德，反为敌用。②

9 月 1 日，作为中条山会战的指挥官，卫立煌亦在解释失利原因时指出："敌方兵力过大，间用化学兵队，我方缺乏控制部队，以迎击突破之敌。各级将领指挥失当。"③同月 27 日，蒋介石又分电各战区司令长官，通报中条山失利之重要原因：（一）事先轻敌，疏于防范。（二）部队训练差，渑池一线突破，全体动摇。（三）官长多携眷属，无心战斗。（四）军队上下走私贩毒，惟利是图。④

总之，国民党当年在检讨中条山会战失利的原因时，皆归结为自身部署和指挥不当，甚至承认此乃军队腐败所致，并无只言片语涉及中共。由此看来，那种认为中条山失陷是因为中共"隔

① 中国第二历史档案馆编:《中华民国史档案资料汇编》第 5 辑第 2 编"军事"第 3 册,江苏古籍出版社 1998 年版,第 405—406 页。

② 中国第二历史档案馆编:《中华民国史档案资料汇编》第 5 辑第 2 编"军事"第 3 册,江苏古籍出版社 1998 年版,第 410—412 页。

③ 叶惠芬编辑:《蒋中正总统档案·事略稿本》第 46 册,(台北)"国史馆" 2010 年版,第 697—698 页。

④ 周美华编辑:《蒋中正总统档案·事略稿本》第 47 册,(台北)"国史馆" 2010 年版,第 176 页。

岸观火”、袖手旁观的观点，显然是盲目比附、不足为凭的。

如上所述，中共在中条山会战中还是出兵了的，并未“隔岸观火”，更没有“趁火打劫”。1941 年 5 月 9 日，毛泽东曾发出指示：目前中央军在中条山与敌决战，“在接近豫陕地区，应有相当部队配合友军作战，并极力发展统战工作，但不要乘机向国民党地区扩展，使蒋、桂各军放心对敌”①。6 月 8 日，他又电告彭德怀等人：“目前卫立煌处境甚为困难，我们须极力同他拉好，予以种种援助，万万不可把关系弄坏”，因此“你们所提建立太岳军区及派兵南下的计划，在目前时机是不适当的。因为这将……给蒋以刺激，给卫以反感，结果将使我们处于不利地位，这一计划暂不应执行”。②可见，中共当时为了抗日大局，努力避免与国民党发生摩擦，特别是在其同日军作战的时候，不仅没有见死不救或落井下石，而且还不计前嫌、施以援手。如果结合该年初刚经历皖南事变的背景来考察，中共这种相忍为国、顾全大局的态度应当说是难能可贵的。

即使是在中条山会战结束后，中共的态度也是十分克制的。1941 年 8 月 17 日，毛泽东致电彭德怀指出：“国民党自中条山溃退后，中条山十县多为伪军，派一个团带干部去发动游击战争，如有必要还可酌量多派一点，以不使卫（立煌）感到威胁为度。”并说：“王靖国部队东进，目的在占地盘吃饭，我们应让他占一部分地盘，不与摩擦。”③这表明中共虽然想扩大抗日根

---

① 中共中央文献研究室编：《毛泽东文集》第 2 卷，人民出版社 1993 年版，第 349 页。

② 中央统战部、中央档案馆编：《中共中央抗日民族统一战线文件选编》下册，档案出版社 1986 年版，第 574 页。

③ 王焰主编：《彭德怀年谱》，人民出版社 1998 年版，第 253 页。

据地，但始终注意把握尺度，竭力维护统一战线。

其实，即便说中共在中条山会战中未尽全力，那也事出有因。首先，毛泽东担心如果打得太凶，“日军转向我们报复，国民党坐收渔利，并将进攻边区”。而从当时日、蒋、共三方的复杂博弈来看，中共既面临日军对根据地的“扫荡”，又不得不时刻提防国民党对陕北的觊觎，因此毛泽东的这一估计并非杞人忧天。其次，1940 年八路军刚打完百团大战，消耗很大，而且日军报复得也很疯狂，他们当时便判断：“中共军进行了百团大战以后，因几次受到日军的讨伐，战斗力恢复很慢。”①在此种情况下，中共对国民党的援助力度注定十分有限，这也是情有可原的。

至于如今仍有人认为中共当时与日军暗中勾结、私通款曲，那不过是旧事重提、重炒当年日军谣言的冷饭而已，不值一驳。中条山会战后，日方曾总结：“作为蒋系中央军扰乱治安基地的中条山脉据点，的确受到重大打击。但是这个所谓‘扰乱治安的游击基地’，实际上有名无实。拿它与共党系统相比，它的活动是极其差劲的。然而，当蒋系军受到打击失掉其根据地时，使虎视眈眈寻找机会的共军立即将其势力侵入该地区，取代蒋系军，确立了根据地。从此，华北的游击战便由中共军独占了。”②这种分析虽来自敌人，却澄清了中共与日军达成默契的谣言，同时也解释了中共在抗战中不断发展壮大的原因。其中对国民党军队的批评，尤其值得那些不明真相者深思。

---

① ［日］日本防卫厅防卫研究所战史室著：《中国事变陆军作战史》第 3 卷第 2 分册，田琪之等译，中华书局 1983 年版，第 132 页。

② ［日］日本防卫厅防卫研究所战史室著：《中国事变陆军作战史》第 3 卷第 2 分册，田琪之等译，中华书局 1983 年版，第 135 页。

延安从未遭到日机轰炸吗？

近年来有一种说法在网络上广为流传，即抗战时期重庆长期处于日机轰炸的阴影下，而延安却从未遭到日机轰炸，日军也未进攻延安。有人甚至因此妄测："日军为何不轰炸延安，尽炸重庆？ 难道是哥俩好？" 暗指延安与日军勾结，达成了所谓默契。这种说法严重违背历史，混淆了人们的视听，必须澄清。

一、"整个延安几乎成了一片瓦砾"

事实上，延安在抗战中曾经遭到日机的多次轰炸。第一次是在 1938 年 11 月 20 日。时任抗大第二大队第一队队长的曹慕尧回忆，当天上午 10 时左右，他们正在队部开会，忽然听到嗡嗡嗡一种巨大的怪声传来，赶快跑出去，登高瞭望。只见 10 多架日本飞机，飞得很低，自东向西，编成三角队形，冲向延安城。接着就投下大串炸弹，很快又听到轰隆轰隆的爆炸声袭击耳鼓。第一批飞机扔完炸弹之后，第二批、第三批接踵而至，把小小的延安城轰得断墙残壁，成了一片废墟，人民血肉横飞，死伤难以计数。曹慕尧还说，本来对于日本飞机要轰炸，上级早有通知，并且三令五申，大集会、听大课都不在延安城内，都是在城外的山沟里。可是那天恰逢星期天休假，无法规定禁止进城，所以人员伤亡很多。而且延安防空戒备很差，先听到飞机的嗡嗡声，后听见拉警报，实在是猝不及防，人员也缺乏防空常识，因此刹那间尸横满街，血流成河。当时，延安城内的机关学校大部分早已疏散到附近的山沟里，挖了黄土窑洞，住在里面很安全。但中共中央组织部尚未迁移，仍住在西山半腰的几排窑洞内。陈云部长的窑洞周围便落了炸弹，幸好未爆炸。中央组织部招待所的一些窑洞，住着来来往往调动工作的许多干部，其中有一个窑洞土层不厚，被一枚重磅炸弹命中后，窑洞倒塌，里面有数十人埋在黄土之下，为革命事业殉难。①

次日，日机再次轰炸延安。25 日，陕甘宁边区政府在发给国民政府行政院院长孔祥熙的一封万急电报中即曾报告："延安于本月号（即 20 日）马（即 21 日）两日连续遭受敌机轰炸，共投弹百五十九枚，死伤军民一百五十二人，毁房屋三百八十间。"②30 日，延安《新中华报》也刊登《小评·敌机狂轰延安》一文报道："日前敌机两次狂轰延安。"12 月 5 日，《新中华报》又发表社论《加紧防空与锄奸》指出："上月廿、廿一两天，敌机两次空袭延安，使我们遭受不应有的损失。"

---

① 曹慕尧:《宝塔山的述说——日本飞机轰炸延安纪实》,《党史纵横》1995 年第 6 期。

② 陕西省档案馆、陕西省社会科学院合编:《陕甘宁边区政府文件选编》第 1 辑,档案出版社 1986 年版,第 99 页。

这一时期对日机轰炸记载最详细的，可能是时任抗大训练部部长的陈伯钧。他在1938年11月20日的日记中记载：“将近十一时，忽机枪声作，机声轧轧，大家一阵慌乱，紧接着炸弹声。……今日敌机系中型轰炸机，共七架，来回两次，投弹近卅枚。虽数量不多，威力亦不大，然而因事先未注意警报，防空设备亦欠妥，所以死伤市民、军人和学生不少。”次日又记载：“近午，敌机十三架，分两批，又来袭击轰炸这弹丸之城——延安。……十六时许，同教育长等在城内被炸处巡视一周，只见颓屋断垣，大好的闹市变成鬼蜮世界。”12月12日写道：“今日是敌机第三次轰炸延安。”14日又记：“今天是遭敌机第四次轰炸，一共飞机七架，有一架尚多盘旋了一、二次始去，共投弹三、四十枚。后查知，我校八大队伤亡两人。”①

当时还有些外国人也目睹了日机的空袭场面。如共产国际原先派来的军事顾问李德回忆，中共初到延安时，城内有几百座相当漂亮的房屋和院落，近郊的情况也大体如此，但全国抗战爆发后，日本空军开始骚扰这个城市，先是侦察机，接着是轰炸机，有时在一天之内轰炸了几次，轰炸过后留下来的是倒塌的房屋和布满了弹坑的街道，他的翻译也被炸死了，“一年之后，整个延安几乎成了一片瓦砾，只有城墙还残存着”。②1939年，印度援华医疗队来到延安，成员之一的巴苏华在日记中也多次记录了日机空袭的场景。3月6日，他写道：“日本

---

① 《陈伯钧日记·文选》上卷，中国财政经济出版社2002年版，第411、411、419、420页。

② ［德］奥托·布劳恩著：《中国纪事：1932—1939》，李逵六等译，东方出版社2004年版，第259、296页。

约一个中队的轰炸机又向这个已经被炸得千疮百孔的城市扔下了五十枚炸弹。有几枚落在东门外。爆炸的冲击波使各种碎片四处飞扬，接着卷起了熊熊烈火和滚滚黑烟——这一切是我们从山上看到的，就如在描写战争的电影里所看到的一样。”9月8日的日记又说：“抬头一看，15架敌机排成V字形从东边飞来。一会儿就听到城里震耳欲聋的爆炸声。爆炸力太强了，我们的窑洞离得那么远，也感到了剧烈的震动。……后来才听说45架敌机轰炸了已经撤空的延安城，造成了六十多人的惨重伤亡。”①

二、“一个新的都市正在成长中”

在遭受日机的首轮空袭后，陕甘宁边区立即组织应对。1938年12月5日，《新中华报》发表边区政府颁布的《防空防毒宣传大纲》，首先阐明：“敌机的轰炸延安，并不是一件奇怪的事。延安是中国的地方，自然免不了敌机的轰炸，延安是抗日的模范区，更免不了敌机的轰炸。”这就明确了防空的重要性和长期性。该大纲同时宣布，为避免敌机轰炸，减少损失，在城市中实行疏散人口措施，迁出货物，搬到附近的乡村。

在边区政府这一号召下，加上对日机空袭恐怖的亲身经历，老百姓纷纷疏散，中央机关和学校也大多迁至杨家岭，延安城几乎成了一座空城。刚从成都到延安参加西北青年救国会第二次代表大会的张宣，恰巧经历了日机首次轰炸，他回忆：

---

① [印]比·库·巴苏著:《巴苏日记》,顾子欣、王其良等译,商务印书馆1988年版,第110、169页。

"延安经此一炸，部分街道成了瓦砾场，各机关、学校纷纷迁到山上的窑洞中。城内尚存的房屋，有的拆迁到北部，大部分迁到南郊。在南部一条山沟里，后来建起了一处'新市场'，在那里发展起来的商业、饮食业、手工业，渐渐超过了原来城里的规模。"①曾在抗大学习的郑洪轩也说，此后敌机又来延安轰炸几次，但由于延安平民均住窑洞，并提高了防空警惕性，日本飞机只炸伤几人和几匹马。②李德在回忆录中同样写道："延安被炸毁以后，日本人还继续空袭这个城市达一年之久。他们在延安远近郊区寻找政治和军事的重要目标。飞机在丘陵上空低空飞行或俯冲轰炸，常常是轮番数次。……但轰炸的影响不大，生活在继续着，甚至一天比一天活跃。"③《新中华报》的报道印证了他们的回忆。1938 年 12 月 15 日，《新中华报》在《本市又遭轰炸，损失甚微》一文中报道："敌机七架十二日第三次来袭延安，……投弹四十余枚逸去。炸毁民房一百余间，死猪二只鸡三只而已。十四日上午九时四十五分敌机七架又来延轰炸，投弹四五十枚，损伤甚微。"

如今有人拿延安宝塔依然屹立来论证日机从未轰炸过延安，可美国著名记者埃德加·斯诺的经历足以反驳这一说法。1939 年，他再度赴陕北采访，抵达延安当天就遭遇日机的一次轰炸。据陪同他的延安交际处工作人员石锋回忆："当天下午，警报响起，日军的飞机来轰炸延安。斯诺找我，要我陪他

---

① 张宣:《日寇轰炸延安亲历记》,《红岩春秋》1995 年第 5 期。

② 郑洪轩:《延河愤——1938 年日机轰炸延安历闻》,《党史纵横》1993 年第 9 期。

③ [德]奥托·布劳恩著:《中国纪事:1932—1939》,李逵六等译,东方出版社 2004 年版,第 297 页。

去拍几张日军轰炸延安的照片。我领他到宝塔山下，他一看，说：‘这里目标太大，不安全。’我说：‘这里是最安全的地方，比防空洞还安全，延安几千孔窑洞，就凭这宝塔山寻找目标，如果炸毁目标飞机就成了瞎子，还有什么炸头？’”①石锋的这个解释既讲清了延安宝塔未被炸毁的原因，同时也适足驳斥日机从未轰炸延安的说法。斯诺后来也撰文声讨日机空袭的罪行，他写道：“事实上，延安已成了完全受空袭破坏的大市镇的唯一例子。日本显然没有完成他们的任务，因为他们几乎每天在继续轰炸那地方。单是这一处，日本一定已经消耗了几百万元了。但是建设和城内的破坏并进着。在城墙的外面：一个新的都市正在成长中。”②

正如斯诺所说，在经历了日机轰炸后，延安军民在城外山沟的山腰上挖了几千孔窑洞和防空洞，既能居住，又能防空。当时有首民谣曾广为传唱：“延安颂，土窑洞，马列主义放光明，工作学习真安全，飞机炸弹不中用！”③1941 年 8 月 4 日大概是日机最后一次大规模空袭延安，陈伯钧在这一天的日记中记载：“这次来的轰炸机约三十架，共投弹百余，但未损伤到重要机关和人员。听说只是老百姓遭受轻微的损失。”④对日机空投的炸弹，延安也充分加以利用。曹慕尧回忆，第一次大轰炸后，日本飞机仍然不断空袭延安，我们没有什么损失，反而有些收获。1939 年开展大生产运动时，延安缺少农具，

---

① 石锋：《忆 1939 年陪埃德加·斯诺二访延安》，《中共党史资料》2008 年第 2 期。

② ［美］埃德加·斯诺：《为亚洲而战》，新华出版社 1984 年版，第 220 页。

③ 王光荣：《日本飞机轰炸延安纪实》，《党史博览》2003 年第 2 期。

④ 《陈伯钧日记·文选》上卷，中国财政经济出版社 2002 年版，第 653 页。

就从炸弹坑中挖出许多炸弹皮制造农具。有一次在清凉山上一个弹坑里，挖出了一个完整的飞机炸弹，于是请军工局的技术人员去掉引信，取出里面的黄色炸药供兵工厂使用。据延安各单位统计，数年内挖出的炸弹皮有5万公斤以上，这都是优质钢，解决我们不少问题。此时在中组部工作的李耀宇也回忆，工兵来清除陈云窑洞前未爆炸的炸弹，从炸弹壳里掏出数百斤黄色炸药，一筐一筐地抬下凤凰山，用马车运走。以后，这些炸药当作染料，染出黄色的布匹，缝制军衣。炸弹壳敲成碎块儿，打造了开荒用的镢和锄。①

三、日军对延安的觊觎

上述史料充分证明，抗战时期日机曾多次轰炸延安。另据1946年3月10日《解放日报》的统计，自1938年11月至1941年8月，日机共轰炸延安17次，投弹1690枚，伤184人，死214人，毁坏公共房产1176间、石洞5座、民房14452间，另有基督教礼拜堂1座、房屋94间，天主教堂1座、房屋75间，牲畜伤亡197头，毁坏粮食34.4万斤。1940年，日本朝日新闻社曾编辑出版《支那事变写真全辑》，其中第六册题为《荒鹫部队》，主要刊载侵华日军陆、海军航空部队在中国境内各地空袭作战的图片资料。该书载有日本佐濑航空部队等飞往延安的机群照片及延安位置图等，并在图旁说明："昭和十四年十月十五日，陆军荒鹫部队之佐濑、铃木、松山各部队机群，编队飞向陕西空域，对共产军根据地延安进行大空袭。对共产

① 李耀宇口述，李东平整理：《一个中国革命亲历者的私人记录》，当代中国出版社2006年版，第100页。

大学、共产军兵营以及延安市内外之重要设施集中投以巨弹，予以彻底的打击。”①

虽然与重庆相比，延安遭受的空袭规模较小，但这亦有客观原因。一是因为重庆是国民政府陪都，人口稠密，建筑物集中，日军企图通过狂轰滥炸造成重大打击，以动摇中国之军心、民心。二是因为中共的八路军总部设在太行山，延安并非战略目标，且人口不多，又有窑洞掩护，日机数次轰炸收效甚微，故其认为无必要过于耗费进行大规模空袭。等到 1941 年年底太平洋战争爆发后，日本空军被大批调往东南亚，从 1942 年开始，日机对重庆的轰炸遂逐渐减少，对延安的轰炸也基本停止。凡此种种，皆有缘由。

至于那种认为日军从未进攻延安的说法，同样不足为凭。据统计，从 1938 年 3 月到 1939 年年底，日军对黄河河防发动了大小 23 次进犯，企图从山西境内西渡黄河，进攻延安和陕甘宁边区。但均被八路军留守兵团萧劲光部和王震三五九旅等击退。②1942 年 4 月，日本华北方面军为维持华北治安，又计划“向西安发动进攻，击溃第八战区胡宗南部队，然后消灭中共的最大根据地延安”。作战主任参谋岛贯武治大佐还进一步分析：“华北方面军正在全力以赴进行剿共作战，以期迅速恢复治安，……如仅将西安攻下，反而对华北的主要敌人共军有利，因而考虑在下一步就消灭延安。这件事已被列入方面军的 1942 年度肃正建设计划之中，而且于 1942 年 2 月初向中国派遣

① 卞修跃:《不信青史尽成灰——从有关中共抗战历史若干网络谣言说起》,《抗日战争研究》2016 年第 4 期。

② 雷云峰:《陕甘宁边区史》(抗日战争时期),西安地图出版社 1993 年版,第 56 页。

军作了报告。”他还明确表示：“华北方面军的真实意图，却在于消灭延安。”①5月，华北方面军参谋次长有末精三少将也向军部“强烈要求实施西安、延安作战”②。虽然这一计划最终因兵力不足等原因未获批准，但日军对延安觊觎之心由此可见一斑，他们后来便感叹：“无论日本或重庆方面都不想放置延安的陕甘宁边区于不顾，但由于政治、军事以及其他方面的制约，无法将其攻破，结果使它发挥了‘圣地’的作用。”③

其实归根结底，那种否定日机曾轰炸和进攻延安的说法，其指向十分明确，无非认为中共曾与日军达成密约，暗通款曲。事实上，此说最初源于《中央日报》1947年7月23日编造的一则谣言。对此，日本的中国派遣军总司令冈村宁次曾在日记中辟谣：“今日的《中央日报》、《和平日报》（均为政府系统报纸）以‘毛泽东的卖国行为’为题，煞有介事地登载：1943年8月17日，冈村宁次与毛泽东于山西神池达成共同对国府军作战协定，以及该协定的内容。此报道显系捏造，但以‘军闻社’通讯发表，恐引起误会。闻国防部第一处及战犯处理委员会已采取措施予以更正。”④作为当事者的日方尚且出面澄清，而造谣者国民党也随即更正，这个谣言又如何能再以讹传讹呢？

---

① ［日］日本防卫厅战史室编：《华北治安战》下册，天津市政协编译组译，天津人民出版社1982年版，第95、93、96页。

② ［日］日本防卫厅战史室编纂：《日本军国主义侵华资料长编——〈大本营陆军部〉摘译》中册，天津市政协编译委员会译校，四川人民出版社1987年版，第362页。

③ ［日］日本防卫厅战史室编：《华北治安战》下册，天津市政协编译组译，天津人民出版社1982年版，第473页。

④ ［日］稻叶正夫编：《冈村宁次回忆录》，天津市政协编译委员会译，中华书局1981年版，第200—201页。

毛泽东"感谢""皇军"?

1945年，中国人民经过长达14年的浴血奋战，终于战胜了穷凶极恶的日本侵略者。但近年来网上却流传一种说法，即毛泽东晚年在接见外宾时曾屡屡对日本发动的侵略战争表示"感谢"，因为此举把中共从国民党"围剿"的灭顶之灾中"拯救"出来，中共因此才最终夺取了全国政权。这种说法引起了许多人的困惑和误解，那么其真相又究竟如何呢？ 此前虽已有人加以辨析①，但鉴于此说仍流传甚广，因此不得不再做澄清。

一、毛泽东的有关言论

首先应该承认，毛泽东确实有过类似的言论。姑且不说坊间流传和尚未解密的各种版本，由中华人民共和国外交部、中共中央文献研究室合编并公开出版的《毛泽东外交文选》中便

① 参阅李东朗:《毛泽东关于日本侵略一个表述之真意》,《抗日战争研究》2008年第1期。

收录了不少。如 1960 年 6 月 21 日，毛泽东在接见日本文学代表团时就说："我同很多日本朋友讲过这段事情，其中一部分人说日本侵略中国不好。我说侵略当然不好，但不能单看这坏的一面，另一面日本帮了我们中国的大忙。假如日本不占领大半个中国，中国人民不会觉醒起来。在这一点上，我们要'感谢'日本'皇军'。"①

1961 年 1 月 24 日，毛泽东在接见日本社会党国会议员黑田寿男的谈话中又说：前几年，"日本的南乡三郎见我时，一见面就说：日本侵略了中国，对不住你们。我对他说：我们不这样看，是日本军阀占领了大半个中国，因此教育了中国人民，不然中国人民不会觉悟，不会团结，那末我们到现在也还在山上，不能到北京来看京戏。就是因为日本'皇军'占领了大半个中国，中国人民别无出路，才觉悟起来，才武装起来进行斗争，建立了许多抗日根据地，为解放战争的胜利创造了条件。所以日本军阀、垄断资本干了件好事，如果要'感谢'的话，我宁愿'感谢'日本军阀"。②

1964 年 7 月 9 日，毛泽东在同参加第二次亚洲经济讨论会的亚洲、非洲、大洋洲一些国家和地区的代表谈话时再次谈道："我们解放后，有一位日本资本家叫南乡三郎，和我谈过一次话，他说：'很对不起你们，日本侵略了你们。'我说：'不，如果没有日本帝国主义发动大规模侵略，霸占了大半个中国，全中国人民就不可能团结起来反对帝国主义，中国共产

---

① 《毛泽东外交文选》，中央文献出版社、世界知识出版社 1994 年版，第 438 页。

② 《毛泽东外交文选》，中央文献出版社、世界知识出版社 1994 年版，第 460—461 页。

党也就不可能胜利。’”①

二、毛泽东谈话的本意

以上之所以大段引用毛泽东的几次谈话，就是想原文照录，避免断章取义。从上述引文不难看出，毛泽东之所以说“感谢”日本“皇军”是有其特定含义和逻辑前提的，那便是日本侵略促进了中国人民的觉醒，使之空前团结起来。早在1938年2月延安召开的反侵略大会上，他就提出：“因为中国今天是处在生死存亡的关头，所以全中国人有了一个空前伟大的团结，这也是过去中国历史上没有过的。”②1945年4月，他又在中共七大上指出：“这个战争促进中国人民的觉悟和团结的程度，是近百年来中国人民的一切伟大的斗争没有一次比得上的。”③后来，毛泽东还一再强调：“我看一个国家的人民，没有外力的压迫是不会觉悟的。”④因此，“假如日本不占领大半个中国，中国人民不会觉醒起来。在这一点上，我们要‘感谢’日本‘皇军’。”“就是因为日本‘皇军’占领了大半个中国，中国人民别无出路，才觉悟起来，才武装起来进行斗争。”“如果没有日本帝国主义发动大规模侵略，霸占了大半个中国，全中国人民就不可能团结起来反对帝国主义，中国共产党也就不可能胜利。”今天看来，毛泽东的本意十分明

---

① 《毛泽东外交文选》，中央文献出版社、世界知识出版社1994年版，第534—535页。

② 《毛泽东外交文选》，中央文献出版社、世界知识出版社1994年版，第6—7页。

③ 《毛泽东选集》第3卷，人民出版社1991年版，第1032页。

④ 《毛泽东外交文选》，中央文献出版社、世界知识出版社1994年版，第460页。

确，其逻辑前提和语言表述也非常清晰完整。而网上流传的说法仅节录只言片语，隐去这些关键的上下文，显然是断章取义、有意歪曲。

此外，毛泽东这几次谈话中蕴含的辩证色彩也是值得注意的。正如他在接见日本文学代表团时强调，“我说侵略当然不好，但不能单看这坏的一面”。后来，他还多次表示：“对日本帝国主义也要有分析，第一，他们侵略中国是坏事；第二，但又是好事。侵略使中国全国人民团结对敌，武装扩大了，根据地扩大了，使我们有可能战胜蒋介石。”①“日本侵略中国有两重性：有坏的一面，也有好的一面。坏的一面是，杀中国人，破坏村庄，抢劫物资。好的一面是，激发了中国人民，强迫中国人民团结起来。”②从这些论述来看，毛泽东是从“坏事变好事”的辩证法出发，从另一个角度阐明了日本侵略对中国人民的教育作用。

但正像毛泽东一再强调日本侵略有“坏的一面”，他始终谴责那场侵略战争，从未否定它给中国人民造成的深重灾难。1954 年 12 月 1 日在与缅甸总理吴努的谈话中，毛泽东就说：“过去亚洲有一个日本是侵略国。”1955 年 10 月 15 日，他在接见日本国会议员访华团时又直言不讳：“你们这个民族过去犯了个错误。” 1964 年 7 月 9 日在与亚洲、非洲、大洋洲一些国家和地区的代表谈话时，他再次强调：“在十九年以前，日本军国主义霸占了我们大半个国家，我们同它打了八年仗。……我们在解放前要对付的敌人，有日本军国主义和美帝

① 毛泽东接见日共中委竹中恒三郎等同志的谈话，1963 年 9 月 22 日。

② 毛泽东接见新西兰共产党总书记威尔科克斯同志的谈话，1964 年 2 月 9 日。

国主义，还有它们的走狗汪精卫、‘满洲国’的康德皇帝、蒋介石。”①同时，谴责日本侵略也是中国共产党和中国政府的一贯立场。1972 年 9 月，日本首相田中角荣在访华时曾表示“我国给中国人民添了很大的麻烦”，这句轻描淡写的话引起了中方强烈愤慨。后来在毛泽东的亲自过问和周恩来的严正抗议之下，《中日联合声明》的正式表述改为：“日本方面痛感日本国过去由于战争给中国人民造成的重大损害的责任，表示深刻的反省。”这说明在原则问题上，中方是绝不让步的。

三、毛泽东的语言风格

在这几次谈话中，毛泽东还非常鲜明地展现了他的语言风格，即反话正说，用幽默和讽刺的话来增强战斗性。他之所以说“感谢”日本“皇军”，也正是在这个意义上使用的，实际上是将日本军国主义视为反面教员。例如他对黑田寿男讲过：“我们国家的人民，也是由国内敌人和国外敌人教育过来的，其中也包括日本军国主义者的教育。”在与亚洲、非洲、大洋洲一些国家和地区的代表谈话中，毛泽东也强调：“日本帝国主义当了我们的好教员。”并接着说：“我们的第二个教员，帮了我们忙的是美帝国主义。第三个帮了我们忙的教员是蒋介石。”②

历史地看来，毛泽东经常提到中国革命的“反面教员”。早在 1945 年 4 月，他在中共七大上就说：“我们有两个大教

① 《毛泽东外交文选》，中央文献出版社、世界知识出版社 1994 年版，第 184、223、534 页。

② 《毛泽东外交文选》，中央文献出版社、世界知识出版社 1994 年版，第 460、535 页。

员：一个是日本人，一个是委员长，这两个大教员不要薪水给我们上课。没有这两个大教员，就教育不了中国人民，教育不了我们党。”[1]1956年8月，他在中共八大预备会第一次会议上又指出：“在国内来说，最好的教员是蒋介石。我们说不服的人，蒋介石一教，就说得服了。蒋介石用什么办法来教呢？他是用机关枪、大炮、飞机来教。还有帝国主义这个教员，它教育了我们六亿人民。一百多年来，几个帝国主义强国压迫我们，教育了我们。所以，坏事有个教育作用，有个借鉴作用。”9月25日，毛泽东还在接见参加中共八大的拉丁美洲一些党的代表时表示：“我们要感谢我们的好先生，就是蒋介石。他把我们赶到农村去。这个时期很长。十年内战，跟他打了十年，那就非得研究一下农村不可。”[2]同月，他在同南斯拉夫共产主义者联盟代表团的谈话中也说道：“王明现在在莫斯科养病，我们还要选他当中央委员。他是我们党的教员，是教授，无价之宝，用钱都买不到的。他教育了全党不能走他的路线。”他同时还说：“蒋介石是中国最大的教员，教育了全国人民，教育了我们全体党员。他用机关枪上课，王明则用嘴上课。”[3]

1958年9月5日，毛泽东在第十五次最高国务会议上再次表示：“没有‘蒋委员长’，六亿人民教不过来的，单是共产党正面教育不行的。”10月2日在接见保加利亚、阿尔巴尼

① 中共中央文献研究室编：《毛泽东文集》第3卷，人民出版社1996年版，第313页。

② 中共中央文献研究室编：《毛泽东文集》第7卷，人民出版社1999年版，第91—92、132页。

③ 《毛泽东外交文选》，中央文献出版社、世界知识出版社1994年版，第253页。

亚、罗马尼亚、蒙古、苏联、波兰六国代表团时，他又把蒋介石称为“我们的老朋友”：“有一个蒋介石比较好，是不是？你们觉得有一个好还是没有好？没有蒋介石中国人民就不能进步，就不能团结起来，也不能武装起来。单是马克思主义是不能把中国人民教育过来的，所以我们除了马克思主义者的教员以外，请了另外一个教员，这就是蒋介石。噢！这个人在中国可做了很有益的事情，一直到现在还在尽他的历史责任。他的历史任务现在还没有完结，他还在当教员，他很有益处呀！不拿薪水，美国人发薪水给他，我们一个钱都不花，可是他给我们当教员。”在这次谈话中，毛泽东甚至还“表扬”美国国务卿、著名的反共分子杜勒斯，称他是“世界上最好的一个教员”，“世界上没有杜勒斯事情不好办，有他事情就好办。所以我们经常感觉杜勒斯跟我们是同志。我们要感谢他”。①

显而易见，毛泽东这些话都是一种诙谐、幽默、风趣的说法，既带有对敌人的嘲讽，同时也充满着胜利者的自豪。因此，他所谓“感谢”日本“皇军”之类的话其实是一种反话，绝非网上臆测的那样是肯定日本侵略。至于网上流传毛泽东接见田中角荣时曾说：“要感谢日本人救了中共。没有抗日战争，中共很难那么快就夺取全国政权。”更是无稽之谈，经查其标注出处，并未见相关记载。而且无论是在公开出版的资料还是坊间流传的版本中，都找不到毛泽东说过日本侵略“拯救了”中共之语。由此可见，这种谣言显系好事者故意杜撰、存心误导，明眼者当细辨之。

---

① 《毛泽东外交文选》，中央文献出版社、世界知识出版社 1994 年版，第 345、355、356 页。

延安整风篇

20世纪40年代，毛泽东在延安发起了一场轰轰烈烈的整风运动，这是中国共产党历史上的一个重大事件，对中国革命产生了深远影响。关于这场运动，长期以来不乏论述，是中共党史研究的一个热点。尤其是近年来随着研究氛围的日益宽松和有关档案资料的逐渐披露，该研究领域取得了很大突破，涌现出一批富有新意的成果。但由于治史理念和对材料的解读不同，目前学术界在一些问题上仍存在争议。

毛泽东发动整风的目的

毛泽东之所以要发动延安整风，原因很复杂，争论也很多。现在有很多人都认为毛泽东发动整风就是为了整王明，把王明搞掉，是权力斗争。事实上并非如此。毛泽东发动延安整风，最主要的目的是为了统一全党的思想。1943 年，邓小平在北方局党校整风动员会上阐明："党中央和毛泽东同志为什么提出整风号召呢？我以为这是毛泽东同志在总结了党的二十一年历史的经验教训之后，特别是研究了党的现状之后，提出来的使党进一步布尔什维克化的方针，使党在思想上更好地武装起来、一致起来，顺利地领导中国革命走向胜利的方针。"①其中便侧重强调了毛泽东为统一思想而发动整风的目的。具体说来，延安整风的起因主要包括以下几个方面。

---

① 《邓小平文选》第 1 卷，人民出版社 1991 年版，第 87 页。

一、王明“左”倾教条主义给中国革命带来了严重危害，必须从思想路线上加以彻底解决

延安整风之前，由于照搬马列理论和苏联经验，中共党内曾经先后发生过瞿秋白、李立三、王明等三次“左”倾错误。其中，王明“左”倾教条主义是理论形态最完备、持续时间最长、影响最深、危害最大的一次。这种危害主要有两点：一是在军事上实行共产国际军事顾问李德的“左”倾冒险主义，主张“御敌于国门之外”，与国民党大打正规战、阵地战，搞“短促突击”，跟敌人拼消耗；二是在政治上实行共产国际的“左”倾关门主义，把所有地主和资产阶级都看成革命的敌人，主张“地主不分田，富农分坏田”，并拒绝与发动“福建事变”的十九路军合作。这一系列“左”倾错误直接导致中央苏区第五次反“围剿”战争失败，南方各根据地相继丧失，红军被迫长征，全国红军从30万人减少到3万人，党员从30万人减少到4万人，白区的党组织也损失殆尽。

关于“左”倾教条主义给中共带来的危害，毛泽东在延安整风期间曾写了九篇笔记，有5万多字。在这九篇笔记中，他严厉批评了以博古临时中央为代表的“左”倾教条主义者。他说：“临时中央则不但不愿意进行公开合法工作，也不愿意认真进行秘密工作，凡事爱暴露，爱显劲，爱逞英雄，爱在明天早上胜利，结果在三年多的时间内，在敌人统治区域把党闹个精光，一点群众力量也闹个精光。”这是批评“左”倾教条主义者热衷于搞公开斗争，结果致使中共在白区的力量全部丧失。毛泽东还说：“咳，我倒要叫老爷们听训了！你们一点什么都不懂，根本脱离农民群众，硬把所谓‘地主不分田、富

农分坏田'的错误路线强迫推行于苏区，自封为'明确的阶级路线'……你们也知道吗？ 地主不分田者，肉体上消灭地主之谓也，这是出于哪一条马列主义的？ ……其结果，便是迫着他们去当绿色游击队，手执武器向苏维埃拼命，这有什么好处呢？"①"这种革命，要对付全世界的帝国主义与整个中国地主资产阶级政府，又把'十九路军一切官长'也当作敌人，真是世界革命史上惟一无二或者至少是希罕的杰作！""于是小的被我们打得不亦乐乎，成群地跑到大的那里去，我们却孤零零地遭受大的小的双管齐下，把我们打得要死"，"所谓'打倒一切'的学说，就是这批老爷们在中国共产主义运动史中的杰出的'创造'"。②以上这些是批评"左"倾教条主义者不懂得搞统一战线，实行"关门主义"，打倒一切地主和资产阶级，结果把他们都赶到敌人那边去了。

在这九篇笔记中，毛泽东还说过一段非常尖锐的话："我常觉得，马克思主义这种东西，是少了不行，多了也不行的。中国自从有那么一批专门贩卖马克思的先生们出现以来，把个共产党闹得乌烟瘴气，白区的共产党为之闹光，苏区与红军为之闹掉百分之九十以上……都是吃了马克思主义太多的亏。这批人自封为'马克思主义理论家'，家里有成堆的马克思主义出卖，装璜美丽，自卖自夸，只此一家，别无分店，如有假冒，概不承认……直到被人戳穿西洋镜，才发现其宝号里面尽是些假马克思，或死马克思，臭马克思，连半个真马克思、活

① 中共中央文献研究室编：《毛泽东文集》第2卷，人民出版社1993年版，第341—342页。

② 杨奎松：《毛泽东与莫斯科的恩恩怨怨》，江西人民出版社1999年版，第35页。

马克思、香马克思都没有，可是受骗的人已不知有几千几万，其亦可谓惨也已矣！”他又写道：“我们老爷是一条最可怜的小虫，任何世事一窍不通，只知牛头不对马嘴地搬运马克思、列宁、斯大林，搬运共产国际”①，“老爷们既然完全不认识这个世界，又妄欲改造这个世界，结果不但碰破了自己的脑壳，并引导一群人也碰破了脑壳。老爷们对于中国革命这个必然性既然是瞎子，却妄欲充当人们的向导，真是所谓‘盲人骑瞎马，夜半临深池’了”②。这些文字更充分反映了毛泽东对教条主义的痛恨，简直可谓深恶痛绝。

1935年1月，中共中央在长征途中召开了遵义会议。在这次会上，博古中央的统治宣告结束，毛泽东重新参加中央领导，这是中共历史上的一次重大转折。但由于环境和条件限制，遵义会议只解决了最迫切的军事问题与组织问题，并未触及思想上、政治上的问题。《遵义会议决议》仍然肯定地说“党中央的政治路线无疑义的是正确的”。对此，李维汉后来曾分析说：“我认为这有两个方面的原因：一是党内思想还不一致，条件还不成熟，多数同志还没有认识到其政治路线也是错误的；再就是鉴于紧迫的战争环境，因此，毛泽东等同志没有提出这个问题。这样做是非常正确的，因为当时是处在没有根据地，敌人前堵后追的战争环境中，战争的胜负是关系到革命成败的主要问题。这时，如果提出王明等人的政治路线也是错误的，会使党内受到过分的震动，引起大的争论，对打仗非

① 杨奎松：《毛泽东与莫斯科的恩恩怨怨》，江西人民出版社1999年版，第125页。

② 中共中央文献研究室编：《毛泽东文集》第2卷，人民出版社1993年版，第344页。

常不利。政治路线问题可以留待以后讨论，这样做对于保持党的团结和统一，争取长征的胜利，有重大意义。”①

长征结束后，针对日本加紧侵华的局势，中共中央在1935年12月的瓦窑堡会议上制定了抗日民族统一战线的策略方针，使政治路线得以纠正。但党内还存在着一些需要解决的问题，特别是思想路线尚未澄清。毛泽东曾努力地解决这一历史遗留问题，他在1940年12月4日召开的政治局会议上明确提出：遵义会议决议只说是军事上的错误，没有说是路线上的错误，实际上是路线上的错误，所以遵义会议决议须有些修改。②但由于“左”倾教条主义在党内的思想基础根深蒂固，一些同志仍不同意说苏维埃后期的错误是路线错误，因此会议没有就此做出结论。这件事使毛泽东认识到，只有在全党范围内开展一次整风运动，才能从根本上彻底解决思想路线问题，摆脱教条主义的思想束缚，用他的话来说就是“一定要整顿三风，来一个彻底的思想转变”③。

二、全国抗战初期王明的右倾错误一度引起党内思想混乱，必须予以肃清

如前所述，王明、博古等人最初在统一战线问题上执行的是共产国际的“左”倾关门主义，拒绝与任何党派合作。但随着共产国际政策的调整，王明的观点也发生转变。他开始发表

---

① 李维汉：《回忆与研究》上册，中共党史资料出版社1986年版，第355页。

② 中共中央文献研究室编：《毛泽东年谱（1893—1949）》修订本中卷，中央文献出版社2013年版，第237页。

③ 中共中央文献研究室编：《毛泽东文集》第2卷，人民出版社1993年版，第414页。

一系列文章，主张建立抗日民族统一战线。其中最著名的就是1935年8月1日，他在莫斯科以中共中央和中华苏维埃政府的名义起草了《为抗日救国告全体同胞书》（即《八一宣言》）。《八一宣言》把抗日民族统一战线的范围扩大到包括国民党内的爱国分子，这个政策转变产生了很大反响，促进了抗日民族统一战线的形成。所以在这一问题上，王明是有功的，毛泽东后来在六届六中全会上就曾公正地评价说："王明在党的历史上有大功，对统一战线的提出有大的努力。"①但是我们同时也应该看到，王明所有这些主张都是建立在共产国际指示的基础上，几乎亦步亦趋，完全没有自己的独立见解，其实这也正是教条主义的表现。

1937年11月，全国抗战爆发后不久，王明回国了。他回国前曾经担任过一系列重要职务：中共驻共产国际代表团团长、共产国际执行委员会主席团委员、共产国际书记处候补书记、共产国际东方部部长，地位相当高，负责指导东方国家的革命。所以他这次回国，感觉也非常好，把自己当作共产国际的钦差大臣，一回到延安就到处发号施令。张国焘后来回忆说："王明当时俨然是捧着上方宝剑的莫斯科'天使'，说话的态度，仿佛是传达'圣旨'似的，可他仍是一个无经验的小伙子，显得志大才疏，爱放言高论，不考察实际情况，也缺乏贯彻其主张的能力与方法。"②

王明这次回国后，又教条地搬用共产国际指示，提出了"一切服从统一战线，一切经过统一战线"的右倾口号，极力

---

① 中共中央文献研究室编:《毛泽东传(1893—1949)》下册,中央文献出版社1996年版,第520页。

② 张国焘:《我的回忆》第3册,东方出版社1998年版,第424页。

抹杀国共两党在抗日战争中的原则分歧和本质区别，主张对国民党让步。在1937年12月政治局会议和1938年3月政治局会议上，他还一再反对洛川会议以来党坚持统一战线中独立自主的路线、方针、政策，并不点名地批评了毛泽东。当时，毛泽东虽然赞成与国民党合作，但他认为不能过分相信国民党，必须时刻保持自己的独立性。从后来的事实来看，毛泽东这种主张无疑是正确的，但在当时却受到王明的批评。因为王明手握共产国际指示，所以他的这种右倾思想一度在党内占了上风。这就给全党带来了很大的思想混乱，一些高级干部也深受其影响，导致毛泽东的一些正确主张未能得到贯彻。他后来在延安整风时就说："一九三七年十二月政治局会议，由于王明的回国，进攻中央路线，结果中断了遵义会议以后的中央路线。十二月会议我是孤立的，我只对持久战、游击战为主、统一战线中独立自主原则是坚持到底的。"①他甚至还曾抱怨："我的命令不出这个窑洞。"②

十二月会议后，王明到武汉领导中共长江局，负责与国民党的统战工作。这一时期，他一再地向中央闹独立。他刚到武汉，没有经过中央批准，就以中共中央的名义于1937年12月25日发表了《中国共产党对时局宣言》；1938年2月9日，他未经毛泽东同意，就以毛泽东的个人名义发表对《新中华报》记者的公开谈话；3月24日，又擅自以中共中央的名义递交了《对国民党临时全国代表大会的提议》。当时在延安的中央书记处认为王明起草的那份不妥，另外发来了一份文件，要

① 中共中央文献研究室编:《毛泽东年谱(1893—1949)》修订本中卷,中央文献出版社2013年版,第480页。

② 李维汉:《回忆与研究》上册,中共党史资料出版社1986年版,第443页。

求递交给国民党，却被他以“来不及”为由置之一旁。王明还要求延安不要公布中央的那份文件，“否则对党内党外都会发生重大的不良政治影响”①。在此期间，王明还企图与延安分庭抗礼，甚至公然否认延安中央书记处的权威性，要求把书记处搬到武汉，并且指责毛泽东、张闻天不应该再以中央书记处的名义发布指示和文件，俨然要使长江局成为与中央对立的第二政治局。

在实践中，王明这种右倾思想给中共在全国抗战初期的工作造成了一些不良影响，使党未能抓住时机在华中敌后广泛开展游击战争和创建抗日根据地，影响了新四军在大江南北的发展，束缚了其发展壮大的手脚。而之所以会出现这种情况，正是因为王明有共产国际指示这道圣旨，而党内又弥漫着浓厚的教条主义气氛。所以，要想改变这种状况、克服右倾错误，就必须通过整风运动，肃清教条主义的影响，彻底打破对共产国际的盲目迷信。

此后，皖南事变的发生，更是促使毛泽东思考如何尽快改变中共与共产国际的关系，清除王明右倾思想的影响，这是延安整风的导火线。1941 年 1 月，新四军在皖南事变中遭到惨重损失。而在事变前，毛泽东就对国民党存有戒心，曾制定过一个非常大胆的先发制人的计划，打算派 15 万精锐部队打到国民党后方去。1940 年 11 月 3 日，毛泽东致电彭德怀，提出这样一个方案：“我军不待日蒋联合夹击到来，即从五十万人中抽调至少十万至十五万精兵，分数路突入彼后方”，以此来

---

① 珏石:《周恩来与抗战初期的长江局》,《中共党史研究》1988 年第 2 期。

“避免最严重的日蒋夹击”。[①]因为事关重大，不得不向共产国际请示。11 月 7 日，毛泽东致电共产国际说明：“为了防御，我们就要对他（指蒋介石——引者注）采取先发制人的反攻行动，以粉碎他的围剿部队和设防地区。在这种情况下，我们的军事计划将是，留下我们的大部分部队（约 35 万人）在各个抗日根据地与日本部队作战，拿出部分辅助部队和突击部队（约 15 万人）打击在河南、甘肃省的敌围剿军后方，即，彻底粉碎蒋介石的这次围剿，进而克服投降危险，争取使政治局势向好的方面转变。”在这封信中，毛泽东还强调：“如果我们不采取上述军事措施，那就无法防止他们的进攻，而我们的阵地就会很危险。”但他同时也表示：“如果我们采取相应的军事措施，那蒋介石为了欺骗人民，必然指责我们破坏抗战。其结果可能是我们和蒋介石的彻底决裂。因此这在政治上对我们并无好处。”所以，“虽然我们现在在准备采取必要的军事措施，但最后的决定还没有作出。考虑到这个问题的严重性，解决不好有可能引起严重后果，特向你们作出通报并请尽快作出指示”。[②]

但此时斯大林希望蒋介石能拖住日本，使日本腾不出手来进攻苏联，所以一再要求中共忍让，不要与国民党破裂，在政治上、军事上只应做防御自卫战的准备。于是，这个大胆的进攻计划自然被共产国际否定了。11 月 15 日，共产国际总书记季米特洛夫在收到毛泽东的请示电后回复：“鉴于问题特别复

---

① 《毛泽东军事文集》第 2 卷，军事科学出版社、中央文献出版社 1993 年版，第 570 页。

② 中共中央党史研究室第一研究部译：《共产国际、联共（布）与中国革命档案资料丛书》第 19 卷，中共党史出版社 2012 年版，第 98—99 页。

杂，我们只有在研究一些重要因素之后才能给你们作出答复。你们做好准备是应该的，但请等一等再作最后决定。”23日，他又向斯大林汇报说：“在研究现有材料和对问题作出讨论后，我们想给毛泽东同志作出以下答复：‘我们觉得，中国目前的局势很不明朗，很不确定。至少不能像你们认为那样：蒋介石已彻底决定向日本投降……因此我们认为，你们应该暂时实行拖延的方针，想方设法巧妙应付，并同蒋介石就从华中和山东省撤出你们军队的问题进行讨价还价。要尽量争取更多的时间。特别重要的是，你们无论如何不能首先对围剿军发起攻势，不能给蒋介石以口实在人民面前把你们说成是抗战统一的破坏者，并利用你们的行动来为他想同日本人缔结妥协性和约的企图作辩解。’”①

在这种情况下，毛泽东被迫重新考虑并改变了对形势的估计和对策。11月21日，他致电周恩来等人指出：“只要蒋介石未与日本妥协，大举剿共是不可能的，他的一切做法都是吓我让步。”11月30日，毛泽东又电告叶挺、项英：“日蒋决裂，日汪拉拢，大局从此有转机，蒋对我更加无办法，你们北移又让他一步，以大局判断，蒋、顾是不会为难你们的。”直到12月25日，他仍认为：“只要蒋不投降，大举进军是不可能的；始终不过是大吹小打而已。”②但结果证明，毛泽东原先对时局的严峻判断是正确的，而后来则上了苏联和共产国际的当。这件事深刻反映了中共中央与共产国际的重大意见分

---

① 中共中央党史研究室第一研究部译：《共产国际、联共（布）与中国革命档案资料丛书》第19卷，中共党史出版社2012年版，第100、102—103页。

② 中央档案馆编：《皖南事变（资料选辑）》，中共中央党校出版社1982年版，第101、105、117页。

歧，同时也强烈刺激了毛泽东。

与此同时，项英在皖南事变前后的一系列处置失当也引起了毛泽东的不满。他认为，这次事件之所以造成如此严重的后果，与项英的主观主义有很大关系。早在 1940 年 12 月 4 日的政治局会议上，毛泽东就说：在武汉失守前，国军溃退，我们可以猛烈发展，对蒋介石的办法应该是先斩后奏和斩而不奏，在日军进攻时和靠近日军的地区，我军可以大发展。这个观点现在只有项英处没有了解，因此军队少，而且说没有钱用，这就是没有了解夺取政权的重要性。1941 年 1 月 15 日，他又在中央政治局会议上总结说：项英过去的路线是错误的，不执行独立自主政策，没有反摩擦斗争的思想准备。过去我们认为是个别错误，但现在错误的东西扩大起来，便成了路线错误。抗战以来一部分领导同志的机会主义，只知片面的联合而不要斗争。这是因为“有同志没有把普遍真理的马列主义与中国革命的具体实际联系起来”，“没有了解中国革命的实际，没有了解经过十年反共的蒋介石”，①尤其是项英“对统一战线的了解，是犯了右倾机会主义错误的。他不认识统一战线中共产党的独立性斗争性，他对于国民党的反共政策从来就没有领导过斗争，精神上早已作了国民党的俘虏，并使皖南部队失去精神准备”②。毛泽东由此加深了对苏维埃后期的“左”倾错误和全国抗战初期右倾错误的认识，指出“左”和右看似两个极端，实际“两极相通”，都根源于一个思想方法，即不了解中

① 中共中央文献研究室编：《毛泽东传（1893—1949）》下册，中央文献出版社 1996 年版，第 627—628 页。

② 中央档案馆编：《中共中央文件选集》第 13 册，中共中央党校出版社 1991 年版，第 31 页。

国具体实际或不能揭示中国革命的客观规律的主观主义。①

从历史上看，项英与王明颇为相似，都经历了从“左”到右的思想演变。在中央苏区，他曾经附和临时中央对革命形势的“左”倾判断。1932 年 1 月 9 日，临时中央根据共产国际的指示，发出《关于争取革命在一省或数省首先胜利的决议》，认为“直接革命的形势”很快就要到来，一个或几个有中心城市在内的主要省份有“首先胜利的可能”，因此主张党在全国采取“进攻路线”，要求红军“占取一二个重要的中心城市，以开始革命在一省数省的首先胜利”，特别要求将中央区、闽粤赣、赣东北、湘鄂赣、湘赣边各苏区连成一片，“占取南昌、抚川、吉安等中心城市”，“开始湘鄂赣各省的首先胜利”。当时，项英对此是积极拥护的。他先后发表了《反对对于参加革命战争的消极》《怎样配合红军的胜利去争取江西首先胜利》《猛烈扩大红军反对对于扩大红军的消极》等文章提出，红军在北面的攻势“是取得了实现江西首先胜利最有利的条件”，“夺取抚、樟、吉、赣中心城市，以实现江西首先胜利，就是目前的事情了”。他还说：“目前革命战争已进到与反革命决死斗的时候”，因此应以“夺取吉、赣、抚、南昌中心城市实现江西首先胜利”作为扩红的中心口号。②该年 10 月，苏区中央局在宁都召开会议，包括项英在内的“左”倾教条主义者坚持认为攻打赣州是“绝对必要”的，进而指责毛泽东对中央的“进攻路线”和“夺取中心城市”方针一直“消极怠工”，是“不尊重”他们的领导，于是撤销了毛泽东红军总

---

① 《胡乔木回忆毛泽东》，人民出版社 1994 年版，第 191—192 页。

② 《项英军事文选》，中共中央党校出版社 2003 年版，第 41、51 页。

政委的职务，剥夺了其兵权。

全国抗战爆发后，由于教条地搬用共产国际指示，项英又犯了右倾错误，以妥协退让求团结。1937年9月27日，他在国民党江西省党部纪念周发表演说，提出要与国民党“合作到底”，反映了他在统一战线问题上的模糊认识。29日，项英又发表《告南方游击队公开信》，要求各地游击队“接信后，立即听候点编”。为此，中央致电博古、叶剑英等人指出：“项英同志似还不明白统一战线中保持独立性原则，似还更不明白不应无条件集中而应保持南方战略支点的原则。他在南昌的作法带着危险性，望速通知他来延安讨论。”并强调：“南方游击队万不宜集中，项在江西的做法上了国民党的当。”①后来，随着王明的回国及其右倾思想在党内的蔓延，项英也不免受其影响。在1937年十二月会议上，他是同意王明“一切服从统一战线，一切经过统一战线”观点的。甚至到了1938年10月在皖南新四军军部传达六届六中全会精神时，他仍然表示：“一切工作的发展，都要经过统一战线，反过来，工作就不能发展”，并且说：“我们党除党的工作外，在统一战线工作中，无论作什么群众工作，必须采取合法的手续、方式才能发展，否则如果像从前一样，工作就不能发展。”②这与王明的右倾言论几乎如出一辙。

客观来看，项英之所以会犯“左”倾和右倾错误，都是因为盲目地听从了共产国际的指示。而这种现象并非只在他一个人身上存在，而是普遍存在于党内的教条主义者。所以为了避

---

① 中国人民解放军历史资料丛书编审委员会编:《新四军文献》(1)，解放军出版社1988年版，第37、41页。

② 王辅一:《项英传》，中共党史出版社1995年版，第425页。

免重蹈覆辙，毛泽东决心从实质上摆脱共产国际对中国革命的干预。皖南事变发生不久，毛泽东就提醒周恩来，今后对俄国人的话，“不可不听，又不可尽听”。但他认为只向周恩来一个人交代还不够，还必须在全党范围内开展一次整风，使全党在思想根源上破除将共产国际指示神圣化和教条化的氛围。毛泽东后来就解释说：“整风实际上是整苏联的风，是批判斯大林和第三国际的错误。”①

与此同时，项英的问题还反映出王明宗派主义的影响。全国抗战初期，项英任东南分局书记，东南分局直属于长江局，他因而受到王明的很大影响，未能与中央保持一致。1941 年 1 月，中共中央在《关于项袁错误的决定》中指出：“三年以来，项英、袁国平对于中央的指示，一贯的阳奉阴违，一切迁就国民党”，“其所领导的党政军内部情况，很少向中央作报告，完全自成风气。对于中央的不尊重，三年中已发展至极不正常的程度”。有鉴于此，中央强调，“军队干部，特别是各个独立工作区域的领导人员，由于中国革命中长期分散的游击战争特点所养成的独立自主能力，决不能发展到不服从中央领导与中央军委指挥，否则是异常危险的”。②

为了解决各根据地的宗派主义问题，1941 年 7 月 1 日，中共中央政治局通过了《关于增强党性的决定》。这个决定认为，在长期分散的独立活动的游击战争的环境，加之党内小生产者及知识分子的成分占据很大的比重，因此容易产生某些党

---

① 杨奎松:《毛泽东与莫斯科的恩恩怨怨》,江西人民出版社 1999 年版,第 101、132 页。

② 中央档案馆编:《中共中央文件选集》第 13 册,中共中央党校出版社 1991 年版,第 31—33 页。

员的“个人主义”“英雄主义”“无组织的状态”“独立主义”与“反集中的分散主义”等等违反党性的倾向，使党与革命受到极大损害。《决定》指出：为了纠正上述违反党性的倾向，必须采取以下办法：一是应当在党内更加强调全党的统一性、集中性和服从中央领导的重要性。不允许任何党员与任何地方党部，有标新立异，自成系统，及对全国性问题任意对外发表主张的现象。二是要更严格地检查一切决议决定之执行，坚决肃清阳奉阴违的两面性的现象。三是即时发现，即时纠正，不纵容错误继续发展。四是在全党加强纪律的教育，严格遵守个人服从组织，少数服从多数，下级服从上级，全党服从中央的基本原则。无论是普通党员和干部党员，都必须如此。五是用自我批评的武器和加强学习的方法，来改造自己使适合于党与革命的需要。六是从中央委员以至每个党部的负责领导者，都必须参加支部组织，过一定的党的组织生活，虚心听取党员群众对于自己的批评，增强自己党性的锻炼。①

对中共中央为何要做出这样一个决定，1942 年 7 月 14 日，任弼时在中共中央党校做报告时曾专门做了解释：首先，在对日作战的环境下，“党比任何时候更加需要内部的统一团结，更加需要思想一致、行动一致，更加需要巩固我们自己，防止敌人利用各种机会和间隙来破坏我们党的团结”。其次，在全国抗战以来和几年的统一战线当中，党有了迅速的扩大，新成分涌进，加之处在比较分散的长期的游击战争的环境中，又处在半殖民地半封建的小农经济为主的社会里，党内容易产生不

① 中央档案馆编：《中共中央文件选集》第 13 册，中共中央党校出版社 1991 年版，第 144—147 页。

正确的思想。最后，“在抗日战争当中，某些党部的同志对中央采取不尊重的态度，也可以说是采取对立的态度，没有根据中央的政策、方针进行日常的工作。有的时候有些重大的问题，带有全国性的问题，不先经过中央的同意和批准，就做了。也有个别党部，或者个别干部，对于带有全国性的政治问题随便地发表自己的意见，或者依据自己的估计决定党的政策”。①

任弼时上述说明，将中共中央出台这个决定的原因解释得十分清楚，其实就是针对王明与项英等人搞宗派主义而来。但正如同教条主义一样，宗派主义在党内也是根深蒂固的，很难通过一份决定就完全克服。要想彻底根除宗派主义，还必须经过一场深入的整风。而整风运动开始后，《关于增强党性的决定》也便成为干部整风学习的必读文件之一。

三、全国抗战初期党员急剧增加，需要进行系统的理论教育，而当时开展的学习运动存在较严重的教条化倾向，亟须纠偏

全国抗战前，中共党员人数只有4万人，但随着抗日根据地的迅猛发展，到1939年9月，全国党员人数已经达到50万人，1940年7月又增加到80万人。这一方面反映中共影响力的不断扩大，但同时也带来一些问题，即只注重数量而忽视质量，甚至出现了“拉夫”的现象。1939年8月，中共中央北方局在《关于二十个月来党的工作总结报告提纲》中就指出：“开始时在发展上的拉夫，使党的组织不够纯洁、严密。投机

---

① 《任弼时选集》，人民出版社1987年版，第238—241页。

的、异己的、来历不明的、叛变自首的、不够入党资格的，很多混入党内。这是当时党的生死问题，最严重的问题，给党威胁很大。”①

1941 年 2 月，北方局书记杨尚昆也对华北党组织在大发展中存在的问题做了逐一分析：一是“由于片面的了解大量发展的意义，华北党在大量发展中，一般的现象，都是追逐数目字，只重量，不重质。因此，不合中央指示的‘党内要严’的原则，大开门，拉夫，无例外的如此，有一夜发展四十个党员的，有三分钟发展五个党员的，有骑着驴子‘跑’党员的，有打锣号召入党的，什么奇形怪状都有。所有华北党的成分，今天相当复杂，党员称号降低了应有的水平……大批流氓地痞，长期脱离生产的寄生分子，混入党的甚多”；二是由于大量发展，“党的成分复杂，教育不够，投机分子的混入，太落后分子的混入，使党的威信减低了。还有刻‘共产党支部’印，罚老百姓的款，张贴布告的怪事”；三是组织不严密，“支部究竟有多少能开会，不知道；有些组织不合党的原则……五花八门，无奇不有”。②

稍后，北方局组织部部长彭真在向中央汇报晋察冀边区党的工作时亦指出：“在党的发展上曾发生只追求数字忽视质量的倾向，发生严重的‘拉夫’现象。”他还在报告中详细列举了若干具体表现，如：“阜平曾有一人一天发展六十人的奇迹，献县有一人一天发展三十人的趣闻，当时传为笑柄（所谓

① 中央档案馆等编:《晋察冀抗日根据地》第 1 册“文献选编”(上),中共党史资料出版社 1988 年版,第 275 页。

② 河北省社会科学院历史研究所等编:《晋察冀抗日根据地史料选编》下册,河北人民出版社 1983 年版,第 19—20 页。

招兵）。行唐则有摆开桌子在街上写名册的事情”；“个别地方降低入党条件，把党实际上变成了农会或普通抗日团体（这样有手续亦无用了），称党为穷人会、抗日团、八路军同情会。只要抗日，同情八路军即可入党。有的入了党还不知道自己是党员，或知是党员，不知是什么党的也有”。①

冀鲁豫也一样。1941 年，冀鲁豫区党委报告：1938 年 3 月到 9 月，泰西地区党员由 400 多人发展到 13000 多人，运西地区由 100 人发展到 2409 多人，“但多系和平突击，只求数字……以致投机分子混进党来”，“一般党员政治认识、阶级觉悟很差，有认为共产党只是抗日的，把党看成暗八路，或秘密道，共产主义与三民主义的混淆，讲统一战线就没有阶级存在”。②

总之，随着全国抗战初期党员人数的迅猛增加，一系列鱼龙混杂、令人担忧的问题也相伴而来。以上这些现象的发生，当然很快引起了毛泽东和中共中央的重视。1939 年 6 月，毛泽东在延安高级干部会议上就说：“去年三月会议决定大大发展党之后，党已在全国有了大数量的发展。现在的任务是巩固它，故须暂时地一般地停止发展。当然不是一个也不准入党，有些地方还是应发展。停止发展为的是便于清理、除奸和教育，将来还是要再发展的。”③8 月 25 日，中共中央政治局在《关于巩固党的决定》中也指出：为了巩固党，必须详细审查

---

① 彭真：《关于晋察冀边区党的工作和具体政策报告》，中共中央党校出版社 1981 年版，第 142—143 页。

② 《中共中央北方局——抗日战争时期》上册，中共党史出版社 1999 年版，第 357 页。

③ 中共中央文献研究室编：《毛泽东文集》第 2 卷，人民出版社 1993 年版，第 232 页。

党员成分，清刷混入党内的异己分子、投机分子以及敌探奸细；必须加强党内马克思列宁主义的教育、阶级教育与党的教育；必须加强对党的各级干部的教育工作；必须加强党的保卫工作和反对奸细的斗争；必须加紧党的秘密工作；必须提高党的纪律和加强党的团结等。总之，要“尽一切的努力来巩固党的组织，严密党的队伍，把党团结得象一个人一样，才能使党有所准备来克服目前困难，反对国内投降分裂的危险，团结全中国人民，引导抗战到最后的彻底的胜利”。①

在中央这一指示下，中共各级党组织开始整顿清理。经过审查干部和整理支部，各抗日根据地的党组织得到巩固，党员队伍得到纯洁。如晋冀豫 1940 年 4 月党员 34215 人，经过几个月整顿，8 月降至 24978 人，减少近 1/3。整顿后，“各地支部组织已纠正了过去的混乱、庞大与复杂，而走上统一一致了”。②但从当时情况来看，此项工作的重点是组织整顿，对党内思想教育则开展较少，广大党员仍未经马克思主义理论的洗礼。特别是绝大多数新党员由于没有经历过大革命与土地革命，对照搬照抄苏联经验和机械执行共产国际指示给中国革命带来的严重危害没有切身感受，因此对教条主义的本质当然也谈不上有什么深刻的认识。

这一时期，有许多党员甚至对理论学习根本提不起兴趣。他们认为自己工作太忙，在前方还要作战，因而不能学习；有些人则因为文化水平低，对学习的内容看不懂，表示“宁愿挑

---

① 中央档案馆编:《中共中央文件选集》第 12 册，中共中央党校出版社 1991 年版，第 155—158 页。

② 山西省档案馆编:《太行党史资料汇编》第 3 卷，山西人民出版社 1989 年版，第 542 页。

大粪，不愿学理论”。还有些党员认为：“只要自己革命坚决，斗争勇敢，就完全行了，学习不学习马克思列宁主义理论，进行不进行马克思列宁主义理论修养，都没有关系”，“只要家庭出身好，本人成分好，用不着学习马克思列宁主义，也能够成为无产阶级的先进战士”。也有些党员干部，“虽然一般地承认理论的重要性，但是，他们在工作和斗争中，却从来不认真学习马克思列宁主义”。①

诸如此类的状况，导致“有许多党员，在组织上入了党，思想上并没有完全入党，甚至完全没有入党”②。对此，毛泽东曾明确表示：“自抗日民族统一战线成立以来，我党增加了约七十万新党员，他们过去都是未受过无产阶级科学思想（马列主义）的锻炼的。在数万老党员中，对于受无产阶级科学思想锻炼的程度也极不一致”③，“为要领导革命运动更好地发展，更快地完成，就必须从思想上组织上认真整顿一番。而为要从组织上整顿，首先需要在思想上整顿，需要展开一个无产阶级思想对非无产阶级的思想斗争”④。

实际上，为了改变这种思想状况，毛泽东早在1938年召开的扩大的六届六中全会上，就向全党发出了开展学习竞赛的号召。他说：“指导一个伟大的革命运动使之向着胜利，没有革命理论，没有历史知识，没有实际运动的了解，就不能有胜利。……我们努力罢，从我们这次扩大的六中全会之后，来一

---

① 《刘少奇选集》上卷，人民出版社1981年版，第115—116页。

② 《毛泽东选集》第3卷，人民出版社1991年版，第875页。

③ 中央档案馆编：《中共中央文件选集》第14册，中共中央党校出版社1992年版，第29页。

④ 《毛泽东选集》第3卷，人民出版社1991年版，第875页。

个全党的学习竞赛，看谁真正学到了一点东西，看谁学的更多一点，更好一点。”他还表示：“如果中国有一百个至二百个系统地而不是零碎地，实际地而不是空洞地，学会了马克思主义的同志，那将是等于打倒一个日本帝国主义。同志们，我们一定要学习马克思主义。”①在毛泽东的这一号召下，六届六中全会通过的决议指出：“必须加紧认真地提高全党理论的水平，自上而下一致地努力学习马克思、恩格斯、列宁、斯大林的理论，学会灵活的把马克思列宁主义及国际经验应用到中国每一个实际斗争中来。”②以此为起点，学习运动就在全党轰轰烈烈开展起来了。

作为贯彻学习运动的一项举措，中共中央在1939年2月专门成立了干部教育部，由张闻天任部长，李维汉任副部长。1940年年初，中央宣传部与干部教育部合并为中央宣传教育部，继续担负领导学习运动的职责。在此期间，中共中央还采取了诸多具体措施组织全党的学习，连续发出一系列指示，建立了一整套干部理论学习的制度。至1940年10月，“在教育制度上，我们已经有了比较完整的建设，如：小组与大课之相辅而行，指导员与支部教育干事的确立，巡回教育制与顾问团制的采用，各种研究组与研究会的推行，一般大讲演的举行与教育干部中策略教育的开始等等”③。这些相关制度的制定，不断把干部教育提到党的重要工作地位上来，初步实现干部在

① 中央档案馆编:《中共中央文件选集》第11册，中共中央党校出版社1991年版，第657—658页。

② 中央档案馆编:《中共中央文件选集》第11册，中共中央党校出版社1991年版，第756—757页。

③ 中央档案馆编:《中共中央文件选集》第12册，中共中央党校出版社1991年版，第524页。

职学习的制度化，有力地推动了学习运动的高涨。

为了保证以上措施顺利实施，毛泽东在这一阶段还多次重申必须重视学习运动。1938 年 12 月 13 日，他在中央组织部召开的延安党政军民团体检查工作的干部晚会上提出：要加紧学习，学习马克思列宁主义、革命运动及中国的历史，从中央委员会各级干部研究较高深的理论起，一直到各机关事务人员学习文化止。①1939 年 5 月 20 日，中央举行延安在职干部教育动员大会，毛泽东在会上专门解释了中央发起学习运动的原因："发起学习运动的直接原因是什么呢？ 是我们共产党要领导革命。共产党在全国的党员过去是几万个，现在有几十万，将来会有几百万，这几十万、几百万共产党员要领导几千万、几万万人的革命，假使没有学问，是不成的，共产党人就应该懂得各种各样的事情。因此，要领导革命就须要学习，这是我们发起学习运动的原因之一。"他还提出"要把全党变成一个大学校"的号召。②

1940 年 6 月，毛泽东在延安新哲学会第一届年会上讲话时又说："理论这件事是很重要的，中国革命有了许多年，但理论活动仍很落后，这是大缺憾。要知道革命如不提高革命理论，革命胜利是不可能的。过去我们注意的太不够，今后应加紧理论研究……必须承认现在我们的理论水平还是很低，全国的理论水平还是很低，大家才能负起克服这种现象的责

① 延安整风运动编写组：《延安整风运动纪事》，求实出版社 1982 年版，第 10 页。

② 中共中央文献研究室编：《毛泽东文集》第 2 卷，人民出版社 1993 年版，第 176—185 页。

任。”[1]同年年底，他在接见从前线回来到中央党校学习的同志时，再次明确强调：“没有大量的真正精通马克思列宁主义革命理论的干部，要完成无产阶级革命是不可能的。”[2]

这一时期，毛泽东还以身作则、率先垂范，精读了《资本论》《反杜林论》《谈谈辩证法问题》《唯物论与经验批判论》等马列主义经典著作，并组织和参加了哲学座谈会。在他的倡导和带动下，延安成立了一批研究会和学习小组，中央领导同志都积极参加各种学习活动。总之，通过这场学习运动，全党上下形成了空前浓厚的学习氛围。当时到过延安的德国友人王安娜就描述说：“延安城内并没有什么可看的。小城镇，到处都一样……特别引我注目的，是有许多书店。学生和红军的战士们，正挤在柜台前购买马克思主义经典著作的普及版。”[3]

但毋庸讳言，这一时期学习运动中最突出的还是强调对马列理论的学习，“存在理论脱离实际的倾向”[4]，以致一度盛行的教条主义倾向又有所抬头。王明就宣称：“不要怕说教条，教条就教条……如果一学就怕教条，一条也记不住，哪里谈得到运用？ 把理论运用于实际是对的，但是先有了理论才能运用，一条也没有哪儿去运用？”[5]1940 年 3 月，他又在延安

---

① 中共中央文献研究室编:《毛泽东年谱(1893—1949)》修订本中卷,中央文献出版社 2013 年版,第 194 页。

② 中共中央文献研究室编:《毛泽东年谱(1893—1949)》修订本中卷,中央文献出版社 2013 年版,第 251 页。

③ [德]王安娜著:《中国——我的第二故乡》,李良健、李希贤校译,三联书店 1980 年版,第 154—155 页。

④ 《胡乔木回忆毛泽东》,人民出版社 1994 年版,第 190 页。

⑤ 周国全、郭德宏:《王明年谱》,安徽人民出版社 1991 年版,第 140 页。

再版其1931年写的《为中共更加布尔塞维克化而斗争》一书，并在再版序言中写道："我们党近几年来有很大的发展，成千累万的新干部新党员，对我们党的历史发展中的许多事实，还不十分明了。本书所记载着的事实，是中国共产党发展史中的一个相当重要的阶段，因此，许多人要求了解这些历史事实，尤其在延安各学校学习党的建设和中共历史时，尤其需要这种材料的帮助。"这显然是想把他这本书推荐给全党，作为广大党员的学习材料。

面对这种甚嚣尘上的教条主义倾向，毛泽东当然十分不满。1940年1月，他在《新民主主义论》一文中就尖锐指出："形式主义地吸收外国的东西，在中国过去是吃过大亏的。中国共产主义者对于马克思主义在中国的应用也是这样，必须将马克思主义的普遍真理和中国革命的具体实践完全地恰当地统一起来……公式的马克思主义者，只是对于马克思主义和中国革命开玩笑，在中国革命队伍中是没有他们的位置的。"①语气可谓相当尖锐。

1941年5月19日，毛泽东又在延安干部会上做了题为《改造我们的学习》的报告，要求克服学习运动中的教条主义偏向。他严厉批评了理论脱离实际的倾向，指出"这种反科学的反马克思列宁主义的主观主义的方法，是共产党的大敌，是工人阶级的大敌，是人民的大敌，是民族的大敌，是党性不纯的一种表现。大敌当前，我们有打倒它的必要"。鉴于此种情况，毛泽东提出了改造干部学习的建议："应确立以研究中国革命实际问题为中心，以马克思列宁主义基本原则为指导的方

① 《毛泽东选集》第2卷，人民出版社1991年版，第707页。

针，废除静止地孤立地研究马克思列宁主义的方法。”①这个报告“用语之辛辣，讽刺之深刻，情绪之激动”，都是此前未有过的。②

1941 年 8 月 27 日，毛泽东在中央政治局会议讨论党内教育问题时再次指出：“延安的学校是一种概论学校，缺乏实际政策的教育。过去我们只教理论，没有教会如何使用理论，就像只教斧头本身，而没有教会如何运用斧头去做桌子。延安研究哲学是空洞的研究，不研究中国革命的内容与形式，不研究中国革命的本质与现象……我们要培养行动的理论家。改造学习要采用革命的精神，对干部教育、学校教育、国民教育都要有一个大的改造。”③

稍后，在 1941 年 9 月的中央政治局扩大会议上，毛泽东又做了关于反对主观主义和宗派主义的报告。他指出：过去我们的党很长时期为主观主义所统治，这些主观主义者自称为“国际路线”，穿上马克思主义的外衣，是假马克思主义。因此，必须使全党认识到主观主义的严重危害，分清创造性的马克思主义和教条式的马克思主义，宣传创造性的马克思主义，反对教条式的马克思主义。在这次会上，毛泽东还提出：“对于理论脱离实际的人，提议取消他的‘理论家’的资格。只有用马克思主义观点来研究实际问题、能解决实际问题的，才算实际的理论家……对研究实际问题的文章，要多给稿费。能使马克

① 《毛泽东选集》第 3 卷，人民出版社 1991 年版，第 800—802 页。

② 《胡乔木回忆毛泽东》，人民出版社 1994 年版，第 192 页。

③ 中共中央文献研究室编：《毛泽东年谱（1893—1949）》修订本中卷，中央文献出版社 2013 年版，第 324—325 页。

思主义中国化的教员，才算好教员，要多给津贴。”①

1941年12月17日，中央政治局会议通过的《关于延安干部学校的决定》也严厉指出：“目前延安干部学校的基本缺点，在于理论与实际、所学与所用的脱节，存在着主观主义与教条主义的严重的毛病。这种毛病，主要表现在使学生学习一大堆马列主义的抽象原则，而不注意或几乎不注意领会其实质及如何应用于具体的中国环境。为了纠正这种毛病，必须强调学习马列主义的理论的目的是为了使学生能够正确的应用这种理论去解决中国革命的实际问题，而不是为了书本上各项原则的死记与背诵。”②毛泽东在对这个《决定》进行修改时，还专门加写了一句：“关于马列主义的教授与学习，应坚决纠正过去不注重领会其实质而注重了解其形式，不注重应用而注重死读的错误方向。必须用全力使学者由领会马列主义实质到把它具体应用于中国环境。”③其对过去干部教育脱离实际的不满由此可见一斑。

但由于教条主义的影响根深蒂固，毛泽东的这一系列呼吁并未引起人们的足够重视。即使像《改造我们的学习》这样一个重要报告，当初也竟然“毫无影响”④。当时负责理论宣传教育的中央领导没有理解它的深刻意义，没有及时组织宣传和

① 中共中央文献研究室编：《毛泽东文集》第2卷，人民出版社1993年版，第372—374页。

② 中央档案馆编：《中共中央文件选集》第13册，中共中央党校出版社1991年版，第257页。

③ 中共中央文献研究室编：《毛泽东年谱（1893—1949）》修订本中卷，中央文献出版社2013年版，第346页。

④ 中共中央文献研究室编：《毛泽东年谱（1893—1949）》修订本中卷，中央文献出版社2013年版，第469页。

学习，直到1942年全党开始整风后才在《解放日报》发表。这些情况表明，由于学习运动存在着教条化的倾向，广大党员普遍缺乏分辨真假马克思主义的能力，导致党内思想不统一。1942年4月20日，毛泽东在中央学习组会议上指出：“最近教育方面又有许多东西搞得不好。因为思想庞杂，思想不统一，行动不统一，所以这个人这样想问题，那个人那样想问题，这个人这样看马列主义，那个人那样看马列主义。一件事情，这个人说是黑的，那个人则说是白的，一人一说，十人十说，百人百说，各人有各人的说法。差不多在延安就是这样，自由主义的思想相当浓厚。”①由此，他认识到为了提高广大党员的理论水平和辨别是非能力，必须通过整风把全党的思想统一起来。

总之，在延安整风前，中国共产党在处理中国革命问题时还不够成熟，时常犯“左”倾或右倾错误，使革命屡屡遭到挫折。而无论是“左”还是右，其实在很大程度上都是照搬照抄共产国际指示的结果，都是教条主义的表现。这就说明中共还没有完全摆脱对共产国际的迷信，还没有把马克思主义与中国革命的具体实际很好地结合起来，“对于中国的历史状况和社会状况、中国革命的特点、中国革命的规律不了解，对于马克思列宁主义的理论和中国革命的实践没有统一的理解”②。因此，如何把马克思主义中国化、统一全党思想，就成为摆在中国共产党面前的一项重大任务。而延安整风，正是毛泽东解决这一问题的重要途径。

---

① 中共中央文献研究室编：《毛泽东文集》第2卷，人民出版社1993年版，第414—415页。

② 《毛泽东选集》第2卷，人民出版社1991年版，第611页。

延安审干运动的缘起

众所周知，延安整风期间曾经发生过一段波折，那就是审干运动扩大化。在它的高潮阶段即所谓“抢救失足者运动”中，更是造成了一大批冤假错案。关于审干运动的发生及其扩大化的原因，近年来已有不少论著予以分析，大多是将之归咎于康生个人或中央决策的失误，不过也有人将之归于毛泽东的政治手腕，甚至以此来否定整个延安整风运动。实际上，审干运动之所以发生，与当时的历史背景和延安所处的环境密不可分。尤其是国民党派遣特务到边区潜伏这一因素，对审干运动的发动影响不小。

一、国民党特务对边区的渗透

全国抗战爆发后，国共两党尽管再度携手合作，共御外侮，但原有芥蒂并未就此消除，依然互相心存戒备。1939 年 1 月，国民党五届五中全会通过《防制异党活动办法》，确立了“溶共、防共、限共、反共”的方针。此后，反共论调甚嚣尘上，相关措施纷纷出台，特别是国民党特务的活动更加猖獗。

如1939年拟定的《共党问题处置办法》和《沦陷区防范共党活动办法草案》便提出："加强特务工作，……组织特种党团，打入共党组织"，"策动沦陷区本党忠实党员，打入共产党各级组织，从事内线工作，刺探其内情，并分化其力量"，"策动本党党员及优秀青年，打入共产党所操纵之各种民众团体及游击部队，起党团作用，分化其组织，并夺取其领导权"。①很明显，国民党此时加紧了对中共的特工活动。

在国民党特工这一时期的活动中，陕甘宁边区无疑是其窥伺的重点。1939年秋，军统在陕西省汉中县成立直属西北特联站（1943年改称西北特侦站），由中共叛徒程慕颐任站长。据副站长王明江回忆，这是军统直接领导的对付共产党的一个专门情报特务机构，也是军统局最秘密的一个情报单位。该站通过设立汉中特训班，先后训练10多期200多人，由此构成了其基本班底。西北特联站在陕西下设延安组（10余人）、环县组（5人）、庆阳组（6人）、平凉组（5人）、韩城组（5人）、宜川组（4人）、榆林组（10余人）、绥德组（7人）等组，曾派人打入延安抗大、中共中央军委办公室、鲁迅艺术学院和延安专署等机构。他们搜集情报的范围主要包括：有关中共中央所属各部会的组织人事，一切重要方针政策、具体措施的指示，各个边区、省地县的组织人事活动情况及其施政方针政策，八路军、新四军的团以上的编制番号、主官姓名、兵种、兵力、武器、驻地、训练调动情况等。此外，边区的经济、文化教育等情报亦在侦察之列，"总之中共的方方面面都

---

① 《中共党史参考资料》第8册，解放军政治学院党史教研室1979年编印，第323—324页。

是侦察对象”。1940 年，该站又在安徽省广德县建立了直属东南分站，并通过浙江丽水特训班训练百余人，作为东南分站的基层组织成员，专门搜集新四军情报，并配合军统局直接领导的忠义救国军，对新四军的抗日根据地进行瓦解破坏活动。①

另外，沈醉在《军统内幕》一书中也说：“军统局过去一直把对陕甘宁边区的特务活动当成重点，戴笠也经常亲自主持这方面的工作，并且异常重视”，军统“在边区的一些县里都建立过特务组织”，派往延安的特务达百人之多，仅耀县一地，每年总有几十名特务由此潜入延安，“军统派遣特务去延安，是采用伪装进步的办法跟着混进去。……许多人去延安时，都带了介绍信或原来在什么学校读书或什么单位工作等种种证件，这些人被扣捕后，军统将这些可以混进去的证件没收下来，交由伪装的特务冒名顶替混进去。军统运用这一办法，曾经有上百的人去过延安”。这些特务都负有搜集情报、从事破坏和发展组织的任务，有的甚至企图暗杀中共领导人。②由此可见，国民党特务当时是煞费苦心、处心积虑地将触角伸入边区。

二、中共的最初防范

针对国民党特务的这些活动，中共实际上早有警觉，并制定了相应对策。1939 年 2 月，中央书记处发布《关于成立社会

---

① 王明江:《陕晋地区的军统特务组织和活动》,全国政协文史资料委员会编:《文史资料存稿选编·特工组织》下册,中国文史出版社 2002 年版,第 285—291 页。

② 沈醉:《军统内幕》,中国文史出版社 1996 年版,第 188—197 页。

部的决定》指出："目前日寇汉奸及顽固分子用一切方法派遣奸细企图混入我们的内部，进行阴谋破坏工作，为了保障党的组织的巩固，中央决定在党的高级组织内成立社会部。"①从此，社会部就成了中共反特工作的领导机构。同年8月，中央政治局又在《关于巩固党的决定》中提出："为了巩固党，必须加强党的保卫工作和反对奸细的斗争，党内的锄奸教育与党的警惕性，必须大大提高，使保卫党的任务与反奸细的斗争，成为全党的工作"，要"在审查党员特别是审查干部的经常工作中去发现和洗刷混入党内的敌探奸细托派分子，叛徒和堕落分子"。②10月，中央具体制定了《关于反奸细斗争的决议》，其中也写道："敌人不仅公开的在军事上围攻八路军，政治上破坏共产党，而且隐蔽的派侦探奸细混入我们的内部，来瓦解我们的军队与政权，破坏党的组织"，"反共分子，自国民党五中全会后，发布所谓防制异党的办法，成立了反共的特务委员会，派遣特务人员到各地进行反共的特务工作，……现在民族敌人阶级敌人对共产党八路军新四军的阴谋暗害工作，比任何时候都要加紧了，因此全党全军必须最高限度的提高革命的警惕"。该决议还强调："必须积极的动员全党加强反奸细斗争的工作，以保证党的政治路线的执行与党的组织的巩固，不使党与革命在可能的突然事变中遭受意外的损失。"③

① 刘华峰、王雨亭主编：《中国共产党组织工作大事记》，辽宁人民出版社1992年版，第174页。

② 中央档案馆编：《中共中央文件选集》第12册，中共中央党校出版社1991年版，第157页。

③ 中央档案馆编：《中共中央文件选集》第12册，中共中央党校出版社1991年版，第181—182页。

此后，中央又先后发出《中央社会部关于锄奸政策与锄奸工作的指示》《关于大后方党肃清内奸的决定》等一系列文件，中央组织部也相继发布了《关于审查干部经验的初步总结》《关于对内奸及不良分子的处理办法》《关于审查党员的指示》和《补充指示》等指示。这些文件的主旨集中到一点，都是反复强调目前审干和锄奸工作的重要性，“必须认识目前日寇国特正以内奸政策为中心工作，国民党中央统计调查室对我党我军的领导机关正进行着内线突击，因此党的锄奸工作，须以‘厉行肃清内奸’‘进行反间工作’为主要任务”①。不过，这些指示同时也提醒各级部门要防止“左”倾扩大化错误，“一方面要反对对敌人内奸政策的麻木不仁现象，又一方面要反对乱捉乱杀乱打乱罚的左倾现象。……反对锄奸工作的扩大化”②，尤其“在审讯方法上要坚决废止肉刑，主要的不依靠口供，而依靠证据”③。在山东根据地出现了湖西肃反扩大化后，中央更是深刻总结：“严防借此大批清洗或造成清洗运动，引起党内的不安现象。更不能把一时在政治上、工作上、生活上犯了错误的同志，看成反革命和内奸分子。”④所以总体来看，这一时期的审干工作还是比较谨慎的，尚未造成大规模全局性的严重扩大化。

---

① 中央档案馆编:《中共中央文件选集》第12册,中共中央党校出版社1991年版,第477页。

② 中央档案馆编:《中共中央文件选集》第12册,中共中央党校出版社1991年版,第476—477页。

③ 中央档案馆编:《中共中央文件选集》第12册,中共中央党校出版社1991年版,第183页。

④ 国防大学党史党建政工教研室编:《中共党史教学参考资料》第17册,国防大学出版社1986年版,第108页。

三、时局的日益严峻

1942年年初，几起重大泄密事件接连发生，中共的反特之弦又骤然绷紧了。1941年年底，国民党军统成功破译了延安与中共驻重庆代表团之间往来的密电，戴笠几乎逐日向蒋介石提供延安与重庆之间来往电报的内容。直到1942年1月下旬，这一情况才被苏联情报人员发现，并通知莫斯科和中共中央："中国中央政府情报机关头子戴笠掌握了中共和八路军在重庆的代表的电台工作用的暗号、密码和发报时间"，"所有中共电台的位置均已被戴笠的机关查到了，电报被截获和破译。1942年有超过60份电报被破译，导致好几位重要的共产党人被捕"。[①]但军统究竟是如何破译这些密电的，苏联和中共的情报部门并不清楚。在这种情况下，内奸自然就容易成为首先的怀疑对象。

恰在此时，其他地方也发生了一系列重大泄密事件。首先是1942年2月，八路军驻洛阳办事处处长袁晓轩叛变，供出了大量机密。紧接着5、6月间，中共南方工作委员会又因叛徒出卖被一锅端，廖承志等负责人被捕，这几乎使中共在大后方主要的省一级秘密机关遭到毁灭。此事性质之恶劣还在于，1941年7月国民党破获中共江西省委，被捕人员自首后经过特务机关的训练，继续以原来身份与其上级机关南方工委保持工作关系，最终伺机全盘破获。1942年2月，国民党江西省党部还曾经制订了一套行动方案：除准备利用已自首之中共江西省

---

① 杨奎松：《国民党的"联共"与"反共"》，社会科学文献出版社2008年版，第464页。

委人员破获中共南方局外，并准备利用省委中有湘、鄂、粤、闽诸省线索者，“打击其高级组织”；利用省委中有出身闽西者，解决闽西中共武装；以省委中过去部属已为新四军长官者，“瓦解伪新四军实力”；利用此次捕获的经验丰富，并熟悉各省情形的中共武装战斗员30余员，编为行动队，“潜去皖省，进攻伪新四军”。[①]其野心之庞大与计划之周密，不可谓不惊人。而所有这些方案，也是建立在利用内奸的基础上。

1942年4月中旬，国民党开始积极准备进攻陕甘宁边区，时局骤然紧张。针对这一紧急情况，毛泽东曾于5月19日写了一封信并以朱德总司令的名义递交给胡宗南，内称：“据报贵部正在积极动员进攻边区，采取袭击办法，一举夺取延安”，此事实“属骇人听闻，大敌当前，岂堪有此，敢电奉询，即祈示复”。[②]为了防备国民党军队的突然进攻，中央一方面做了军事部署，成立了陕甘宁晋绥联防军司令部，另一方面则加强了清查特务的工作。毛泽东在4月17日中共中央政治局会议的发言中就特别强调，在学习与检查工作中，要对干部的思想和组织观念进行审查与鉴定工作，在检查工作与审查干部中发现反革命分子，应加以清除，以巩固组织。[③]

在此期间，“王实味案件”发生，这更促使反奸斗争进一步向纵深发展。6月19日，毛泽东在中央政治局会议上提出：现在的学习运动，已在中央研究院发现王实味托派。我们要发

---

① 杨奎松:《国民党的“联共”与“反共”》,社会科学文献出版社2008年版,第465页。

② 中共中央文献研究室编:《毛泽东年谱(1893—1949)》修订本中卷,中央文献出版社2013年版,第380页。

③ 中共中央文献研究室编:《毛泽东年谱(1893—1949)》修订本中卷,中央文献出版社2013年版,第374—375页。

现坏人，拯救好人，要有眼光去发现坏人，即托派、日特、国特等三种坏人。[1]10月19日，他又在西北局高级干部会议开幕词中指出：我们各个机关学校，要好好注意清查王实味之类的分子，要客观地、精细地、长期地去清查。12月，他再次强调：既然有第一个王实味，第二个吴奚如，会不会有第三个王实味，第四个吴奚如，要认真查一查。由此出发，揭发暗藏的奸细迅速成为全党面临的主要工作。中组部在1943年工作计划中，便把清查奸细列为第一项的"中心工作"，中央政治局在提交讨论的关于1943年工作的12个问题中，也有审干工作总结和反内奸政策问题两项。[2]

四、审干运动的发动及其扩大化

随着国共关系的逐步恶化，延安的反奸气氛愈发紧张。1943年春，国民党开始酝酿掀起新一轮反共高潮。3月，蒋介石推出了《中国之命运》一书，着力宣扬"一个主义""一个政党"，声言只有国民党和三民主义才能救中国，同时极力诋毁共产主义。4月，国民党中央通知各省党部和政府，称共产党为"奸党"。在军事上，韩德勤、蒋鼎文、庞炳勋、李仙洲等部也不断挑衅，蓄意制造摩擦事件。5月，由于共产国际解散，国民党更在报刊上大造舆论，说"马克思主义已经破产""共产主义不适用于中国"，并提出"解散共产党，交出边区"等要求。6月，胡宗南策划调集大军分九路闪击延安。7月，国民党军队向陕甘宁边区做试探性进攻。那几天，在

① 中共中央文献研究室编：《毛泽东年谱（1893—1949）》修订本中卷，中央文献出版社2013年版，第387页。

② 李东朗：《康生与延安抢救运动》，《百年潮》2002年第5期。

毛泽东发出的每一份电报中几乎都写着“内战危机，空前严重”，“战事有于数日内爆发的可能，形势极度紧张”。①

面对这一危机，延安仍是采取两方面的应对办法。首先是发动宣传反击，在舆论上给予国民党沉重的打击。7月8日，《解放日报》分别发表了朱德致胡宗南、蒋介石电文，严厉质问：“道路纷传，中央将乘共产国际解散机会，实行剿共。……内战危机，有一触即发之势。……贵方调兵遣将，准备进攻，实为德等大惑不解，谨电奉陈，即希示复。”②此后，《解放日报》又连续刊登《起来！ 制止内战！ 挽救危亡！》（9日社论）、《延安民众抗战六周年纪念大会关于呼吁团结反对内战通电》（10日）、《全边区人民紧急动员，制止内战保卫边区——延安三万民众大会一致表示誓死消灭日寇及其第五纵队》（10日）、《全体人民动员起来，把敢于向边区进攻的反动派打出去！》（11日社论）、《延安各界紧急动员，进入了战斗的哨岗》（11日）、《质问国民党》（12日社论，毛泽东撰写）、《起来，保卫边区！》（16日）、《再接再厉消灭内战危机》（7月18日社论）、《要求国民党取消敌后特务政策》（8月1日）等文，并陆续发表各个抗日根据地对陕甘宁边区的声援和各界人士对国民党发动内战的抨击。

与此同时，延安还加紧清查特务，以防敌人进攻时里应外合。1月6日，中情部提出：“从十中全会及蒋的表示看出，国党的政策是放弃军事压迫，加强政治与特务进攻。……十二月十九日社会统计局致各地指示称：藉此时机加强情报工作，

① 《胡乔木回忆毛泽东》，人民出版社1994年版，第172—173页。

② 中央档案馆编：《中共中央文件选集》第14册，中共中央党校出版社1992年版，第68页。

并揭穿共产党诡计，……争取动摇分子。国党在此政策下，特务活动必更加紧，对此应特别警惕，我各地同志……必须提高严密组织防止国党特务活动，并清洗党内暗藏的破坏分子，巩固自己阵地。”①3 月 16 日，毛泽东在政治局会议上也明确提出：整风既要整小资产阶级思想，同时也要整反革命；过去我们招兵、招生、招党，招了很多人，难于识别；抗战以来，国民党对我党实行特务政策，在社会部和中央党校都发现了许多特务，现在我们要学会识别特务与贤才。②3 月 20 日，康生向中央汇报说：抗战以来，国民党普遍实行奸细政策，最近从审查干部中才发现这一政策的阴谋。他提出在 1943 年的工作中，要把审干工作当作重要的一项。③

根据康生的这一汇报，刘少奇当天即致电华中局陈毅、饶漱石，发出了《关于警惕国民党特务政策问题》的指示：“最近延安在整风及全面清查干部思想历史的过程中，发现大批国民党特务与日本特务，……今天国民党向我们斗争的主要方式是特务斗争。”此后，他又向华中局强调：“国民党的特务政策已经是非常精明、非常广泛使用的政策，是国民党目前反对我们的主要斗争方式。大后方的党几乎全部被国民党破坏，并还有成千的特务与自首分子派进各根据地来。如果我们不能现在学会反对国民党特务及日本特务的全部艺术，我们一定失败无疑。我们要把反特务斗争看成和军事、政治、经济斗争一样

① 国防大学党史党建政工教研室编:《中共党史教学参考资料》第 17 册,国防大学出版社 1986 年版,第 308 页。

② 《胡乔木回忆毛泽东》,人民出版社 1994 年版,第 276 页。

③ 晓嵩:《毛泽东与延安“抢救运动”》,《党史博采》2004 年第 1 期。

的重要。”①

4 月 3 日，中共中央发布《关于继续开展整风运动的决定》指出：“自抗日民族统一战线成立与我党大量发展党员以来，日寇与国民党大规模地施行其特务政策，我党各地党政军民学机关中，已被他们打入了一大批的内奸分子，其方法非常巧妙，其数量至足惊人”，因此从 1943 年 4 月到 1944 年 4 月，继续开展整风运动，“整风的主要斗争目标，是纠正干部中的非无产阶级思想（封建阶级思想，资产阶级思想，小资产阶级思想）与肃清党内暗藏的反革命分子。前一种是革命队伍中无产阶级思想与非无产阶级思想的斗争，后一种是革命与反革命的斗争”。②4 月 9 日和 12 日，中央直属和边区机关 2 万多人分两批召开工作人员大会，任弼时代表中央书记处做了《特务活动与中央对特务的方针》的报告，他提出：“根据我们长期侦察的结果，根据改过自新分子的报告，根据这次检举中被捕人犯的供词，知道国民党和敌伪的特务机关都有着很庞大的计划，要打入我们抗日根据地的党政军民学当中进行暗害破坏的特务活动，特别是集中注意到陕甘宁边区进行活动”，必须尽快加以清除。③4 月 28 日，政治局又决定，在中央书记处下设立一个反内奸斗争专门委员会，刘少奇为主任，康生、彭真、高岗等为委员。遵照中央这一部署，审干工作在延安全面展开，并发展成为大规模的审干运动。

---

① 国防大学党史党建政工教研室编：《中共党史教学参考资料》第 17 册，国防大学出版社 1986 年版，第 379 页。

② 中央档案馆编：《中共中央文件选集》第 14 册，中共中央党校出版社 1992 年版，第 29—30 页。

③ 王秀鑫：《延安“抢救运动”述评》，《党的文献》1990 年第 3 期。

由于大敌当前，中央对敌情的估计越来越严重。6 月 24 日，中央发出《关于国民党的特务政策和我党反特斗争的指示》，认为“今天国民党向我们斗争的主要方式是特务斗争”，“各地所谓左倾进步分子、左倾文化人中有不少是国民党特务（日本特务也有）”，我们在国民党区域的党内“充满了内奸，有些地方党的组织，到最后几乎全部都是内奸，因此在国民党地区共产党的组织，很多都成了国民党或者是国民党替我们组织的。再经过这些地方党，又介绍内奸来延安到各根据地”。①指示还提道：“延安各机关学校各级干部一万人中，在整风及全面清查干部思想历史的过程中，发现国民党特务及日本特务将近一千人。”并断言：“华北、华中各革命根据地党政军民各机关中，暗藏的日特、国特分子，估计一定是很多的，慎重清理这些分子，关系于党的生命。”②7 月 13 日，政治局又研究决定“加紧进行清查特务奸细的普遍突击运动与反特务的宣传教育工作”。到了 7 月 15 日，康生更在中央直属大会上做了一个题为《抢救失足者》的报告，强调现在是紧急时期，内战危险有一触即发之势，因此清除内奸急不可缓，“延安各机关学校更要加紧起来审查干部，巩固组织，清除内奸”③。由此出发，审干运动演变为抢救运动，一时间似乎特务如麻、到处皆有，造成了严重的扩大化后果。

---

① 王仲清:《在延安审干运动中对敌情估计过于严重的问题》,《北京党史》2000 年第 2 期。

② 王秀鑫:《延安“抢救运动”述评》,《党的文献》1990 年第 3 期。

③ 国防大学党史党建政工教研室编:《中共党史教学参考资料》第 17 册,国防大学出版社 1986 年版,第 380 页。

五、审干运动扩大化的原因

由于抢救运动搞得越来越过分，几乎弄到草木皆兵、人人自危的地步，这就引起了毛泽东的注意。于是，他采取一系列措施，下令停止抢救运动，并着手纠正错误，逐步甄别平反，防止了运动的进一步扩大化。关于这一点，已有学者撰文阐述，兹不赘论。

今天看来，审干运动之所以犯了扩大化错误，康生自然难辞其咎。正是他一手炮制了王实味、张克勤和所谓“红旗党”等一系列案件，并夸大其词，才造成中央对敌情的判断过分严重。而在此期间，中央的一些决策也存在着明显失误。如1943年8月15日发布的《关于审查干部的决定》，原本是为了纠正抢救运动的偏差而制定的，但其中仍然表示：“在审查运动中，一定会有过左的行动发生，一定会犯逼供信错误（个人的逼供信与群众的逼供信），一定会有以非为是，以轻为重的情形发生，领导者必须精密注意，适时纠正。对于过左偏向，纠正太早与纠正太迟都不好。太早则无的放矢，妨碍运动的开展；太迟则造成错误，损伤元气。”①这种过于讲究斗争策略和对“左”倾行为的纵容，在实践中无疑妨碍了对抢救运动的纠偏。

同时，通过开展群众运动来清查特务的这一方式本身也不尽妥当。反特是一项专业性很强的工作，应该由专业部门来负责。当时边区保卫处的经验也十分丰富，已经连续破获了多个

① 中央档案馆编：《中共中央文件选集》第14册，中共中央党校出版社1992年版，第93页。

特务组织，以致蒋介石身边专门负责情报工作的唐纵在1942年8月31日的日记中感叹："晚在罗家湾座谈会讨论共产党问题，切实检讨，对共产党毫无内线，所得报告，皆空泛无所据，至可惊叹！"①但抢救运动开始后，在"群众路线"的问题上却走上极端，在所谓"高度的群众运动""发扬群众的火力"等思想支配下，将召开大规模的轰轰烈烈的群众斗争大会作为一种主要手段，试图通过群众斗争去发现暗藏的敌人。结果在一次又一次的群众斗争大会上，"所谓依靠群众的力量，事实上成了依靠群众的喉咙，依靠群众的拳头，依靠群众声势汹汹的态度，依靠群众来做打气加油的啦啦队！……这种完全沉浸在群众狂热情绪下面的斗争大会，相反的结果只是使得大家的头脑愈来愈偏激反常，视线愈来愈模糊混乱，事态也愈来愈扩大化"。②在抢救运动后期，中央曾一再发出指示，三令五申要求立即停止逼供信，但这种现象并没能马上停止下来，而是持续了相当长的一段时间，这就说明群众运动一旦发动起来就难以控制。后来中央也承认："任何地方只要群众反奸运动坦白运动开展起来，逼供信的'左'的毛病，就会随之而来。"何况，"坦白运动中的群众压力，是一种极严重的神经战，在某种意义上对某些人来讲，甚至比任何刑法还厉害。在群众威力下，即使不打不骂不逼不斗，都可能使青年人在沉重的神经刺激下，自己戴上帽子"。③

---

① 公安部档案馆编注:《在蒋介石身边八年——侍从室高级幕僚唐纵日记》,群众出版社1991年版,第301页。

② 蒋南翔:《关于抢救运动的意见书》,《中共党史研究》1988年第4期。

③ 国防大学党史党建政工教研室编:《中共党史教学参考资料》第17册,国防大学出版社1986年版,第390页。

此外，审干运动的发生及其扩大化还有着客观方面的原因。如前所述，几乎每次延安特别强调审干锄奸之时，恰恰也正是国民党发动反共高潮之际。相反地，伴随着内战危机的解除，审干工作亦相应放缓。尤其值得注意的是，审干之所以在1943年7月转为抢救，显然与当时面临的战争威胁有关。翻阅这一阶段的《解放日报》，可以明显感受到这种紧张气氛。而后来中央决定停止抢救运动，除了发现其中存在诸多问题之外，也与国民党于9月宣布无意进攻陕北边区和停止调动军队有关。这种时间上的吻合应该不是偶然的，至少说明国民党的反共活动是审干运动的诱发因素之一。而从效果上看，当时确实清理出了不少特务。例如1942年年底全线破获的汉中特训班案件（又称“戴案”），共发现军统潜伏特务32名。①中统1943年年底检查工作的文件也反映：仅以陕西、甘肃、宁夏三省调统室系统来说，在陕甘宁边区内、周边的特工人员、特情人员629人中，已被共党发现229人，中调局陕西室在陕甘宁边区内的秘密据点遭到破坏，反共同盟军武器全被缴获，原有的特情不能活动，新的特情开辟困难，交通联系无法建立，据点工作受到阻碍，情报质量日益降低。该文件还对这一损失表示“言之痛心”。1945年年初，戴笠在西安召开的军统局高级干部会议上亦称：军统几年来曾派400名工作人员到陕甘宁边区，被中共发现、逮捕、坦白、失踪、逃跑、被杀或逃回的达90%。②由此可见，审干运动尽管发生了扩大化，但仍不宜一概否定。

---

① 郝在今:《中国秘密战》,作家出版社2005年版,第188页。

② 《论延安整风运动和延安审干运动的联系与区别》,《中共党史研究》2000年第3期。

邓小平后来在回忆中央苏区打 AB 团犯了扩大化错误时曾总结："在那种异常紧张的战争环境中，内部发现坏人，提高警惕是必要的。但是脑子发热，分析不清，听到一个口供就相信了，这样就难于避免犯了错误。从客观上说，环境的确紧张。从主观上说，当然也有个没有经验的问题。"①今天看来，这种全面客观的分析同样适用于延安审干运动扩大化。

① 《邓小平文选》第 2 卷，人民出版社 1994 年版，第 301 页。

国民党与《野百合花》事件

20 世纪 40 年代，毛泽东在全党发起了一场轰轰烈烈的延安整风运动。其主旨虽在解决中共党内的思想路线问题，摆脱教条主义影响，但延安文艺界的动向尤其是一些知识分子的自由主义倾向，亦是他密切关注的对象之一。而作为始终潜在的对手，国民党的态度和反应也是毛泽东考虑整风部署的重要外部因素，甚至由此改变了整风的进程。如关于“王实味案件”的处理，就是一个典型例证。

一、毛泽东对“王实味案件”的认识变化

1942 年 3 月，全党整风开始不久，延安中央研究院特别研究员王实味就在《解放日报》“文艺副刊”发表了一组题为《野百合花》的杂文，并在中央研究院《矢与的》墙报上写了三篇短文，批评延安的领导干部存在特权主义和忽视民主的倾向。这引起了轩然大波，一时间人们议论纷纷。毛泽东对此也颇为关注。据胡乔木回忆，毛泽东在看了《野百合花》后曾拍桌厉声问道：“这是王实味挂帅，还是马克思挂帅？”并立

即打电话要求报社作出检查。[①]后来又强调："《野百合花》这里边有文章。"[②]而在挑灯夜读《矢与的》墙报后，他更断言："思想斗争有目标了。"[③]

不过总体来看，毛泽东最初还只是将之视为思想问题，并未与组织问题联系起来。所以，尽管他在1942年4月初中央高级干部学习会上曾指出："丁玲是同志，王实味是托派。"[④]但这里仍主要是批评王实味具有托派思想，尚未做组织上的结论。在此期间，毛泽东还通过秘书胡乔木转告王实味，希望其改正"错误立场"。[⑤]5月28日，他又在高级学习组会议上明确表示：你们所说到的"所有发生问题的作品，我们说都没有什么大问题。为什么这样说呢？ 因为那些同志根本都是革命的，都是从外面城市或根据地来的，他们在外面城市也是做革命工作的，有许多已经做了很长时间，现在也是做革命工作。至于某些时候，或者某次说话、写文章没有弄好，这是属于部分的性质，这样的问题好解决，都不是什么严重问题"。他还特别点到王实味："个别比较严重的就是王实味这个同志，他的思想比较成系统的，似乎坏的东西比较更深一些。"值得注意的是，毛泽东在此仍然称王实味为"同志"，而且只是批评其思想问题。他还提醒大家："少数人不能打成一片，要容忍

---

① 《胡乔木回忆毛泽东》，人民出版社1994年版，第449页。

② 温济泽等编：《延安中央研究院回忆录》，中国社会科学出版社、湖南人民出版社1984年版，第193页。

③ 中共中央文献研究室编：《毛泽东年谱(1893—1949)》修订本中卷，中央文献出版社2013年版，第373页。

④ 丁玲：《延安文艺座谈会的前前后后》，《新文学史料》1982年第2期。

⑤ 温济泽等编：《延安中央研究院回忆录》，中国社会科学出版社、湖南人民出版社1984年版，第108页。

他，这是思想问题，不能勉强，不能用粗暴的态度。”①这些迹象似乎表明，毛泽东此时仍想挽救王实味。

但到了6月份，问题的性质发生了明显变化，王实味被打成了托派分子。6月19日，毛泽东在中央政治局会议上发言：现在的学习运动，已在中央研究院发现王实味托派。他同时指出，现在看来，王实味的有系统不是偶然的，这个人多半是有组织地进行托派活动，抓住时机，利用矛盾，进行托派活动，向党进攻。②这显然已是在组织意义上言之，而非仅限于思想问题。时至10月，中组部和中央研究院党委又根据毛泽东的批示，开除了王实味的党籍。那么究竟是什么原因促使毛泽东改变了原先的判断，将之从思想问题上升为政治问题？ 今天看来，这一方面固然是由于康生直接介入所致，但另一方面或许也与当时国共关系的紧张尤其是国民党对《野百合花》事件的炒作不无关联。

二、国民党对《野百合花》事件的炒作

1942年4月中旬，国民党开始积极准备进攻边区。针对这一紧急情况，除加强军事部署外，毛泽东还告诫大家，无论什么时候对国民党都不要放松警惕，要提防内奸，在学习与检查工作中，要对干部的思想和组织观念（即言行）进行审查与鉴定工作，在检查工作与审查干部中发现反革命分子，应加以清

① 中共中央文献研究室编：《毛泽东文集》第2卷，人民出版社1993年版，第427、427、430页。

② 杨奎松：《毛泽东与莫斯科的恩恩怨怨》，江西人民出版社1999年版，第119页。

除，以巩固组织。①

恰在此时，外界舆论开始对《野百合花》事件做出一些反应。时任延安中央研究院党委书记的李言回忆，1942 年 4 月底或 5 月初，康生便在中央社会部干部大会上透露：王实味的《野百合花》4 月就在香港的报纸上刊登了。李言还分析：“王实味的文章在香港的报刊上登载，中央当然很注意。康生在这时实际上就已经认为王实味是敌我性质的了。”并说：“这次会议以后，我为了解王实味的历史情况，到中央组织部去看王实味的档案。这才看到了他自己向中央组织部交代的关于同托派关系的材料。”②这说明外界的有关舆论已引起康生等人的关注，并使得他们由此联想和怀疑到王实味的身份，最后通过查档案牵出了所谓“托派”问题。

相比于香港，国民党对《野百合花》的反应较为迟钝，最初并未给予足够的重视。因此，延安中央研究院的范文澜、李维汉、张如心等人在 6 月份的《解放日报》上发文称：“《野百合花》已被反共分子利用，广为宣传，当作反共工具”③，“他的言论和行动已经为反革命、反共分子所赞扬，所欢迎”④，“《野百合花》之类东西，到了反动派手中，竟如获至宝似的，把它广为翻印，大事宣传，这件事情，难道是偶然的

---

① 中共中央文献研究室编:《毛泽东年谱(1893—1949)》修订本中卷,中央文献出版社 2013 年版,第 374—375 页。

② 参见宋金寿:《毛泽东与王实味的定案(续二)》,《北京科技大学学报(社会科学版)》1999 年第 1 期。

③ 范文澜:《论王实味同志的思想意识》,《解放日报》,1942 年 6 月 9 日。

④ 罗迈:《论中央研究院的思想论战——从动员大会到座谈会》,《解放日报》,1942 年 6 月 28 日。

吗？”[①]这些论断应当是源于康生对香港舆论的捕风捉影，并没有国民党方面确凿材料的佐证。

事实上，恰恰是延安对王实味展开大规模批判才引起了国民党有关部门的警觉。从1942年4月7日至7月29日，中共中央机关报《解放日报》连续发表了齐肃、杨维哲、罗迈（李维汉）、金灿然、范文澜、李伯钊、陈道、蔡天心、陈伯达、丁玲、周扬、张如心、艾青等人撰写的18篇文章，对王实味大加批判，其中多篇又于8月份被在重庆的中共南方局机关刊物《群众》周刊转载。这自然引起了近在咫尺的国民党宣传部门的高度关注。

1942年9月19日，国民党中央图书杂志审查委员会第三科签发了一份第1972号密函，内称：“查昨日送审之《群众》七卷十五期中有范文澜《论王实味的思想意识》及周文著《从鲁迅的杂文谈到实味》两文，细核内容，觉共产党内部中又已因思想问题发生纠纷，谨附审查报告呈核。”这份密函是由国民党中央图书杂志审查委员会主任委员潘公展亲自撰写的，呈报中央宣传部三民主义研究会、军事委员会党政联席会报、军事委员会委员长侍从室第二处和中央调查统计局等重要机构。该函还明确建议由中统进一步调查，“拟请转函调查统计局详查王实味在共产党中之地位及其有关之各项材料，如能将《野百合花》……等文觅得一份，则于研究之进行更有莫大之便利”[②]。很明显，潘公展等人此时尚未获见《野百合花》原文，

① 张如心:《彻底粉碎王实味的托派理论及其反党活动——在中央研究院斗争会上的发言》,《解放日报》,1942年6月17日。

② 黄昌勇:《〈野百合花〉如何被国民党利用》,《南方周末》,2000年5月19日。

故亟欲觅得。

从后来的情况来看，中统确实对此事相当重视，立即组织人手编成《关于“野百合花”及其他——延安新文字狱真象》一书，由统一出版社在1942年9月发行初版。曾任中统局本部科长的张文后来回忆：“当中统特务见到延安《解放日报》刊载了王实味写的《野百合花》时，如获至宝，经过一番研究，由刘光煌等编定了《野百合及其他》一书，其中除了王实味这篇文章外，还从《解放日报》上找出类似的篇章，斩头去尾，加以歪曲和捏造，再加上引言按语。这一小册子印了几千份，据说是中统所印行的小册子中最为畅销的一种。”①

在此之前，一个署名邹正之的人已捷足先登，在重庆翻印出版了《野百合花》。该书标明6月初版、8月再版，不过其序言的编者落款却是7月，故初版时间应在7月之后。8月，国民党广东省党部文化运动委员会编的《民族文化》月刊亦将《野百合花》作为“延安文献”全文照录，并介绍说：“延安的作品原是难得在本刊上见到的。只因为这是在延安里发出的正义呼声，我们该使他得到更大的同情。所以也转载过来。”②此后，国民党又不满足于转载，开始增添了许多评论。11月，西安《文化导报》刊登《我读完了〈野百合花〉》一文说：“从这篇短文里，可以知道中共的内部，已是存在着程度颇深的动荡与不安。这种动荡与不安的爆发，《野百合花》事件只是一点星星之火而已。……无怪毛泽东要锐意整顿

---

① 张文:《中统内幕》,江苏古籍出版社1987年版,第75页。

② 《读者·作者·编者》,《民族文化》第2卷第7期,1942年8月20日。

三风。”①

与此同时，国民党中宣部机关刊物《中央周刊》也对《野百合花》事件做了连续报道，先后发表了《野百合花》《野百合花案详情》《野百合花事件答客问》等文，甚至还专门刊发了一期特辑《延安野百合花事件面面观》，并附编者按：“轰动延安的野百合花事件，本刊曾略有报导。兹有友人转赠《野百合花》全文共五节，同时在最新一期《群众》上看到范文澜先生《论王实味同志的思想意识》一文，因得窥野百合花事件之全豹。为使读者亦能共赏此项传颂一时之文件，用特转载其全文。……两文原载共党机关报，本刊不欲有所评论，请读者自定其是非曲折可也。”同时在“编辑小言”栏中又写道：“友人以《野百合花》的原文相赠，我们看了很感兴趣，不敢自秘，俾本刊读者得同赏妙文，所以把全文刊发出来，《中央周刊》转载共党机关报（延安《解放日报》）的文章尚以此为第一次。”②

由此可见，《野百合花》事件在当时的国统区引起了一阵强烈的轰动效应。时人即曾观察到：“近来有所谓‘野百合花事件’的传说，喧腾众口，形诸党报党刊。据说这个事件在延安闹得相当厉害，但在重庆也闹得不能不算厉害了。”③而从国民党方面这些书刊的内容来看，大多是借此事件攻击中共和边区。对此，晚年力主为王实味平反的温济泽也回忆说：“王

① 白言:《我读完了〈野百合花〉》,《文化导报》第2卷第4、5合期,1942年11月30日。

② 《延安野百合花事件面面观》(本刊特辑),《中央周刊》第5卷第5期,1942年9月10日。

③ 苏德邻:《一个党外人士的话》,《新华日报》,1942年12月10日。

实味的这些影响，后来引起国民党特务机关的注意。他们把王实味等人的文章编印成《关于“野百合花”及其他》小册子，油印，铅印，四处散发。在小册子前面加上按语说：‘中共……歌赞延安是革命的圣地……然而……在陕北，贪污，腐化，首长路线，派系交哄，歌嘶玉堂春，舞回金莲步……的情形之下，使为了抗日号召跑向陕北的青年大失所望，更使许多老共产党员感到前途没落的悲愁。’有些刊物还出了专号，标题为《从〈野百合花〉中看到延安之黑暗》，以此作为恶毒攻击中国共产党和陕甘宁边区的宣传材料。”①

三、国民党炒作的影响

国民党的这些炒作究竟对延安产生了多大影响，目前尚无直接材料证明。从王实味一案的处理来看，延安对其大规模批判主要是从1942年6月开始的，而国民党方面借此事件大加炒作的时间则稍晚于此，是延安的批判已经基本结束以后的事。如《野百合花事件答客问》的作者便说：“《野百合花》在延安，曾经风行一时，原文寄到此间，我的朋友在很早以前读到它，就告诉过我，我不十分感到兴趣，也就忘了。最近《野百合花》突然在延安被禁，我渐渐有些奇怪。读到另外一部分人反驳《野百合花》的文章之后，我才明白这件事情的真相。”②这无疑说明由于延安对《野百合花》进行批判才引起了其关注。况且，王实味被打成托派也是早在6月初已形成定论，与国民党方面的炒作亦无直接关联。邹正之就提到当他最早翻印

---

① 温济泽：《王实味冤案平反纪实》，《炎黄春秋》1992年第1期。

② 刘子健：《野百合花事件答客问》，《中央周刊》第5卷第9期，1942年10月8日。

《野百合花》时，王实味已经“获得了‘托派’的天大的罪名”。

不过在这件事上，还有一个细节值得注意。那就是康生此时还给王实味扣上了复兴社分子和国民党兼差特务的帽子。他在6月初告诉延安中央研究院的负责人：王实味是双料的，不仅是托派分子，还是国民党蓝衣社的特务。①这就促使“王实味案件”进一步升级，性质更加严重。这一判断后来虽未正式形成组织上的结论（这除了查无实据之外，或许也与当时国共关系尚未完全破裂有关，故不宜公开宣判该项罪名，以免授人以柄，被国民党再度炒作），但康生此说可谓根深蒂固、谬种流传。

王实味的特务嫌疑究竟缘何而来，个中详情尚不完全知晓。唯不难想见，在国共关系十分紧张、敌我矛盾急剧激化的情况下，由于国统区众多媒体对《野百合花》事件大肆炒作，延安方面极易将王实味问题的性质与国民党的反共宣传联系起来，从而在非公开的场合将其罪加一等。1943年7月15日，康生在中央直属大会的报告中就断言：“大家晓得王实味是托派汉奸，但更要晓得他同时也就是国民党的特务。为什么王实味与国特分子纠缠在一起呢？因为他一方面为日寇服务，同时又为国民党服务，他是敌探、托匪、国特三位一体的奸细。”他还说：“当我们与王实味斗争时，为什么一些敌探国特不惜揭破了‘左’倾面目，出来为王实味打抱不平呢？因为他们是一家人，有共同厉害的关系。为什么国民党为了声援一个托匪汉奸，动员了他们大后方所有的报纸杂志向共产党进攻呢？因

① 温济泽：《王实味冤案平反纪实》，群众出版社1993年版，第12页。

为……王实味也正是国民党的特务人员。”①此间逻辑虽存在明显漏洞，二者实际上缺乏内在的因果关联，但由此可见，国民党对《野百合花》的利用和炒作确实在很大程度上干扰了延安对王实味一案的处理，至少被康生等人所利用，为其提供了罗织罪名和加以整肃的借口。在此，利用与被利用之间非但不是悖论，反倒互为因果，在政党的角力中沦为一种恶性互动。

① 国防大学党史党建政工教研室编:《中共党史教学参考资料》第17册,国防大学出版社1986年版,第381页。

蒋介石眼中的延安整风

20 世纪 40 年代，毛泽东在延安发起了一场轰轰烈烈的整风运动，这是中国共产党历史上的一个重大事件，使其在思想上和组织上达到了空前的团结统一，为不久后夺取全国政权奠定了坚实基础。那么作为中共对手的蒋介石，又是怎么看待延安整风的呢？

一、从藐视到重视

从新近公布的蒋介石日记来看，他很早就开始关注延安整风。1942 年 7 月 25 日，他在日记中写道："共党整顿三风二十二种之学习文件，设法检呈研究。"此时距毛泽东发动延安整风不久，由此足见其敏锐。不过在此后一段时间里，蒋介石对延安整风是颇不以为然的。1946 年 3 月 14 日，其日记记载："下午批阅毛泽东《整风运动之经过》一文，……有人以为其整风运动成功，而余则以为迹其所行，乃完全违反天理与人性，虽暂成而终必败也。”[①]这反映了他在抗战胜利后志得意满的心理，十分藐视中共。

而正是由于这种盲目自信，蒋介石悍然发动了内战，并乐观估计短期内必能“戡乱”成功。但战局的发展却远出乎其意料，中共经过延安整风锻造形成的精诚团结，使之具有坚不可摧的强大凝聚力。而相反地，国民党却日薄西山、每况愈下，不仅思想混乱、信仰丧失，而且派系林立、组织涣散，甚至连蒋介石也不得不承认：“就我的观察，我觉得我们本党和共产党的斗争，不但技术不够，就是精神也相差得太远”[②]，“以这样一个组织松懈、精神涣散的党，要来领导一个广土众民积重难返的大国，要使他建设起来，怎样可以成功？”[③]面对这种困境，他开始将目光转向了日益强大的对手，也因此对延安整风有了新的认识。

1947 年 7 月 7 日，蒋介石在国民党中央总理纪念周上，针对国民党的疲沓状态批评说：“共产党的情形就和我们不同，他们自从民国三十二年起实行所谓‘坦白运动’，每一个干部和党员，自己有什么缺点，对于党和同志有什么要求，都彻底的反省，坦白的提出，用以改正心理和精神，他们这一运动的成绩如何且不说，但他这种精神是对的。我们一检讨自己的情形，真是难过，真是惭愧，共产党是互相监督，坦白批评，而我们一般党员则在心理上时时欺骗自己，敷衍粉饰，只求弥缝

---

① 叶健青编辑:《蒋中正总统档案 · 事略稿本》第 65 册，(台北)“国史馆”2012 年版，第 93 页。

② 秦孝仪编:《总统蒋公思想言论总集》第 22 卷，(台北)中国国民党中央委员会党史委员会 1984 年版，第 250 页。

③ 秦孝仪编:《总统蒋公思想言论总集》第 19 卷，(台北)中国国民党中央委员会党史委员会 1984 年版，第 369 页。

一时。”9日，他又在三青团成立九周年纪念会上讲：“共产党这几年组织之所以日趋健全，力量之所以日趋膨胀，乃是得力于他们所谓‘坦白运动’。自从三十二年他们发起了所谓‘坦白运动’之后，四年之间，他们党员工作的精神和作风，大有改进。”再次肯定了延安整风。在这次会上，蒋介石还说：“他们所谓‘坦白运动’，发动全体党员，自我批评，相互检举，任何人如有丝毫自私自利的企图，不将力量贡献于他们的党，就要被人检举，不能立足。他们上层领导人如毛泽东、朱德等，精神思想生活，行动如何，我们可不必说他，至于他们一般党员和干部，则确实能相互坦白批评，我们发现他的许多小册子，里面说到他们自己的许多缺点，贪污腐败，无不坦白指出，这固然一方面可以看出他们的党也不健全，但是他们能把本身的缺点坦白写出，这就正是他们厉害的地方。”①显而易见，他对延安整风的效果非常钦羡，不再以“违反天理与人性”视之。

二、“阅读共党整风文集，视为至宝”

1947年9月是蒋介石关注延安整风的又一个高峰，这可以从其一系列日记和演讲中看出来。该月2日的日记记载：“朝课后阅毛匪整风之决定讲稿，本日前后连看其中共中央决定等文件五篇，甚恨读之不早也。”6日又说：“阅读共党整风文集，视为至宝，不阅此集，不能认识共匪之坚强，亦无法消除共匪祸患也。”7日更写道：“阅共匪之整风文集，几乎手不

---

① 秦孝仪编:《总统蒋公思想言论总集》第22卷,(台北)中国国民党中央委员会党史委员会1984年版,第201、208、210—211页。

掩卷。”如果不是缘于日记的公布，人们恐怕很难想象蒋介石竟然曾经这样如饥似渴、孜孜不倦地学习“共匪”的延安整风文件。

实际上，蒋介石的这种“恶补”是有其目的的。同月9日，国民党召开六届四中全会暨党团联席会议。蒋介石在开幕词中针对中共力量的不断壮大指出：“他们整个的力量却已增加了好几倍，他们斗争的方法和技术，也有长足的进步。反观我们自己，无论组织、训练、宣传或调查，则不但没有进步，反而有了退步。……如果单就他们的斗争方法和技术而论，他们实在已经成功，他们的力量实足以消灭本党。所以我们如果单研究他们这二十年来技术进步的情形，那真是可怕极了。因此我们今天如果还是蒙着眼睛，不看他真实的内容，而武断的说他们没有力量，并不可怕，以为打倒他们是很容易的事，实在是最大的错误。”①这显然已经完全改变了此前藐视中共的看法。13日，他又讲：“每一个共产党党员的言论行动，莫不受其党的指挥和领导，而与其政策相符合；共产党之所以能成为一个整个的战斗体，原因就是在此。我们现在要消灭共匪而不为共匪所消灭，则我们一般党员必须养成研究法令，遵守法令的习惯。要以贯彻党的命令，执行党的决议为党员的天职。”②俨然向全党提出了学习中共的任务。

更令人惊奇的是，这次会议居然印发了延安整风的三篇文件作为学习材料。对此，蒋介石特别解释说：“譬如共产党的

---

① 秦孝仪编:《总统蒋公思想言论总集》第22卷,(台北)中国国民党中央委员会党史委员会1984年版,第237页。

② 秦孝仪编:《总统蒋公思想言论总集》第22卷,(台北)中国国民党中央委员会党史委员会1984年版,第242页。

‘整风运动’，就是所谓整顿三风——学风、党风、文风——的运动，自从民国三十一年二月开始发动以来，迄今已有五年多的时间，现在还在继续进行。他发起这个运动用意何在，内容如何，本党同志素来很少注意，不屑去研究。我个人当时虽曾注意，但是因为那时正值抗战军事紧急，无暇与各党员同志详细研讨。我可以说现在共匪力量增强，其力量大半是由于他这个整风运动而发生的。今后我们各级干部，必须把他们这一运动的内容和办法作为研究共匪内容的中心资料，用他们的方法再加以切实的整理来制定比他们更高明更正确的方案，同他们斗争，这样才能消灭敌人。所以这次四中全会印发给你们的共产党的《关于增强党性的决定》《关于调查研究的决定》和《关于在职干部教育的决定》等三个文件，是非常重要的参考资料，大家要特别注意研究，看看他们是如何增强党性，加强全党的统一，如何调查敌情，研究敌情，如何教育干部，改造学习的风气。如果他们党的纪律、党的组织、党的调查、党的学习，是这样认真这样严密，而我们则松懈散漫，毫无教育毫无计划，如过去一样，你们看究竟还能与共匪斗争么？”①这一大段话非常清晰地表明蒋介石此时已充分认识到延安整风对中共的重要意义，并极力主张加以借鉴来改变国民党的面貌。

三、视整风运动为“共匪训练最大的成功”

此后，蒋介石还多次提到了延安整风。1948 年 1 月，他在戡乱建国训练班开学典礼上便痛心疾首地表示：“老实说：古

① 秦孝仪编:《总统蒋公思想言论总集》第 22 卷,(台北)中国国民党中央委员会党史委员会 1984 年版,第 253 页。

今中外任何革命党都没有我们今天这样颓唐和腐败，也没有像我们今天这样的没有精神，没有纪律，更没有是非标准的，这样的党早就应该被消灭被淘汰了！”然后详加分析说：“共匪在延安的山谷之中，从民国三十二年发动所谓‘整风运动’起，便逐渐扩张，今天竟发动全面的叛变，由此可见他们的训练是有目的，他们的训练方法也非常成功，远胜于我们的训练。……现在我们要恢复本党的力量，消灭共匪，必须根本上改革本党的精神，造成新的革命风气，变颓唐萎靡为蓬勃奋发，变自私自利为勇敢牺牲。”①

几天后，蒋介石又在一次军事训练会议上提出：“共匪有一个唯一的长处，而远非我们国军之所能及的，就是他能将科学的精神和科学办事的方法，运用于组织、宣传、训练与作战，……他们从高级干部以至于最下级的士兵，对于本身的业务，都能本着科学精神和科学方法实事求是，精益求精。尤其是他们一般干部，可以说人人都具有研究的精神，无论什么问题发生，他们一定要集中精力，探本穷源、经正面反面反复推敲，总要求得一个切实的结论。……他们这种彻底研究不断改进的精神，正是现代化科学的精神。”他还进而指出：“共匪的干部对于科学的方法并不是生而知之，乃是由于训练而发生的效果。尤其是民国三十二年他们发起所谓‘整风运动’，逐渐打破其过去空疏迂阔的形式主义，使一般干部养成了注重客观、实事求是的精神。这可以说是共匪训练最大的成功，大家

---

① 秦孝仪编:《总统蒋公思想言论总集》第22卷,(台北)中国国民党中央委员会党史委员会1984年版,第368、370页。

不可不切实注意。”①

由此可见，蒋介石这一时期迫于国共力量的此消彼长，亟欲借鉴中共经验来重振士气，故而连续多次提到延安整风。对他的这种急切心理，美国学者易劳逸曾分析：“蒋介石承认，共产党的特点就是坚持‘科学的方法’。在他看来，这种方法是通过延安整风运动慢慢教育培养的。因此，他殷切期望他的部下仿照这一运动，以加强国民党的组织性，提高军队的战斗力。”②但此时的国民党已是病入膏肓、积重难返，所以尽管蒋介石强调要借鉴延安整风，但尚未付诸行动，便丢掉了大陆政权。

四、仿效延安整风，开展改造运动

败退台湾后，蒋介石痛定思痛，于是决心仿效延安整风，在国民党内搞了一个改造运动。为了确保改造取得成效，他下令翻印了延安整风的有关文献作为参考材料，并要求学习《辩证法》《中共干部教育》《中共工作领导及党的建设》《中共整风运动》四种书，企图借鉴中共整风的方法，使国民党起死回生。③蒋介石亲自主持制定的《本党改造纲要》与其他文件，也大量吸收了延安整风运动的基本原则，有的甚至直接搬用了中共的术语。蒋介石还根据延安整风的经验，将研究党史作为政治训练的主要内容。《本党改造纲要》明确规定：“每

① 秦孝仪编：《总统蒋公思想言论总集》第22卷，(台北)中国国民党中央委员会党史委员会1984年版，第386—387页。

② [美]易劳逸著：《蒋介石与蒋经国》，王建朗等译，中国青年出版社1989年版，第267页。

③ 李松林：《蒋介石晚年》，安徽人民出版社1993年版，第91页。

一党员要研究本党的历史与革命理论。”在具体操作层面，国民党成立了中央干部训练委员会，负责干部教育工作，党的高中级干部则由蒋介石直接领导的革命实践研究院培训。这两个机构与延安的中央总学习委员会和中央党校如出一辙。另据蒋介石日记记载，革命实践研究院在1949年10月16日举行第一期开学典礼，这天蒋介石读的就是《共匪整风资料》。显而易见，改造运动的许多方案乃至有关文件所用的话语都从延安整风受到不少启发，以致后来台湾有人戏称应该把蒋介石评为“学习毛主席著作的积极分子”①。

不过随着国民党改造运动的完成及其在台湾统治地位的逐渐稳定，蒋介石又开始攻击延安整风。1956年，他在《苏俄在中国》一书中抨击：“中共的整风运动，在其所谓整顿学风、党风和文风，清算主观主义、宗派主义和形式主义的‘自我批评’和检讨之下，对于民族思想与自由思想，痛下攻击，而其对于党徒的最后要求，就是‘以阶级性克复民族性’，乃至‘以阶级性代替人性’。”他还说：“中共的整风运动，否认民族性，甚至否认人性，而认为人类只有阶级性，可以说是发展到了极点！”②这显然是重新回到诋毁延安整风的立场，为其丢掉大陆狡辩了。

---

① 常家树:《二十世纪五十年代国民党的改造运动》,《党史纵横》2007年第6期。

② 秦孝仪编:《总统蒋公思想言论总集》第9卷,(台北)中国国民党中央委员会党史委员会1984年版,第98、344页。

土地改革篇

1946年5月4日，中共中央做出《关于土地问题的指示》，以此为标志，曾在全国抗战时期实行的减租减息政策，转变为以实现“耕者有其田”为目的的土地改革政策。一开始，土地改革主要是采取清算、开明地主献田及征购地主土地等方式，1947年全国土地会议提出平分土地的口号之后，实际上是无偿没收地主土地分配给农民。近年来，对解放战争时期各解放区进行的土地改革如何评价，当年中国农村的土地究竟是集中还是分散，有没有必要非得通过土地改革这种革命的方式进行农村土地关系的调整，土地改革是否促进了农村生产力的发展，成为学术界讨论较多的一个问题。

从为地主“平反”说起

对解放战争时期解放区开展的土地改革运动，以往学术界和主流媒体都是高度评价的。例如胡绳主编的《中国共产党的七十年》认为：在如此广阔的范围内进行土地改革，是中国几千年历史上一次翻天覆地的社会大变革。它从根本上废除了在中国大地上盘根错节的封建制度的根基，使长期遭受地主阶级残酷压迫和剥削的农民大众翻身做了主人。中国共产党领导中国人民，不仅在反对帝国主义的斗争中，而且在反对封建主义的斗争中，创造出了过去中国任何政党不曾有过的丰功伟绩。①

作为《当代中国丛书》之一的《中国的土地改革》一书则认为，解放区进行的土地改革，“在中国历史上第一次大规模地废除封建土地制度，使农民和土地直接结合，这就从根本上动摇了旧中国半殖民地半封建的社会基础”，“土地改革是人

① 中共中央党史研究室著，胡绳主编：《中国共产党的七十年》，中共党史出版社 1991 年版，第 277 页。

民战争的基础，土改的各个阶段都反映着战争的形势变化，而解放战争的伟大胜利正是中共中央土地改革政策成功的集中体现”，“土地改革的胜利还为新民主主义政权的建立奠定了经济基础，提供了干部队伍”。①

为庆祝中国共产党成立85周年，纪念红军长征胜利70周年，2006年由中央和各省区市主要新闻媒体、重点新闻网站共同推出《永远的丰碑——红色记忆》专栏，对于老区土地改革运动是这样评说的：“轰轰烈烈的土地改革运动，猛烈冲击着几千年来的封建土地制度。特别是在一亿人口的老区和半老区，基本消灭了封建土地制度，打碎了几千年来套在农民身上的封建枷锁，改变了农村旧有的生产关系。这一翻天覆地的变化，使亿万农民在政治上、经济上获得了解放，并由此迸发出难以估量的革命热情。他们踊跃参军参战，担负巨大的战争勤务，并以粮草、被服等物资支援自己的子弟兵。土地改革运动为夺取全国胜利，提供了源源不断的人力、物力支持。”②

但是，近些年来，社会上开始出现一些对土地改革的不同评价。例如，有人写文章说找到了小说《半夜鸡叫》中地主周扒皮的原型，此人本名周春富（小说中周扒皮本名就叫周春富），家居辽东半岛中西部的复县（今瓦房店市）黄店屯（小说中的周扒皮是黄家店人）。周春富的祖辈也是“闯关东的”，周家到了周春富这一辈，并不算富裕，虽然从父辈继承了一些土地，但不多。由于周春富不注重浮财的积累，而是认

---

① 杜润生主编：《当代中国的土地改革》，当代中国出版社1996年版，第260页。

② 新华社：《解放区轰轰烈烈的土地改革运动》，《人民日报》，2007年9月29日。

为“只有土地才是结结实实的保障，地里出一家人的吃喝，子孙也能受益。于是，这个勤俭、精明的农家子弟，开始一点点地攒钱、置地。他的勤俭甚至到了苛刻的程度”。据说周春富吃穿都很寒碜，裤腰带都不舍得买，是用破布条搓的。

与《半夜鸡叫》中的周扒皮不同的是，周春富并没有半夜装过鸡叫，也不是那种只督促长工干活的东家，自己也从不闲着，且“他家人养成了习惯，冬天天没亮点了火油灯，家里人做饭的做饭，喂牲口的喂牲口”，东家的人都起来了，伙计们自然也不能赖在被窝里了，而且“周家人和长工一样干活，一大早就赶马车出去，回来挂一胡子霜”。周春富有五个儿子，“大儿子干农活，二儿子管家，三儿子赶车，几个儿子都有分工，个个勤快。脑子也灵，都能挣钱”。多年的努力之下，原本地不多的周春富到 1947 年的时候，已经有了约 240 亩土地，雇用了三五个到七八个长工，但没有出租土地，并且还有油坊、磨坊、染坊、粉坊以及一个杂货铺。据说，周春富对长工并不像高玉宝笔下的周扒皮那样苛刻，一个长工一年能挣八石粮食，够养活全家，给短工的工钱也是一天能买十斤米，而且周春富“不是恶人，不霸道”。1947 年 12 月，黄店屯来了土改工作队，在划阶级成分时，周春富被定为地主，随后被“镇压”了。①

这篇文章发表之后，引起了不小的社会反响，用某些媒体的话说“颠覆了以往的地主形象”，与此相伴随的是引发了一些人对于土地改革的必要性与正当性的质疑。有人认为，地主并非以往宣传的那样丑恶，他们恰恰是乡村社会的精英，他们

① 杜兴：《“周扒皮”的 1947》，《先锋国家历史》2008 年第 15 期。

中的许多人是勤劳俭朴、经营有方而发家致富的，地主的负面形象都是以往的宣传杜撰出来的，以至于有人提出要为地主们“平反”的问题。

2010 年第 8 期的《书屋》杂志发表一篇题为《地主：一个百年难尽的话题》的文章，其中写道：其实，地主在那个社会不是完全阻碍社会发展的力量，他本身有许多积极因素。绝大多数地主们青少年时期都受过严格的教育，是农村中文化素质较高的群体，他们读的是四书、五经，“孔孟之道”“己所不欲，勿施于人”“老吾老以及人之老，幼吾幼以及人之幼”，新一代或者上新式大学，或者到外国留学，有的儒家思想深入骨髓，有的民主自由思想铸造人格，成为新的绅士，百分之九十五以上的具有怜贫恤老、救济鳏寡孤独、助教兴学、救灾赈灾、修桥补路、兴修水利、调解纠纷、倡导文化活动（舞龙灯、赛龙舟、唱大戏等）的善举，举凡农村中一切需要钱、物的公益事业、慈善事业，他们带头发起、热情赞助并充当捐资、献物、出力的主角。经过较好教育进入官场、文坛、教育界、商场、工厂等上层社会的，大多数是地主家的子弟。因此，当年的地主阶层，集政治精英、经济精英和文化精英于一体，理所当然地成为社会的主流。那些读书不多无意于仕途的读书人，回到乡梓后，因其品德、学问，主持正义，办事公平，往往被推举为地方领袖，掌握着村、乡、区的地方事务的管理权。而当年的政府（县级以上）是那样软弱，既没有“社会救济”概念，又没有过问地方事务的经济实力。因此，大量地方事务便责无旁贷地落在本乡本土有声望的富绅（地主）的肩头上。当年地主将土地出租，解决了贫苦农民的就业问题，与资本家办工厂给城市贫民提供就业机会，与当今外资进入中国解决城乡富余劳动力的就业问题是一码事。地主收租是土地投资的回报，工商企业利润提成是资本的回报，同样是一码事。总之，“当年，地主阶层以其财富、道德、学识和声望，责无旁贷地担负了政府职能缺失部分的职责，在农村中起着稳定社会的砥柱作用”。而土地改革的结果，“流氓、地痞、盗贼这些在‘土改’中跻身‘干部’队伍，使农村基层领导彻底恶质化”，成为建国以来农业生产长期搞不好的根源。[①]

提出要为地主“平反”的，更多的是一些网络博文。如有博文说：“土地改革的实质是剥夺中国存在近2000年的士绅阶级的合法财产，无偿得到了土地的混混和无赖抽大烟的自然要跟着共产党闹革命了。”还有人在网上发表公开信，“呼吁中共拿出勇气面对土改的历史错误，还地主及其后代以公道”，并且认为中国农村的贫困和中共的土改有着直接的关系。当年农村的地主其实是乡土中国的精英，用现在的话说，至少也都是“种田能手”。对他们的斗争和剥夺表面上看是把土地“公平”地分给了农民，但实际上严重破坏了中国农村的生产力。30年来中国的农村改革和当前的土地经营权流转等于承认了当年“土改”政策的失败，实际上是经过了60多年又转回了原点。

更有人认为，土改是中国历史上的第一大冤案，也是世界史上的第一大冤案，它严重违背了人类历史的基本规律及人性价值。还有网文认为，地主其实是当时农村先进生产力的代表，地主集中土地，更有利于农业的集约经营和规模化生产，能比将土地分散给农民耕作更有效率，更有利于现代农业的发展。

---

① 王宏任:《地主:一个百年难尽的话题》,《书屋》2010年第8期。

地主、富农的界定

毫无疑问，进行土地改革的前提是农村阶级成分的划分。1940 年代后期和 1950 年代初期中国大陆进行的土地改革运动，主要的内容是没收地主阶级的土地分配给无地或少地的农民。要研究土地改革运动的是非得失，就必须首先对何为地主做一点讨论。

农村主要有两大对立的阶级，即地主与农民，而农民又分不同的阶层，其中可以细分为富农、中农、贫农和雇农。什么人应划为地主和富农，1933 年 10 月，毛泽东写作的《怎样分析农村阶级》一文，对此分别做了这样的界定：

> 占有土地，自己不劳动，或只有附带的劳动，而靠剥削农民为生的，叫做地主。地主剥削的方式，主要地是收取地租，此外或兼放债，或兼雇工，或兼营工商业。但对农民剥削地租是地主剥削的主要方式。有些地主虽然已破产了，但破产之后仍不劳动，依靠欺骗、掠夺或亲友接济等方法为生，而其生活状况超

> 过普通中农者，仍然算是地主。军阀、官僚、土豪、劣绅是地主阶级的政治代表，是地主中特别凶恶者。富农中亦常有较小的土豪、劣绅。帮助地主收租管家，依靠地主剥削农民为主要的生活来源，其生活状况超过普通中农的一些人，应和地主一例看待。依靠高利贷剥削为主要生活来源，其生活状况超过普通中农的人，称为高利贷者，应和地主一例看待。
>
> 富农一般占有土地。但也有自己占有一部分土地，另租入一部分土地的。也有自己全无土地，全部土地都是租入的。富农一般都占有比较优裕的生产工具和活动资本，自己参加劳动，但经常地依靠剥削为其生活来源的一部或大部。富农的剥削方式，主要是剥削雇佣劳动(请长工)。此外，或兼以一部土地出租剥削地租，或兼放债，或兼营工商业。富农多半还管公堂。有的占有相当多的优良土地，除自己劳动之外并不雇工，而另以地租债利等方式剥削农民，此种情况也应以富农看待。富农的剥削是经常的，许多富农的剥削收入在其全部收入中并且是主要的。①

按照这个标准，作为周扒皮原型的周春富虽然一家有土地200余亩，但从他雇佣长工数人而土地不出租且经营油磨坊等情况看，他应当划为富农兼工商业者。至于小说中的周扒皮，作者没有交代他家的土地占有情况，但从小说一开篇所说的三十来户人家的黄家店有一半是周家的佃户判断，其成分应当属

① 《毛泽东选集》第1卷，人民出版社1991年版，第127—128页。

于地主。

可见，地主与富农的共同特点是对农民进行剥削，其不同之处在于地主剥削的主要方式是收取地租，富农剥削的主要方式是雇工。富农虽然属于农民阶级的范畴，但这个阶层带有剥削性质，所以人们习惯将之与地主并列，称之为地主富农，其实富农与地主并不是同一个阶级。

说起地主，人们自然容易联想到四个人，即小说《半夜鸡叫》中的周扒皮、歌剧《白毛女》中的黄世仁、泥塑《收租院》中的刘文彩、芭蕾舞剧《红色娘子军》中的南霸天（《半夜鸡叫》和《收租院》曾进了小学课本，《白毛女》《红色娘子军》拍成了电影，产生了广泛的社会影响）。这是当年文艺作品塑造出来的四个典型的地主形象，也是相当多的中国人对于地主最深刻的记忆。

其实，不论是周扒皮，还是黄世仁、南霸天和刘文彩，都是艺术家塑造出来的艺术形象。艺术是允许虚构的。艺术家塑造艺术形象时当然也要真实于历史，但艺术创作可以进行合理的加工，也就是从艺术创作的原则上，是允许将各种坏地主、恶霸地主的种种恶行集中在周扒皮、南霸天等人物身上加以体现，成为恶霸地主各种恶行之集大成者。虽然这些艺术形象或许可以找到具体的原型，但与现实中的地主不是完全画等号的，即是说他们是艺术化了的地主形象。这四个典型地主形象中，只有刘文彩不是虚构的人物，而是确有其人。当然，作为泥塑《收租院》中的刘文彩，应当讲也是艺术人物。至于以往在刘文彩庄园建立的“地主庄园陈列馆”中，对于刘文彩罪恶的陈列，是否有不实的地方，那是另外一个问题。

准确地说，这四个艺术形象应当称之为恶霸地主，并且是集恶霸地主罪恶之大成者。恶霸与地主是两个不同的概念。按照1950年8月中央人民政府政务院《关于划分农村阶级成分的决定》的规定，恶霸是指“依靠或组成一种反动势力，称霸一方，为了私人的利益，经常用暴力和权势去欺压与掠夺人民，造成人民生命财产之重大损失，查有实据者”①。恶霸横行乡里，欺男霸女，为非作歹，无恶不作，恶霸尤其是恶霸地主最为农民所痛恨，但恶霸并非都是地主，地主也不是人人都是恶霸，那种同时具有地主和恶霸两种身份者，便是通常讲的恶霸地主。毛泽东在1948年年初曾有过推算，地主和旧式富农占全国人口的十分之一，全国共有3600万人②。如果其中地主占一半，那么全国的地主总数在1800万至2000万人，其中可称为恶霸地主者毕竟是少数。据当年的调查，在农村中恶霸地主一般只占地主的十分之一。

从阶级属性看，地主是剥削阶级，这些人在土地改革中之所以被划为地主，主要是因为他们利用自己所占有的土地，对农民进行剥削。但是，每一个地主，作为个体的人，自然是千人千面。因此，地主的品行是恶还是善，人品是好还是坏，无须说是各不相同的。人作为具体的社会个体，不论他的出身属于哪个阶级，同一个阶级的人，个人品德与品行可能是千差万别的。有的地主为非作歹、欺男霸女、鱼肉乡邻，成为恶霸地主。也有的地主，一方面出租土地剥削农民，另一方面又办学堂、修道路从事社会公益，甚至在灾荒之年还做点办粥厂施舍

① 中共中央文献研究室编:《建国以来重要文献选编》第1册,中央文献出版社1992年版,第406页。

② 中共中央文献研究室编:《毛泽东文集》第5卷,人民出版社1996年版,第23—25页。

穷人之类的善事。刘文彩一方面利用其担任川南禁烟查缉总处长、川南捐税总局总办等职务时搜刮来的钱财，大肆购置土地，成为远近闻名的大地主，另一方面又花巨资举办有名的文彩中学，甚至还设立“清寒补助金”，定向资助那些家境贫寒的学生。但有一个基本的事实不能否定，刘文彩有良田万顷，家中珍宝无数，生活奢华富足，他既非凭劳动致富，也非靠经营工商业发家，而是通过占有大量土地过着不劳而获的生活。

当然，地主并非清一色，农民中也有少量好逸恶劳、偷鸡摸狗之类的“二流子”。但从总体上看，因为地主占有土地，可以凭借土地收取地租剥削农民，而贫雇农由于缺少土地或根本没有土地，不得不租种地主的土地而接受地主的剥削，所以二者之间构成了剥削与被剥削的关系，土地改革的根本目的就是要改变这种社会关系。

其实，地主与农民的身份不是固定不变的。大体说来，除了那种祖辈、父辈本身是地主，靠继承的土地财产成为地主者外，一个人地主身份的形成，大致可以分为这样几种情况：

一是在科举时代出身贫寒的普通知识分子，通过获取功名得到官职，“一年清知府，十万雪花银”，由此积累一定数量的财富，在官场失意或告老还乡后购买土地成为地主。当然这种情况随着科举制度的废除不再产生。

二是进入北洋军阀统治时期后，中国出现了大大小小各类军阀，他们依仗军事实力和政治特权，强占或用极低的价格购买大量土地成为大地主。袁世凯在河南彰德、辉县等地有田产4万亩。徐世昌在河南辉县也有田产5000亩。山东军阀靳云鹏在邹县、济宁一带占有土地3万亩；直系军阀王占元在鲁西北和冀南占有土地5万亩。阎锡山在山西省占有土地不下20

万亩。西北军阀马鸿逵有土地10万余亩。①各类军阀的亲信或家人也用同样的办法搜刮土地。刘文彩就是依仗其弟刘文辉（曾任川军第一混成旅旅长、第九师师长，国民革命军第二十四军军长等职）积累财富购置土地成为大地主的。不过，这类地主占有的土地数量虽大，但他们人数并不多。

三是普通农民上升为地主者。这些人原本就是普通农民，由于某种机缘，慢慢积累一些财富，购进了若干土地，随着土地的增多，自己耕种不了，乃将土地出租给其他农民以收取地租，当地租剥削达到一定量的时候，这样的农民也就演变为地主了。

对于这个问题，毛泽东1930年进行寻乌调查时，就已经做了剖析。据毛泽东的调查，在江西寻乌县，大地主只占地主全数的1%，中地主占19%，小地主占80%。寻乌的小地主包含两个部分。一部分是从所谓老税户传下来的，这部分人的来源多半是由大中地主的家产分拆，所谓“大份分小份”，即由大中地主分成许多小地主。这部分的人数在整个地主阶级中占32%。除上述老税户部分外，另有一个占地主全数48%的不小的阶层，那就是所谓“新发户子”。这一个阶层的来历，与从老税户破落下来的阶层恰好相反，“是由农民力作致富升上来的，或由小商业致富来的。他们的经济情形是一面自己耕种（雇长工帮助的很少，雇零工帮助的很多），一面又把那窎远的瘦瘠的土地租与别人种而自己收取租谷。他们看钱看得很大，吝啬是他们的特性，发财是他们的中心思想，终日劳动是

① 章有义:《中国近代农业史资料》第2辑,三联书店1957年版,第13—19页。

他们的工作。他们的粮食年有剩余，并且有许多不是把谷子出卖，而是把谷子加工做成米子，自己挑了去大圩市，以期多赚几个铜钱。他们又放很恶的高利贷，所有放高利贷，差不多全属这班新发户子”①。

这说明，农民与地主的身份并非是固定不变的。地主如果破产，就有可能下降为贫农乃至雇农；即便祖辈是大中地主，但经过诸子继承家产分拆之后，大地主变成中地主，中地主变成小地主，小地主再分家就可能变成一般农民。普通农民也有可能由于“力作致富”或“由小商业致富”而上升为地主。小说《半夜鸡叫》中的周扒皮原型周春富其实就是这种人。像周春富这样由农民上升为地主者，在中国农村并非个别现象。一个农民一旦上升为地主，其本人也可能仍参加劳动，也可能仍过着勤俭的生活，但其必定将土地出租给农民以收取地租，从而带有剥削性质，其身份也就由普通劳动者演变成剥削阶级了。

当下有人认为，从生产力发展的角度看，土地集中在地主手中，有利于集约经营和规模化生产，有利于农业生产效率的提高。因此，地主阶级不应该打倒，旧的土地制度没有必要改变。

对于这个问题，毛泽东在寻乌调查中已做了解答。他在调查中发现：“收租二百石以上的中等地主，收租五百石以上的大地主，他们对于生产的态度是完全坐视不理。他们既不亲自劳动，又不组织生产，完全以收租坐视为目的。固然每个大中

---

① 中共中央文献研究室编:《毛泽东文集》第1卷，人民出版社1993年版，第197页。

地主家里都多少耕了一点田，但他们的目的不在生产方法的改良和生产力的增进，不是靠此发财，而是为了人畜粪草堆积起来了弃之可惜，再则使雇工不致闲起，便择了自己土地中的最肥沃者耕上十多二十石谷，耕四五十石谷的可以说没有。这种地主家中普通都是请一个工人，只有‘万户’以上的大地主而又人丁单薄的方才请两个工人。为使工人不致‘闲嬲’（‘嬲’，当地读廖，‘东走西走’或‘玩下子’的意思），除开做杂事外，便要他耕点田。”[①]由此可见，这种以收租坐视为目的之地主，集中土地并非为了集约经营与规模化生产。

其实，关心土地改良和生产工具改进的不是地主而是富农。因为地主占有土地的目的，不是自己耕种，而是出租给农民，然后收取一定数量的地租。既然土地已经租给他人耕种，他自然不必关心土地的经营状况，也不会关心土地改良与生产工具改进的情况，他所关心的是地租的收取。与地主将土地租给他人耕种不同的是，富农则是雇佣长工或短工到自己的土地上进行劳作，如果土地得到了改良，生产工具得到了改进，生产效率得到了提高，土地的收益也就会相应增多，而他付给雇工的工钱是一定的，这就意味着富农的收入也会增多。从这个角度看，虽然地主与富农都集中了一部分土地在自己手中，而且都是通过占有他人的劳动进行剥削，但地主集中土地并非为了集约经营和规模化生产，所关心的也是地租的收取而非农业生产的改进，客观上有利于农村生产力发展的不是地主而是富农。正因为如此，不论是《五四指示》，还是《中华人民共和

---

① 中共中央文献研究室编:《毛泽东文集》第1卷,人民出版社1993年版,第192页。

国土地改革法》，对于地主与富农都采取了区别对待的政策。从是否有利于生产力发展这个角度，在革命的过程中该不该将地主阶级打倒，答案似乎不难得出。

旧中国土地是集中还是分散？

土地改革本身不能增加新的土地，只能是对现有土地进行再分配。所以，进行土地改革的前提，是农村的土地占有状况不合理，人口占少数的地主富农占有大量的土地，并通过出租土地或雇工耕种而剥削他人劳动，贫雇农却因土地不够甚至没有土地，只得租种他人的土地或出卖劳动力而受人剥削。如果说农村的土地并不集中，地主没有集中较大数量的土地，贫雇农也并非无自己的田可耕，自然没有必要进行一场几乎涉及解放区农村全部人口的土地改革运动。

很长一段时间，在论证土地改革必要性时，基本上是认为不到农村人口 10% 的地主富农占有 70% ~80% 的土地，而占人口 90% 的雇农、贫农、中农，只占有 20% ~30% 的土地。

1947 年 12 月，中共中央在陕北米脂县的杨家沟召开扩大会议。此时各解放区的土地改革正在如火如荼地开展，毛泽东在其《目前形势与我们的任务》的报告中，用了很长的篇幅谈及土地改革问题，并且指出："地主富农在乡村人口中所占的比例，虽然各地有多有少，但按一般情况来说，大约只占百分之八左右（以户为单位计算），而他们占有的土地，按照一般情况，则达全部土地的百分之七十至八十。”①对于这个比例数，毛泽东早在1930年所作的《兴国调查》中已经得出，他当时了解到的情况是，兴国第十区即永丰区土地的分配情况是地主40%，公堂10%，富农30%，中农15%，贫农5%，而其中的公堂土地又实际掌握在地主富农手中；而该区的人口成分，地主占1%，富农占5%，中农、贫农、雇农、手工工人、小商人、游民共占94%，故而得出结论：“真正的剥削阶级（地主富农），人数不过百分之六，他们的土地却占百分之八十，公堂土地又许多在富农掌握中，若不平分富农的土地，多数人土地不足的问题便难解决。”②

1950年6月，中共中央决定在新解放区开展土地改革，中央人民政府为此制定了《中华人民共和国土地改革法》。刘少奇在中央人民政府会议上就这部法律的内容做说明时指出：“就旧中国一般的土地情况来说，大体是这样：即占乡村人口不到百分之十的地主和富农，占有约百分之七十至八十的土地，他们借此残酷地剥削农民。而占乡村人口百分之九十的贫农、雇农、中农及其他人民，却总共只占有约百分之二十至三十的土地，他们终年劳动，不得温饱。这种情形，经过了最近十余年来的抗战和人民解放战争之后，是有了一些变动，除开已经实行了土地改革的地区不说外，有一些地区的土地是更加集中在地主的手中，例如四川及其他地区，地主占有土地约占百分之七十至八十。而在另外一些地区，例如长江中游和下游

① 《毛泽东选集》第4卷，人民出版社1991年版，第1251页。
② 《毛泽东农村调查文集》，人民出版社1982年版，第199—200页。

地区，土地占有情况则是有一些分散的。根据我们最近在华东及中南一些乡村的调查材料来看，一般的情况大体是这样：地主占有土地及公地约占百分之三十至五十，富农占有土地约占百分之十至十五，中农、贫农、雇农占有土地约占百分之三十至四十，小土地出租者占有土地约占百分之三至五。乡村中全部出租土地约占百分之六十至七十。富农出租土地约占百分之三至五，富农自耕土地约占百分之十。这就是说，乡村中百分之九十的土地是中农、贫农及一部分雇农耕种的，但他们只对一部分土地有所有权，对大部分土地则没有所有权。”①

那么，当年地主富农占有的土地是否果真那么集中？实际上，对于农村土地的占有情况，早在1920年代和1930年代，就有机构和学者进行过调查，当然结果不完全相同。

据国民党农民部土地委员会1927年6月发布的对全国土地占有概况的估计，当时占人口总数6.3%的地主，占有土地总数的62%；占人口总数8.1%的富农，占土地总数的19.44%；占人口总数10.8%的中农，占土地总数的13.26%；占人口总数55%的贫农、雇农等其他劳动人民，只占有土地总数的6.16%。按照这个统计，全国地主富农占人口总数的12.4%，占有的土地为81.44%。②这大概是地主富农占有80%的土地之说的最初来源。

根据陈翰笙1930年代初组织的调查，河北定县，自耕农占70%，佃农仅5%，然而经过调查的14617户农户之中，有70%的农户占有耕地不到全数的30%。其中无地可耕的农户

---

① 刘少奇:《关于土地改革问题的报告》,《人民日报》,1950年6月30日。

② 《第一次国内革命战争时期的农民运动资料》,人民出版社1983年版,第4页。

占11.8%；全家土地25亩以下者占59.7%，户均土地10.09亩；25亩以上50亩以下者占18.3%，户均土地32.8亩；100亩以上300亩以下者占2.1%，户均土地153.5亩；300亩以上者只占农村户数的0.2%，户均土地469.1亩。保定调查的10个村1565户农户中，65%的农户不是无地可耕就是耕地不足，其中地主富农占农户总数的11.7%，占有41.3%的土地，而88.3%的中农、贫农及雇农只占有58.7%的土地。在江南，土地集中的情况也很严重。无锡的地主仅占农村户口的6%以下，却占有耕地47%，占户口69%的贫农和雇农，占有的土地仅为14.2%。在浙江临安县，贫农占人口的48%，所有耕地仅占13%。而在中原的河南南阳县，有65%的人口都是贫农，他们所有的耕地，仅占全部农地的1/5。广东占74%的贫农，占有耕地不及1/5，同时2%的人家，却占有耕地1/2以上。①

此后，钱俊瑞、薛暮桥等人也相继对全国土地占有情况做过调查与分析。1934年钱俊瑞以陶直夫的笔名发表《中国现阶段的土地问题》一文，估计全国有耕地为14亿亩，全国耕地有直接所有权耕作关系的户数为6000万户，其中地主240万户，占全国总户数的4%，占有土地7亿亩，占全国土地的50%；富农260万户，占户数的6%，占有2.52亿亩，占全国土地的18%；中农1200万户，占户数的20%，占有土地2.1亿亩，占全国土地的15%；贫农及其他阶层4200万户，占户数的70%，占有土地2.38亿亩，占全国土地的17%。地主富农

① 《陈翰笙文集》，中国社会科学出版社2002年版，第37—41页。

占全国总户数的10%，占全国土地的68%。①

1937年，薛暮桥根据国民政府农村复兴委员会等机关1933年对广东、广西、浙江、江苏、河南、陕西6省的调查，对各类农户占有土地的情况做了推算，结论是：地主占总户数的3.5%，土地的45.8%；富农占总户数的6.4%，土地的18%，二者合起来户数约占10%，土地占63.8%。中农占总户数的19.6%，占土地的17.3%；贫农及雇农占总户数的70.5%，占土地的18.4%。中农及以下各阶层占总户数90%，而只占有土地的35.7%。②

新中国成立后，为启动新解放地区的土地改革，华东、中南、西南及西北等有土改任务的各大区，均组织了大规模的农村土地情况调查。据中南土改委员会的调查，中南地区的土地占有可分为三种情况：一是土地最分散的地区。根据湖北沔阳县小河口村，武昌县黄土坡村、石山村，河南宝丰县官营村、洛阳孙村，江西高安10个乡、弋阳县复兴乡等21个村的调查，地主占人口的3%，占有全部土地的15%以上（包括学田、族田、会社田等公田）；富农占人口的5%，占土地的15%左右；中农以下阶层约占人口的92%，占有土地的60%左右。二是土地集中程度一般的地区。根据湖北汉阳三区第一行政村、黄陂县石桥村，河南洛阳冢头村，江西宜春新坊村，湖南沅陵信平乡，广东龙川水背村等25个村的调查，地主占人口的3%强，占土地的30%（包括公田）；富农占人口的6%，占土地的15%（多者有到20%）；中农以下阶层占人口的90%以

① 《钱俊瑞选集》，山西人民出版社1986年版，第225页。

② 《薛暮桥文集》第15卷，中国金融出版社2011年版，第197页。

上，占有土地的50%。三是土地集中地区。根据湖北黄陂新义村，河南潢川罗弯地村，江西南昌一个村，湖南湘阴县和丰乡等23个村的调查，地主占人口的3%～4%，占土地的50%（包括公田），最多的达到90%（包括公田）；富农占人口的5%，占土地的15%以上；中农以下阶层占人口的90%以上，占土地的30%左右。在中南各省中，湖南、广东两省的土地集中程度最大，其土地集中地区约占全省农村人口的70%～80%；次为湖北省，土地集中地区约占全省人口的40%；江西、河南二省的土地则比较分散。①根据这个调查，中南在土地最集中的地区，地主富农占人口的8%，占土地的70%～80%，而在土地最分散的地区，地主富农的人口亦占有8%左右，而占有的土地为30%。

又据华东区的统计，全华东地区共有地主485428户，占总户数的3.07%，人口2612643人，占总人口的4%，共有土地37265955.29亩，占有土地的26.17%，平均每人占有土地14.26亩。半地主式的富农50924户，占总户数的0.32%，人口271102人，占总人口的0.41%，共有土地1952643.21亩，占土地总数的1.37%，人均占有土地7.20亩。富农306061户，占总户数的1.94%，人口1794629人，占总人口的2.75%，共有土地8321251.86亩，占土地总数的8.84%，人均占有土地4.64亩。地主富农占总户数的5.33%，总人口的7.16%，占土地的36.38%，人均土地10.73亩。中农、贫农、雇农共有13572677户，占总户数的85.83%，人口55734914人，占总人口的85.3%，共有土地74263893.01亩，

① 张根生:《从中南区农村情况看土地改革法》,《人民日报》,1950年9月6日。

占土地总数的52.15%，其中中农人均占有土地2.01亩，雇农人均占有土地0.86亩，雇农人均占有土地0.34亩。其余的土地分别为工商业者、小土地出租、手工业工人占有，或为公田。华东地区的公田占全部土地的10.32%。①

情况比较特殊是陕西关中地区。这里“农村土地不很集中，地主占农村户口不到百分之一，加上富农共占百分之六左右，共占土地百分之二十左右；中农占户口百分之四十到五十，占土地百分之五十到六十”②。

由此可见，虽然当时中共领导人在其报告中做了不到10%的地主富农占有80%的土地，占人口90%的中农及以下社会阶层只占有20%的土地的估计，但通过各地的具体调查，除了少数土地特别集中的地区地主占有土地的70%～80%外，大多数地区地主富农占总人口的比例少于10%，占有的土地在30%～50%之间。

从1980年代后期开始，有学者对地主富农占有80%的土地提出异议，认为全国抗战以前全国土地分配的基本轮廓为：无地户约占农村总户数的30%～40%，有地户中地主富农占有土地的50%～60%，中贫农占40%～50%。稳妥一点说，地主富农占地60%左右，中贫农占40%左右。③

此后，陆续有学者就此发表自己的意见。有研究者提出，

① 华东军政委员会土地改革委员会：《华东区土改成果统计》(1952年12月)，中国社会科学院、中央档案馆编：《1949—1952中华人民共和国经济档案资料选编》(农业经济体制卷)，中国社会科学出版社1992年版，第10页。

② 《关中新区工作的检讨和当前任务——习仲勋同志在关中新区地委联席会上的总结报告》，《人民日报》，1949年8月30日。

③ 章有义：《本世纪二三十年代我国地权分配再估计》，《中国社会经济史》1988年第2期。

中国地域广阔，情况复杂，但就多数地区看，约占人口总数10%的地主、富农，占有土地总数的50%～52%左右，约占人口总数90%的劳动人民，占有土地总数的48%～50%左右，在解放前几十年间，各地区地权变化的情况很复杂，但总的来说，地权是越来越分散，并非越来越集中。①

亦有研究者指出，就全局看土地分配大体有两种不同情况：第一类是土地不太集中区，地主、富农占农户总数6%～10%，占有耕地28%～50%。第二种情况是土地高度集中区，占农户9%的地主富农，占有65%的土地。但是，这种土地高度集中区包括的范围很小，户数甚少，没有代表性，不能反映全国问题。从全局看，旧中国之地主、富农只占有全国28%～50%的耕地，他们从来没占有60%以上之耕地，但个别县、乡是例外。②

还有学者通过对1930年代以来的中国农村调查统计资料进行分析，提出地主占有土地的比例多在30%～40%间（简单平均是36%），而且其中还包括族田、学田等公田，因而60%以上的土地掌握在自耕农的手中。在某些地区（主要是在北方），地主占有的土地还不到30%。鉴于地主实际取得的地租只占与佃农约定租额的七八成；同时，由于地租额并不像通常所说占有产量的50%，而是只有40%左右，实际地租率则只有单位面积产量的30%左右。地主所得仅为农业总产出的12%或更低些，那么农业无疑就是一个“低效”或“低质”行业；购买土地也不一定是为了赚取“高额地租”，在一些地

① 郭德宏：《旧中国土地占有状况及发展趋势》，《中国社会科学》1989年第4期。

② 乌廷玉：《旧中国地主富农占有多少土地》，《史学集刊》1998年第1期。

方，甚至不过是一种“保值”的手段。①

有研究者通过对1920年代至1940年代东南地区的土地占有情况进行研究，发现该地区7%左右的地主、富农占地达30%～40%，而占人口一半左右的贫苦农民仅占有20%左右的土地。地主与贫农平均占地比普遍在10倍以上，相当多的农民拥有的土地无法维持自身的生存。而由于这一地区复杂的地权结构，尤其是公田的大量存在，一半左右的农民为维持生存不得不和地主、富农及公堂发生土地租佃关系，承受着40%～50%的租佃负担。②

总体来看，这些年来，学术界根据历史文献和档案史料，对新中国成立前的土地占有情况重新进行了估计分析，虽然这些数据各不相同，但都基本上认为当时土地集中的情况并没有以往宣传的那样严重，多认为地主富农并非占有80%的土地，而只占有50%以下的土地。

不过也有学者认为当时农村土地实际是分散的，并不存在土地集中的问题。有研究者利用关中地区的土地改革资料，对1940年代后期关中农村经济社会进行研究，提出封建社会的“关中模式”，认为清初至民国较长时期内关中地区的经济社会状况和土改前一致，即“关中无地主”“关中无租佃”“关中有封建”。还有研究者认为，20世纪三四十年代的一些乡村调查，特别是陈翰笙所领导的中央研究院社会科学研究所的无锡调查，总是强调土地占有的集中化与土地使用的分散化并

① 高王凌：《租佃关系新论——地主、农民和地租》，上海书店出版社2005年版，第8—12页。

② 黄道炫：《1920—1940年代中国东南地区的土地占有——兼谈地主、农民与土地革命》，《历史研究》2005年第1期。

存，以此说明当时土地制度的不合理。土地占有集中与分散的标准不一或研究方法不同，所得结论也不一样。但无论如何，对于农地经营规模的细小化，时人一般是认可的。1933 年春，中国农村经济研究会在中央研究院社会科学研究所无锡 11 村调查的基础上，又进一步对孙巷、庄前、大鸿桥、北靡、庙庵、谈家 6 村的农业经营进行了调查，事后对 3 个村的材料进行了分析，发现“全部使用土地有 80% 左右属于中农、贫农，他们每户平均使用土地不到 10 亩；另一方面，地主富农使用土地只占 20% 。而且他们每户平均使用土地也还不到 20 亩”。因此，“所谓的地主富农家庭土地经营面积也十分狭小，已经说明土地占有的集中化是不存在的”①。

土地的占有关系是一个复杂的问题。有的地区土地集中的程度高，有的地方土地则相对分散。对于这个问题，不论是 1930 年代学者们的调查，还是 1950 年代初各地为配合土改而进行的调查，均有材料说明。特别是具体到某一个局部地区，有的村庄或许一户地主也没有，而有的村庄可能集中了一批地主。

虽说当年中国农村土地集中的情况并非以往宣传的那样严重，但地主富农所占有的土地远远多于中农，更不用说贫农，恐怕是一个历史事实。地主富农占有 30% ~40% 的土地，是多数学者认可的数字，考虑到地主富农所占的人口一般在 10% 以内，仅此简单推算，地主富农的土地也是三四倍于普通农民。问题在于中农及以下各阶层的人口达 90% ，而且并不是

---

① 张佩国:《近代江南的农家生计与家庭再生产》,《中国农史》2002 年第 3 期。

这90%的人口占有地主富农之外的60% ~70%的农村土地，如果除掉其中10%左右的公田和城镇工商业者在农村占有的土地，中农及以下各阶层占有的土地可能在50% ~60%之间。而在中农、贫农和雇农三者间，据华东地区的统计，中农占全部农村人口的36.4%，占全部土地的33.65%；贫农占全部人口的45.71%，占全部土地的18.01%；雇农占全部人口的3.19%，占全部土地的0.49%。也就是说，占全部人口近50%的贫雇农，所占有的土地不到20%。如此推算，地主富农占有的土地10倍于贫雇农。所以，即使地主富农占有的土地根本没有达到以往所说的80%而是减半，中国农村的土地占有状态仍不能说是合理的。正如有学者所指出的：“在土地分配存在着相当不平衡的情况下，作为基本的生存要素，拥有更多的可以自主的土地是农民衷心的期盼。所以，当土地革命广泛开展后，没收地主土地在农民中平分，对农民具有极大的吸引力。”①

农民除了占有的土地远远少于地主富农之外，其他生产资料亦严重不足，如没有耕畜或者畜力很少，造成生产效率的低下。而且农民的生产资金普遍短缺，常常需要借贷才能解决生产、生活中遇到的困难，当年农村的借贷又往往是高利贷形式，使得许多农民背上沉重的债务负担。经济地位决定社会地位。农民特别是贫雇农由于土地不足，收入有限，一年辛苦劳作勉强维持温饱，遭到天灾人祸日子则更加艰难。他们的这种经济地位决定了他们生活在乡村社会的底层，基本处于没有

① 黄道炫：《1920—1940年代中国东南地区的土地占有——兼谈地主、农民与土地革命》，《历史研究》2005年第1期。

“话语权”的状态。但是，每个生活在社会底层的人都渴望改变自己的经济地位，都希望获得社会地位的平等和应有的尊严，即在乡村社会有自己的“话语权”。中共最初的成员主要是知识分子，俗语说：“秀才造反，十年不成。”可这句话在中共身上却不灵验，最根本的是他们果断地脱下了自己的长衫，深入农村组织动员农民。对于当时的中国农民来说，他们不但希望得到土地，也盼望得到平等与尊严，中共的工作就是告诉他们，只要他们与自己一起革命，就能够得到这些盼望已久的东西，以农民为主体的中国革命也就由此发生。

由减租减息转变为土地改革之因

十年内战时期，没收地主土地分配给无地少地的农民，是中国共产党最重要的经济政策，所以这个历史阶段又叫土地革命战争时期。进入全国抗战时期后，中共政策上最大的改变，就是提出建立广泛的抗日民族统一战线，以团结包括地主在内的全国各阶级、各阶层的人们共同抗日。在这种情况下，十年内战时期没收地主土地的政策显然不能再延续下去。

全国抗战爆发前的 1937 年 2 月，中共中央在《致国民党三中全会电》中，就明确提出停止没收地主土地的政策。但是，随着全国抗战局面的到来，红军将改编为国民革命军到华北前线去抗日，这就面临一个如何改善农民生活以调动农民抗日积极性的问题。为此，中共中央提出在抗日时期实行减租减息政策，并列入了 1937 年 8 月在洛川召开的扩大的政治局会议通过的《抗日救国十大纲领》之中。从此，减租减息就成为中共在全国抗战时期最主要的农村政策。

全国抗战初期，各抗日根据地刚刚建立，重点尚放在抗战的发动与战勤动员，同时改造旧政权上，对于农民负担的减轻，主要通过反对贪污、废除苛捐杂税、实行合理负担等方式解决，至于减租减息政策，多数还停留在宣传动员阶段。1939年全国抗日战争进入相持阶段，国民党挑起第一次反共高潮，各抗日根据地也开展了大规模的减租减息，但这时，一些人把少数顽固派发动的反共摩擦看作整个地主阶级的动向，认为地主难有继续抗日的可能，于是变相地没收给农民地主的土地。针对这种情况，中共中央于1942年1月做出《关于抗日根据地土地政策的决定》，承认农民是抗日与生产的基本力量，也承认大多数地主有抗日的要求，强调现在只能减轻封建剥削而不能消灭封建剥削，既要减租减息又要交租交息，并且要奖励富农生产和联合富农。这个决定一方面纠正了前一阶段某些地方减租减息中发生的“左”倾偏差，另一方面又推动了各抗日根据地减租减息运动的广泛开展。

减租减息政策不但减轻了农民负担，而且使抗日根据地的土地关系发生了很大变动，通过各种形式使地主富农的一部分土地转移到农民手中。据陕甘宁边区1945年调查，葭县高家寨子村1941年以来，全村贫农、中农共买进土地72垧，卖出土地9垧，净进土地63垧，典进、赎回土地163垧，典出、抽走土地101垧，净进土地62垧。1940年地主占有全村耕地的71.66%，至1943年，地主占有的耕地下降到66.27%。①绥德县杨家塔村13户地主，四年中卖出土地619亩，占土地总数的31%。相反，农民大量买地，米脂县印斗区三乡某村41户农民，其中中农3户，有土地130垧，其他38户贫农都是租种

---

① 陕甘宁边区财政经济史编写组等:《抗日战争时期陕甘宁边区财政经济史料摘编》第2编(农业),陕西人民出版社1981年版,第347—348页。

地主的土地，自有土地只有40垧，1943年、1944年两年共买入土地180垧，增加土地4至5倍。①

据中共晋绥分局调查研究室1945年冬至1946年春对老区9个县20个村7年来（新政权建立以来）土地及阶级关系的调查，“地主分化没落，人数减少，经济力量大大削弱”。这20个村原有地主62户，占总户数的5.2%，调查时减少至27户，占总户数的2%，地主占总户数的比重下降了3.2%。原有的62户地主中，能够保持地主地位的只有22户，约占1/3，其余的40户改变了原来的经济地位，其中6户转为富农，29户变为中农，3户变成贫农，1户变为其他，还有1户绝户。这20个村地主占有的土地总量，也由1939年的38.5%，下降到1946年的5%，减少了33.5%，每户平均减少土地416.2亩。与地主人数减少相伴随的是中农大量增加。这20个村原有中农375户，占当时总户数的31.3%，调查时增加到795户，占总户数的59.9%，在总户数中，中农的比重增加了28.6%。这些新增加的中农中，有240户是由贫农上升的，占现有中农总数的30%，由雇农及工人上升的25户，占3.2%。这充分说明，经过减租减息，晋绥地主的土地已有相当一部分转移到了农民手中。②

据晋察冀边区北岳区28个县88个村的调查，全国抗战前占农村总户数将近大半的贫雇农，每户平均有2.5亩至7.5亩的耕地，而只占总户数2.02%的地主，平均每户占有土地达97亩以上。地主富农在农村总户数中占9.29%，占有的土地为

① 陕甘宁边区财政经济史编写组等：《抗日战争时期陕甘宁边区财政经济史料摘编》第2编（农业），陕西人民出版社1981年版，第348页。

② 《农村土地及阶级变化材料》，晋绥分局调查研究室1946年编印，第3—4页。

38.04%，占有的水地为45.7%，而中农、贫农、雇农和工人占总户数的85.34%，占有土地61.01%，占有水地52.93%。经过减租减息，据对其中24个村的调查，1937年至1942年，在当出的837.57亩土地中，地主富农599.04亩，贫雇农和中农235.53亩；在当入的1019.87亩土地中，地主富农90.2亩，而中农及以下阶层929.67亩。据北岳区的典型调查，地主的总户数由2.42%下降到1.91%，占有的土地从战前的16.43%下降到1942年的10.17%。①

又据对晋察冀的北岳、晋冀鲁豫的太行、晋绥、华中的盐阜和山东的滨海五个解放区的统计，战前各阶级阶层的户数是地主占3.6%，富农占7.2%，中农占28.4%，贫农占54%，雇农占5%，战后地主与富农分别下降为2.4%和6.7%，中农上升到38%，贫农下降到47%，雇农下降到2.5%。各阶级阶层占有土地的情况是，战前地主占29.5%，富农占21%，中农占29.5%，贫农占19%，雇农占0.8%，战后则是地主占13.5%，富农占17.5%，中农占42.5%，贫农占22.5%，雇农占0.6%。②其他解放区的老区的情况也大体差不多。这说明，经过减租减息，地主不但户数在减少，他们占有的土地也大幅度下降，中农的数量和他们占有的土地都有较大幅度的上升，贫农的数量在下降而占有的土地略有上升。

虽然减租减息使各解放区的土地占有关系发生了很大变化，但从总体上看减租减息后农民的土地仍少于地主富农，封建土地关系依然存在。例如，苏北的淮海区在反奸清算、减租

---

① 《中国土地改革史料选编》，国防大学出版社1988年版，第200—204页。

② 《中国土地改革史料选编》，国防大学出版社1988年版，第224页。

减息之后，全区有地主 11052 户，占有土地 1342950 亩，平均每户 120 亩左右；以每户 8 口人计算，人均拥有土地 15 亩多，相当于中农的 5 倍。晋冀鲁豫的太行区反奸、减租后，地主人均土地仍有 13.7 亩，中农为 3.1 亩，而贫农只有 2.1 亩，地主人均土地相当于中农的 4.5 倍、贫农的 6.5 倍。①苏北解放区阜宁县钱庄乡全乡 542 户，地主仅 1 户，占全乡户数的 0.2%；富农 27 户，占 5 %；中农 217 户，占 40%；贫农 297 户，占 54.8%。该乡各阶级人口的比例与户口相同，而在土地占有上，贫农仅占有全乡土地的 29.3%，平均每户 8.53 亩，每人 1.83 亩；富农虽然只占有全乡土地的 11.9%，但平均每户有 38 亩，人均 6.5 亩，为贫农的 3.5 倍；地主尽管只有 1 户，但占有土地 1021.2 亩，占全乡土地的 11.9%，人均占有土地 87.6 亩，约为全乡贫农人均土地的 47.9 倍。②

实现“耕者有其田”是中共的一贯主张。十年内战时期实行的土地革命，是用直接没收地主土地的方式来解决农民土地问题。全国抗战时期为了团结地主一道抗日，采取了相对温和的减租减息政策，但并不意味着中共放弃了“耕者有其田”的理念。1940 年 1 月，毛泽东发表著名的《新民主主义论》一文，指出：“这个共和国将采取某种必要的方法，没收地主的土地，分配给无地和少地的农民，实行中山先生‘耕者有其田’的口号，扫除农村中的封建关系，把土地变为农民的私产。农村的富农经济，也是容许其存在的。这就是‘平均地权’的方针。这个方针的正确的口号，就是‘耕者有其田’。在这个阶段上，

---

① 董志凯:《解放战争时期的土地改革》,北京大学出版社 1987 年版,第 50 页。

② 《中国土地改革史料选编》,国防大学出版社 1988 年版,第 279 页。

一般地还不是建立社会主义的农业，但在‘耕者有其田’的基础上所发展起来的各种合作经济，也具有社会主义的因素。”①

1945 年 4 月的中共七大上，毛泽东在其书面政治报告中又重申：“抗日期间，中国共产党让了一大步，将‘耕者有其田’的政策，改为减租减息的政策。这个让步是正确的，推动了国民党参加抗日，又使解放区的地主减少其对于我们发动农民抗日的阻力。这个政策，如果没有特殊阻碍，我们准备在战后继续实行下去，首先在全国范围内实现减租减息，然后采取适当方法，有步骤地达到‘耕者有其田’。”②

为什么要解决农民土地问题，最终实现“耕者有其田”？1944 年 7 月 14 日，毛泽东在会见英国记者斯坦因时的一段谈话，便是很好的说明。斯坦因问毛泽东：“你所考虑的新民主主义经济和新民主主义社会的主要内容是什么？”毛泽东回答说：“新民主主义的主要经济特征是土地革命。即使是现在抗日是我们的主要任务的时期，也是如此。因为中国的农民是主要的被剥削者，他们不仅受中国反动派的剥削，在敌占区还受日本帝国主义者的剥削。正是由于在我们作战的区域实行了新民主主义，我们才从一开始就在各地成功地抵抗了日本军队，因为新民主主义的各项改革符合农民大众的利益，而农民大众构成了我们作战力量的基础。”他还说：“在没有进行土地改革的中国其他地区，仍然是封建土地所有制下的分散的个体小农经济，农民被土地束缚着，没有自由，彼此很少往来，过着愚昧落后的生活。这种经济是中国古代封建主义和独裁专制的

---

① 《毛泽东选集》第 2 卷，人民出版社 1991 年版，第 678 页。

② 《毛泽东选集》第 3 卷，人民出版社 1991 年版，第 1076 页。

基础。未来的新民主主义社会不可能建立在这样的基础上，中国社会的进步将主要依靠工业的发展。”“因此，工业必须是新民主主义社会的主要经济基础。只有工业社会才能是充分民主的社会。但为了发展工业，必须首先解决土地问题。没有一场反对封建土地制度的革命，就不可能发展资本主义，西方国家许多年前的发展已十分清楚地表明了这一点。我国到一九三七年为止的国内战争时期的土地革命，其性质与西方一些先进国家过去所进行的土地革命基本上相同，土地革命扫除了封建障碍，为资本主义民主制度的发展开辟了道路。”①

由此可见，中共进行土地改革（从广义上讲，没收地主土地分配给农民和实行减租减息都是土地改革的形式），实际上具有两个层面的目的，一是以此调动农民参加中共领导的革命的积极性，二是为实现国家的工业化扫清道路。土地改革并非仅“是中共为了与国民党争天下进行社会动员的手段”，从根本上讲是中共革命理念使然。

在抗战胜利后的一个时期，中共并没有立即改变减租减息政策，相反，仍将之作为组织、动员群众的重要内容。1945 年 8 月 11 日，中共中央做出《关于日本投降后我党任务的决定》，指出：“今冬明春，必须在一万万人民中，放手发动减租（已经减好的照旧），在一切新解放区一律减租，放手发动与组织群众，建立地方党地方政府与提拔地方干部，以便迅速确立我党在基本群众中的基础，迅速巩固一切新解放区。但是绝对不可损害中农利益（中农也是基本群众），富农除封建剥削部分实行减租

① 中共中央文献研究室编:《毛泽东文集》第 3 卷,人民出版社 1996 年版,第 183—184 页。

外，不应加以打击，地主须使之可以过活。没收分配土地是过早的。某些地区已经分配者不再变动，但对地主必须设法救济，对富农必须设法拉拢，对中农受损者必须补偿损失。”[①]同年11月27日，中共中央又指示各地：“在一切解放区发动群众减租与发展生产，为争取当前斗争胜利的重要关键。”[②]

因为减租减息是各解放区执行了多年的政策，因此大反攻前已经解放的老区，减租“主要是清算过去违反减租法令的额外剥削，实行退租与订立新约”[③]。而大反攻后新解放的地区，自1945年秋冬起，主要是发动群众开展对汉奸、特务的控诉、清算运动，用这种方式使群众“收回被汉奸伪人员霸占的土地财产，索回被掠夺讹诈贪污的款项等”[④]，并在反奸清算的基础上实行减租减息。

在广大的新解放区，随着反奸清算、减租减息的群众运动进入高潮，“农民要求突破减租减息所规定的具体政策，直接分配土地。这种情况的出现，其直接原因是新区在除奸反霸斗争中收回了一批土地。新区几年来土地关系变动中又有许多不合理的因素需要调整。但更为重要的因素是减租减息是党在抗日战争时期中的土地政策，日本侵略者被打败了，干部群众便要求突破它，以便更直接满足农民的土地要求”[⑤]。

---

① 中央档案馆编:《中共中央文件选集》第15册,中共中央党校出版社1992年版,第229—230页。

② 中央档案馆编:《中共中央文件选集》第15册,中共中央党校出版社1992年版,第438页。

③ 《减租减息是一切工作的基础》,《解放日报》,1946年3月26日。

④ 《努力发动解放区群众》,《解放日报》,1946年1月9日。

⑤ 太行革命根据地史总编委:《太行革命根据地史料丛书之五——土地问题》,山西人民出版社1987年版,第33—34页。

这时，一方面，经过减租减息，解放区农民获得土地的要求更加强烈，如果不满足农民的这种要求，中共就有可能重犯大革命后期的错误，中共必须对农民的这种要求做出明确的表态。经历过大革命失败的中共领导人，自然对当年陈独秀压制农民运动造成的严重后果记忆犹新。另一方面，为了应对可能发生的国共内战，迫切需要通过土地问题的解决去组织、动员农民，以使他们能够坚定地站在中共一方。在这种情况下，怎样解决农民的土地问题，日益严重地摆到了共产党人面前。因此，中国共产党“不能没有坚定的方针，不能不坚决拥护广大群众这种直接实行土地改革的行动，并加以有计划的领导，使各解放区的土地改革，依据群众运动发展的规模和程度，迅速求其实现”①。对此，薄一波回忆说，一方面“群众已经提出了自己的实际要求，并且为实现这些要求已开始自发地行动起来”，中共中央必须对群众的这种要求将采取何种态度和政策做出明确的回答；另一方面，“一些地方出现了新的要求和新的做法（如当时一些根据地农民已不满足于减租减息，而是迫切要求分给土地），而另一些地方可能还暂时没有出现这种新的要求和做法，或者虽已经有了，但具体的要求和做法上不尽相同”，这就需要中共中央决策层出台一个统一的政策。②

经过八年全国抗战，中国共产党及其领导的人民武装力量有了巨大的发展，但敌强我弱的基本态势没有根本改变。到1946年7月，国民党方面拥有总兵力430万人，其中正规军200万人；人民解放军总兵力约127万人，其中野战军61万

① 《刘少奇选集》上卷，人民出版社1981年版，第377页。

② 薄一波：《七十年的奋斗与思考》上卷，中共党史出版社1996年版，第403—404页。

人，双方总兵力之比约为3.4∶1。国民党统治着全国约76%的面积、3.39亿人口，还控制着所有的大城市和绝大部分的铁路交通线，拥有几乎全部近代工业和雄厚的人力物力资源；而解放区的土地面积只占国土总面积的24%，人口约1.36亿，近代工业很少，基本上处于经济比较落后的农村。因此，一旦国民党发动内战，如何动员解放区广大群众特别是农民应对这种局面，就成为中国共产党人面临的一个重大问题。

1946年5月4日，中共中央召开会议。参加会议的有毛泽东、刘少奇、任弼时、林伯渠、徐特立、康生，以及中共晋冀鲁豫中央局副书记薄一波、华中分局书记邓子恢和山东分局副书记黎玉等。会议经过讨论，通过了《中共中央关于土地问题的指示》（因是5月4日通过的，故简称《五四指示》）。

《五四指示》指出：各地党委在广大群众运动面前，不要害怕普遍地变更解放区的土地关系，不要害怕农民获得大量土地和地主丧失土地，不要害怕消灭农村中的封建剥削，不要害怕地主的叫骂和诬蔑，也不要害怕中间派暂时的不满和动摇。相反，要坚决拥护农民一切正当的主张和正义的行动，批准农民获得和正在获得土地。《五四指示》要求各地党委必须明确认识到，解决解放区的土地问题是目前最基本的历史任务，是目前一切工作的最基本的环节。必须以最大的决心和努力，放手发动与领导群众来完成这一历史任务。《五四指示》是土地改革历史上一个十分重要的文件，这标志着中共土地政策的重大改变，即由以往的减租减息转变成直接实行“耕者有其田”。随后，各解放区根据《五四指示》的精神，启动了大规模的土地改革运动。

土改过程中为何发生乱打乱杀？

土地改革的过程中，许多地方曾发生了乱打乱杀现象，这也是一些人对土地改革的正当性质疑的重要原因。

对于土地改革中一度出现的“左”倾错误，中共从来没有回避。早在1948年4月1日，毛泽东从陕北途经晋绥前往河北平山的途中，在晋绥边区领导机关所在地兴县蔡家崖，发表了著名的《在晋绥干部会议上的讲话》。这个讲话在肯定晋绥边区各方面工作成绩的同时，着重指出在过去的土地改革中，晋绥边区存在的三个偏向：“第一，在划分阶级成分中，在许多地方把许多并无封建剥削或者只有轻微剥削的劳动人民错误地划到地主富农的圈子里去，错误地扩大了打击面。”“第二，在土地改革工作中侵犯了属于地主富农所有的工商业；在清查经济反革命的斗争中，超出了应当清查的范围；以及在税收政策中，打击了工商业。”“第三，在过去一年的激烈的土地改革斗争中，晋绥的党组织没有能够明确地坚持我党严禁乱打乱杀的方针，以致在某些地方的土地改革中不必要地处死了一些地主富农分子，并给农村中的坏分子以乘机报复的可能，由他们罪恶地杀死了若干劳动人民。”①毛泽东在报告中总结的上述三点，也是老区土改中“左”倾错误的主要表现。

在1950年启动新解放区土地改革之际，刘少奇在回顾老区土改时，也承认：“在一九四六年七月至一九四七年十月这一时期内，华北、山东及东北许多地区的农民群众和我们的农村工作人员，在实施土地改革中，没有能够按照中共中央在一九四六年五月四日颁发的基本上不动富农土地财产的指示，而按照他们自己的意志行动，将富农的土地财产和地主一样地没收了。这是可以理解的。因为这一时期，是中国人民和国民党反动派双方斗争最紧张最残酷的时期。土地改革中发生偏差，也以这一时期为最多，侵犯了一部分中农的利益，破坏了一部分农村中的工商业，并在一些地方发生了乱打乱杀的现象。发生这些现象的原因，主要是由于当时紧张的政治形势和军事形势，同时，也由于我们的大多数农村工作人员没有土地改革的经验，他们不知道正确地划分农村阶级成分的方法，划错了一部分人的阶级成分，将某些富农当成了地主，将某些中农当成了富农。”②

老区土改中的“左”倾错误，除了表现为拔高一部分农民的阶级成分，将富农划为地主，中农划为地主富农，扩大了打击面，侵犯了中农的利益，并且侵犯了一部分城镇工商业（特别是地主富农所有的工商业）外，更为严重的是发生了乱打乱斗甚至乱打乱杀，将不该斗争的对象乱加斗争，对斗争对象采取打斗、扫地出门、罚做劳役、限制人身自由、进行人格侮辱

① 《毛泽东选集》第4卷，人民出版社1991年版，第1306—1307页。

② 刘少奇：《关于土改问题的报告》，《人民日报》，1950年6月30日。

等，甚至不经过法律程序和上级组织批准，由工作组（队）、贫农团召开群众大会决定对斗争对象进行打杀。由于在土改中采取了所谓“搬石头”的办法，认为农村原有的乡村干部是压在农民身上使之不能翻身的石头，只有搬掉这“石头”，才能把土地改革发动起来，一批干部被戴上“坏干部”“坏分子”的帽子遭撤职甚至受到斗争。乱打乱杀严重干扰了土地改革的正常进行，从 1947 年年底至 1948 年上半年，中共中央曾花了很大的力气对这些“左”倾错误进行纠正。

客观而论，老区土改中出现的乱打乱杀（在 1950 年代初的新区土改中，有的地区也曾发生了类似的情况，不过其严重程度和影响要小于老区土改），产生了很大的负面影响。土地改革的目的在于变革封建土地所有制为农民土地所有制，并且将地主阶级改造成为自食其力的劳动者，即在所有制的改造中实现人的改造，而不是从肉体上消灭地主阶级。正如毛泽东 1948 年 1 月 15 日在西北野战军前委扩大会议的讲话中所说的：“地主作为一个阶级要消灭，作为个人要保护。”“废除地主阶级的私有权，并不等于连他的人也不要了。地主和旧式富农占农村人口十分之一，全国共有三千六百万人，这是社会的劳动力，是一种财富。”①

老区土改中一度出现的乱打乱杀，在 1947 年的土改复查和平分土地过程中表现得最为突出。这首先与土地改革的方式发生重大改变有关。

《五四指示》虽然是中共土地政策由减租减息向直接解决

① 中共中央文献研究室编:《毛泽东文集》第 5 卷，人民出版社 1996 年版，第 24 页。

农民土地问题的重大转变，但《五四指示》所强调的解决农民土地问题的方式，并不是没收地主的土地分配给农民，而仍是用减租减息做文章。《五四指示》规定："广大群众要求下，我党应坚决拥护群众在反奸、清算、减租、减息、退租、退息等斗争中，从地主手中获得土地，实现'耕者有其田'。"《五四指示》为此特地提醒各地：

> 解决土地问题的方式，群众已创造了多种多样。例如：
>
> （甲）没收和分配大汉奸土地。
>
> （乙）减租之后，地主自愿出卖土地，佃农以优先权买得此种土地。
>
> （丙）由于在减租后保障了农民的佃权，地主乃自愿给农民七成或八成土地，求得抽回三成或二成土地自耕。
>
> （丁）在清算租息、清算霸占、清算负担及其他无理剥削中，地主出卖土地给农民来清偿负欠。
>
> 农民用以上各种方式取得土地，且大多数取得地主书写的土地契约。这样就基本上解决了农村土地问题，而和在内战时期解决土地问题所采用的方式大不相同。使用上述种种方式来解决土地问题，使农民站在合法和有理地位，各地可以根据不同对象，分别采用。①

---

① 《中国土地改革史料选编》，国防大学出版社 1988 年版，第 248—249 页。

《五四指示》还规定，一般不变动富农的土地，如在清算、退租、土地改革时期，由于广大群众的要求，不能不有所侵犯时，亦不要打击得太重；对于抗日军人及抗日干部的家属之属于豪绅地主成分者，及与中共合作而不反共的开明绅士及其他人等，在运动中应谨慎处理，适当照顾，一般应采取调解仲裁方式；对于中小地主的生活应给以相当照顾，对待中小地主的态度应与对待大地主、豪绅、恶霸的态度有所区别，应多采取调解仲裁方式解决他们与农民的纠纷；即使作为主要斗争对象的汉奸、豪绅、恶霸，既要让其拿出土地来，但也应给他们留下维持生活所必需的土地，即给他们饭吃。《五四指示》还强调："除罪大恶极的汉奸分子及人民公敌为当地广大人民群众要求处死者，应当赞成群众要求，经过法庭审判，正式判处死刑外，一般应施行宽大政策，不要杀人或打死人，也不要多捉人，以减少反动派方面的借口，不使群众陷于孤立。"

由此可见，《五四指示》在其具体政策上还是比较温和的。这也是一段时间人们认为这个指示对于解决农民土地问题具有"不彻底性"的原因。今天看来，这种"不彻底性"恰恰是必需的。

各地在贯彻《五四指示》的过程中，主要采取清算的办法使地主拿出土地。清算的"对象是汉奸、豪绅、恶霸、地主及高利贷主，清算的内容主要是算利息、算剥削、算负担、算霸占、算敲诈、算侵吞，清算后一律以土地抵还"①。除此之外，一些地方还曾采取动员开明绅士和中小地主献田，对清算之后地主多余的土地由政府征购分配给农民等方式。清算、献

---

① 《中国土地改革史料选编》，国防大学出版社 1988 年版，第 254 页。

田和征购，总体上都是和平的方式，所以《五四指示》后的一段时间，各解放区大体上进行的是“和平土改”。

但是，这种“和平土改”在全面内战爆发后不久悄然发生了变化，代之以激烈的阶级斗争的形式来解决农民土地问题。其起因在于《五四指示》发出后，各解放区迅速开展了以清算为中心内容的土改运动。通过几个月时间的清算，到 1946 年 10 月之后，对于许多地区来说农民的土地问题已大体解决（当然还存在不平衡的问题）。《五四指示》后的土地改革，虽然仍是在减租减息的名义下做文章，以清算而非没收的办法解决农民土地问题，但对于地主来讲，毕竟要他们拿出自己多年积累的土地财产，除了少数的开明绅士主动献田之外，大多数地主自然并不情愿，而对于已经动员起来的群众运动大潮，又无力进行正面的对抗，出于保住自己土地财产的本能，地主们自然会采取各种手段设法隐藏、分散自己的土地财物，如将银圆、金银器皿、粮食、衣布等物尽量藏匿，或者利用各种关系分散到贫穷的亲戚、朋友、佃户和长工家里，将一部分土地挂在这些人的名下。仅太行解放区长治县的三区，在后来的土改复查中经群众自报给地主隐蔽的财物，计土地 6600 余亩，房屋 1700 余间，牲口 100 余头，元宝、首饰 6900 余两，银洋 17000 余元，衣服 7900 余件。①

与此同时，作为清算对象的地主为了使自己少清算或不被清算，也会想方设法地收买、拉拢乡村干部和土改积极分子。在晋冀鲁豫解放区“太行和顺长治新老地区深入检查中，发现

① 《深入清查隐蔽封建尾巴，太行各地群众挖防空洞》，《人民日报》，1947 年 2 月 13 日。

封建统治者运用各种奸猾阴谋手段，掩护其封建尾巴，顽强的抵抗群众清算”，如长治县三区屈家山地主屈柏盛，以假开明方式献洋 34 元、铜钱 600 串，后来经过检查，发现屈某仍掩藏元宝 14 个、现洋 23 元。和顺县高邱村地主郭觅固，“献出一点坏地装开明，实则保留农民大批血汗财产”。长治县北漳村地主景其盛妻装穷要饭，“但从斗争中却拿出二十四万八千现洋，及分散隐藏物资甚多”。还有的地主以小恩小惠或“美人计”收买干部，如借钱给干部入股合作社，以低于市场的价格将耕牛贱卖给干部，“和顺陈家庄地主用自己女人去软化村长包庇斗争”①。

在冀中解放区，地主破坏土地改革的手法有：用美人计、财物拉拢干部；制造假斗争，欺骗群众，蒙蔽县区干部；操纵一两个干部挑拨干部间的团结，转移斗争目标；假开明献田，用“好汉不吃眼前亏”的办法，一见斗争就要求献田；在斗争中采取软磨硬顶的办法；男人逃跑，留下女人假装可怜，哀求多留地；散布斗争面宽的谣言，制造中农恐慌；勾结顽伪特务进行破坏；派走狗打入骨干训练班和农会进行侦察；利用其参加革命的子女亲友达到保存封建剥削的目的等。②

基于这种情况，各地在已对地主进行清算的基础上，相继开展了土改复查，如晋冀鲁豫解放区的“填平补齐”运动、东北解放区的“砍挖”运动（即斗大树、挖财宝）、山东解放区的“割尾巴”运动（即割封建尾巴）。晋冀鲁豫解放区的“填

---

① 《太行各地检查发现地主阴谋百出，掩藏封建尾巴》，《人民日报》，1947 年 2 月 6 日。

② 中央档案馆等编：《晋察冀解放区历史文献选编（1945—1949）》，中国档案出版社 1998 年版，第 381 页。

平补齐”运动的内容包括：“（一）深入查田查阶级割掉封建尾巴（消灭封建残余），清查漏网隐瞒、干部包庇和假卖假分，做到彻底消灭地主这个阶级。（二）干部积极分子民兵占取土地改革果实过多部分，采取各种方法令其退出，分给赤贫和贫农。（三）贫富合村，贫富村联合斗争，平分土地，达到消灭赤贫和贫农。”也正是土改复查以及随后的平分土地过程中，出现了乱打乱杀的现象，即“发生了打与杀的流弊”。①在有的地方情况还相当严重。

各解放区土地改革启动后不久，国共内战全面爆发，有的地方是一手拿枪进行自卫战争，一手拿算盘组织农民开展土地改革。当时，国民党的力量要远远大过共产党，对于广大解放区特别是战争第一线的农民而言，面对国民党军队向解放区气势汹汹的进攻，他们对于中国共产党能不能赢得这场战争，心中并不很有底。这就不能不使他们对土地改革产生某些顾虑，如果中共不能赢得这场战争，国民党军队占领解放区，那么他们通过土地改革得到的土地，就很容易为地主所索回。因此，在土地改革过程中，许多农民既希望得到土地，但也普遍担心“变天”和地主将来反攻倒算，所以他们对于挖出地主家里浮财的兴趣甚至要大于分配土地的兴趣。这并不是农民不希望得到土地，而是他们担心分到的土地不能保留在自己手中。至于浮财，不但可以立即用之于消费，而且即使哪天真“变天”了，已经消费的浮财地主也难以索回。不但如此，一些农民虽然在土地改革中分得了部分土地，但由于缺乏耕畜、农具、种子、资本等，他们也希望通过分配地主的浮财以解决生产与生

① 《中国土地改革史料选编》，国防大学出版社1988年版，第339页。

活的困难。前面说过，当土地改革的大潮涌来之际，地主们也清楚正面的对抗是徒劳的，他们想要千方百计保住的显然也不是土地而是浮财。于是，各解放区的土地改革进入土改复查阶段，许多地方乃将土改工作重点转变到挖地主的浮财上。

对于在土地改革运动中挖出地主家的浮财，中共中央曾一度采取了支持的态度。1947 年4 月12 日，中共中央指示晋绥分局说："可在土地改革实验区域中实行搞地主白洋、金银等的斗争。但在地主卖地前属于工商业的资本应加保留。同时斗出地主白洋后，如该地主已无存地者，也应留给地主应得分地的白洋。在各实验区中取得经验后再行普遍推行各地。"①同年 7 月 15 日，中共中央工委还将华北各地"挖窖初步经验"向东北局和中共中央做了详细介绍。华北各地挖窖的方法，有"利用地主家中的长工、婢女进行周密调查，并争取教育被地主利用的落后分子将替地主隐藏的财物交出"，"用忠实可靠的群众和民兵监视地主，防止财物转移"，"以群众大会的压力、群众激烈斗争的威势，逼迫地主讲出财宝地窖所在地"，"用个别的谈判说服等软的方式，或分化其家属内部，或利用其亲属戚友及其他地主劝说"等。②

中国农村的地主除了其本人是官僚、军阀靠巧取豪夺占有大量土地外，占地主数量大多数的中小地主有两种情形：一是由于其祖辈、父辈是地主，通过继承上辈的土地财产而成为地主者；二是原本为普通农民，或因做小生意发了一点财，或由

---

① 中央档案馆编:《解放战争时期土地改革文件选编(1945—1949)》,中共中央党校出版社 1981 年版,第 48 页。

② 中央档案馆编:《解放战争时期土地改革文件选编(1945—1949)》,中共中央党校出版社 1981 年版,第 59 页。

于劳力多、会经营积累了一定的家产，于是逐渐购进土地而上升为地主者。实际上后一种地主的数量可能更多些，而这种地主又往往在挖窖过程中成为斗争的主要对象。究其原因，前一种地主相对而言对于土地财产看得轻一些，因为这些土地财产毕竟不是他个人奋斗而来的，加上他们本来就出身于地主家庭，有一定的机会受到教育，眼界相对宽些，有的甚至其子女就已经参加革命，因而对于土地改革的抵抗相对也小些。后一种地主则十分看重其土地财产，如毛泽东当年在寻乌调查时所了解的，“他们看钱看得很大，吝啬是他们的特性，发财是他们的中心思想，终日劳动是他们的工作”①，有的甚至把钱财看得比自己的命还重。在这些地主看来，在这场斗争中，土地已经很难保住了，但如果能将浮财保存下来，即使遭受一些斗争也是值得的，因为只要浮财在，以后还有可能购进土地，或者将浮财留给子孙享用。这样一来，一方面是农民要尽量将地主隐藏的浮财挖出，一方面是地主要千方百计藏住浮财。在这个过程中，乱打乱杀亦随之发生。

可以说，挖浮财是导致土改中发生乱打乱杀现象的重要原因。“由于单纯地追底财，用尽各种刑法。甚至有的拿出底财，也要打死。因此，一部分地主便以死和我们对抗。一些没有拿出底财的人被打死，群众说：‘打死了底财’（确定黑了的底财也不少）。尤其是拿出底财，结果又打死，使一部分地主，抱了必死的决心，‘拿出底财也是个死，不拿底财还是

---

① 中共中央文献研究室编：《毛泽东文集》第1卷，人民出版社1993年版，第192页。

个死'，因此，死也不拿出来了。"[1]在冀中解放区，"打人则各地均发生，主要追浮财"[2]。在东北解放区，由于"过分强调挖浮，甚至认为挖浮比分地还重要。农民追地主浮物财宝的时候，想不出好办法，便动手打人"[3]。其他解放区的情况大体也差不多。鉴于这个情况，1950 年出台的《中华人民共和国土地改革法》明确规定："没收地主的土地、耕畜、农具、多余的粮食及其在农村中多余的房屋。但地主的其他财产不予没收。"

还应当看到，群众运动的斗争方式容易产生过激行为。土地改革涉及解放区亿万农民的切身利益，没有广大群众的参与是很难想象的，在土地改革过程中，各地各级都一再强调发动群众的重要性。但是，作为一场暴风骤雨般的群众运动，对于运动起来之后可能发生的各种偏差，预先没有充分估计，事后又采取尾巴主义的态度，这是导致乱打乱杀现象发生的重要原因。

土地改革主要是解决贫雇农的土地问题，因此贫雇农就成为土改的依靠对象。从阶级关系上说，贫雇农缺少土地和其他生产资料，所以不得不靠租种地主的土地，或者向地主借贷，才能解决基本的生活问题，于是地主凭借自己占有的生产资料和资金，占有农民的一部分劳动，地主与农民间形成了剥削与被剥削关系。从这个角度看，组织动员贫雇农打倒地主阶级，

---

① 朔县土改工作团:《朔县土改总结报告》(1948 年 2 月 23 日)，中共朔州市委党史研究室:《西雁北土地改革》,2001 年编印，第 139 页。

② 《中国土地改革史料选编》,国防大学出版社 1988 年版，第 597 页。

③ 辽宁省档案馆等:《东北解放区财政经济史资料选编》第 1 辑，黑龙江人民出版社 1987 年版，第 388 页。

改变旧有的生产关系，自然是正当的和合理的。

问题是，地主从占有土地的数量上，有大地主与小地主之分；从行为是善还是恶上，有普通地主恶霸（或豪绅）地主之别；从政治立场上，有顽固地主与开明地主之异。不同的地主对待土地改革的态度自然也各不相同，有顽固抵抗者，也有认清形势主动献田者，更多的是既对自己的土地财产恋恋不舍，但迫于压力只得交出者。因此，对于不同的地主应当区别对待。这个问题五四指示处理比较稳妥，规定不同的适当照顾对象，并要求各地在实行“耕者有其田”政策时，应“集中注意于向汉奸、豪绅、恶霸作坚决斗争，使他们完全孤立，并拿出土地”。但进入土改复查和平分土地阶段之后，随着挖浮财成为土改斗争的重要内容，所有《五四指示》规定的照顾对象全都变成了斗争对象，并且由于没有明确的划分阶级标准，而以生活好坏、财产的多寡（即摊摊的大小）甚至政治态度作为划分阶级的依据，于是普遍发生了将富农划成地主、中农划成地主富农，把早已破产并放弃了剥削改变成农民成分的人划为“破产地主”“下坡地主”，这就大大增加了土改斗争的对象。

土地改革的目的是变革旧有的生产关系，最直接的表现就是要将地主阶级的土地财产转移到贫苦农民手中，大多数地主自然不会自觉自愿地、主动地交出土地财产分给农民。因此，将广大农民发动起来与地主开展面对面的斗争，就成为土改能否深入开展的关键，这也是土地改革演变成一场大规模的群众运动的重要原因。既然土地改革是以群众运动的方式开展的，这种方式容易激发参与者的热情，那么如果掌握不好就容易发生过激行为。在土地改革中往往采取召开群众大会的方式展开与地主的斗争，并且数个村庄联合召开斗争大会。在农民与地主以往的日常关系中，地主不仅收取地租而且往往在青黄不接之时放高利贷，也确有一些地主仗势欺人，为富不仁，欺压农民，动员群众揭发地主的这些罪恶便成为群众大会的主要内容，在群情激愤之下，对斗争对象的打斗极易发生。

不但如此，在土改过程中，片面强调走“贫雇农路线”，由“贫雇农说了算”，甚至提出“贫雇农的意见就是政策”，“贫雇农的要求可以修改党的政策”①。贫雇农固然有强烈的土地要求，但如同地主当中有开明绅士一样，贫雇农中也会有少量的流氓无产者。正如毛泽东所分析的，流氓无产者“很能勇敢奋斗，但有破坏性”②。在土地改革之初，一般农民由于地缘、亲族等原因对地主不敢开展斗争，而少数流氓无产者则往往无所顾忌，充当斗争的先锋。这些人对地主的打斗，不一定是因为阶级仇恨，很有可能是为了表明自己斗争的积极。在河南宝丰县马村召开的一次斗争会上，有17个妇女打人，“其中只有5个老实妇女，带头打人的是4个流氓妇女，素日与匪帮有来往，怕连累自己，表现假积极，带头打人”③。“有些地方甚至为流氓地痞投机分子所操纵，借端报复，乘机发财，因而乱打乱杀乱没收，破坏政策，造成恐慌，广大贫苦农民实际上亦很少得到利益”④。这个材料表明，对于土改中的某些

① 辽宁省档案馆等:《东北解放区财政经济史资料选编》第1辑,黑龙江人民出版社1987年版,第388页。

② 《毛泽东选集》第1卷,人民出版社1991年版,第9页。

③ 中共河南省委党史工作委员会编:《河南解放区的土地改革》,河南人民出版社1991年版,第575页。

④ 《停止新区土改实行减租减息,豫西日报社论》,《人民日报》,1948年8月27日。

积极分子的表现，必须做具体分析，更不能根据这种贫雇农要求去“修改党的政策”。

不可否认，土改过程中确有少数流氓无产者一时表现活跃，甚至在土改运动中获得了某种政治资源，有的还担任了基层干部，但不能由此断定“土改利用‘流氓无产者’（扒手、小偷、地痞、恶棍、无业流民）……打冲锋，斗垮地主、富农后，这批‘苦大仇深’的‘土改根子’纷纷入党做官，趾高气扬地成为‘书记’、‘委员’、‘主任’、‘乡长’、‘村长’……使农村基层领导彻底恶质化”①。其一，流氓无产者在乡村中毕竟是少数，这种人可能在运动还没有普遍发动起来时充当了斗争的先锋，但运动发动起来之后往往被冷落；其二，中共在1940年代后期和1950年代前期多次整党，如1947年下半年在平分土地的过程中各解放区同时开展了整党运动，整党实际上就是整顿基层组织和基层干部，流氓无产者出身的所谓“土改根子”，在这个过程中大多被淘汰。

中国是一个长期遭受封建专制统治的国家，在中共领导的乡村革命发生前，一直没有实现专制社会向现代文明社会的转型。封建专制统治的一个显著特点，就是以人治代替法治，没有健全的法律制度。中国农村更是长期处于愚昧落后状态，这种愚昧落后的一个重要表现就是基本没有法制观念。旧时许多农村，对所谓坏人，往往不需要经过任何法律途径，由族长之类的人物便可做出惩处决定，甚至剥夺其生命。中国革命毕竟是在这样的社会环境下发生的，土地改革的依据主要是中共中央的《五四指示》，而各解放区并没有与之配套的明确具体的

---

① 王宏任:《地主:一个百年难尽的话题》,《书屋》2010年第8期。

法律规定，运用的是群众运动的方式而非法律的途径，实际上是无法可依而只能是由上级派来的工作队（组）和贫雇农组成的贫农团说了算，或者干脆由参加大会的群众表态说了算。有亲历者回忆，在冀东解放区，原来的杀人权在行署一级，后来有人主张不要批准手续，由90%的群众说了算。一个村开群众大会，主持人问："该杀不该杀？"群众说："该杀！"于是不经过任何手续或只要工作团（组）同意，就可将人杀了。在乐亭，则由群众投票决定处决地主，甚至提出"敌杀我一，我杀敌十"。①如此一来，岂有不发生乱打乱杀之理？

当一些地方乱打乱杀的现象发生之后，解放区的报刊还不恰当地对其进行宣传报道，认为这是群众被发动起来的重要标志，这就使得乱打乱杀非但没有及时被制止，反而蔓延到其他地方。中共晋绥分局宣传部后来检讨说："在土改时期（主要是六七月间）报上刊出一些不恰当的宣传打杀的报导，这反映了报社许多同志的观念，好像不写打杀就无法表现农民斗争情绪。我们几次批评，虽一时改正，但以后个别报导中，往往对描写打人又没有引起注意，到普遍群运后，镇压恶霸地主的报导很多，我们又给以批评，但错误是在于我们当时缺乏严禁乱打乱杀的政策思想。而报社的同志思想上更轻视了乱打乱杀的危险。在十一月份的偏向发展到最高时期，报道镇压恶霸地主的消息特多，没有着重宣传说理斗争，更没有宣传防止乱杀，助长了某些地方乱打乱杀的偏向。"②

上文中提到的"缺乏严禁乱打乱杀的政策思想"，确实是

① 张明远：《我的回忆》，中共党史出版社2004年版，第259页。

② 晋绥边区财政经济史编写组等：《晋绥边区财政经济史资料选编》，山西人民出版社1986年版，第488页。

土改中乱打乱杀发生并一度蔓延的重要原因。土地改革运动启动之后，许多地方基于充分发动群众的考虑，对于如何进一步组织动员群众曾给予充分关注，而对于如何防止运动中出现“过火”的问题没有重视，甚至认为“不要顾虑太多，不要预先怕群众违犯政策”，“主要关键仍然是如何继续放手发动农民，而不是过火的问题”。①甚至提出：“在农民未起来前，主要应防止束手束足的偏向，不应对群众性的‘过火’行动大喊大叫。不要制定不合实际的具体办法限制农民，不要害怕彻底消灭了地主经济，不要害怕舆论的责备。”“不要满足于农民起来后轰轰烈烈的现象，要进行反复检查，对地主追究到底，对农民放手到底，自觉的把运动推向很高的阶段。”②并且强调要“大胆放手”群众，“在斗争中，不要受任何条文限制与约束”，“放手本身就是政策，就是政策的主要部分”。③既然号召各级在土改中“不要顾虑太多”，不要怕“过火”，“大胆放手”本身就是政策，在这样的指导思想下，自然对乱打乱杀不能及时加以制止，反而认为“农民群众几千年来受尽了地主阶级剥削压迫的痛苦，其报仇雪恨的情绪是很自然的”④，在一定程度上默许了乱打乱杀。

1947 年 9 月 24 日，晋绥边区农会临时委员会在《晋绥日报》上发表了《告农民书》，提出：“地主阶级必须彻底打

---

① 《中国土地改革史料选编》，国防大学出版社 1988 年版，第 311 页。

② 《抓紧时间放手发动新收复区群众》，《新华日报（太岳版）》，1947 年 6 月 15 日。

③ 辽宁省档案馆等：《东北解放区财政经济史资料选编》第 1 辑，黑龙江人民出版社 1987 年版，第 337 页。

④ 辽宁省档案馆等：《东北解放区财政经济史资料选编》第 1 辑，黑龙江人民出版社 1987 年版，第 388 页。

垮。不论大小地主，男女地主，本村外村地主，以及隐藏了财产装穷的地主，化装成商人、化装成农民的地主，大家都可以清算。混进共产党内的地主，混进新政权内的地主，混进八路军的地主，以及混进工作团、学校、工厂、公家商店的地主，混进农会、民兵的地主，不管他们是什么人，如果是骑在农民头上压迫剥削，大家要拿去斗，就可以拿去斗。所有地主阶级，必须在政治上，把他们的威风打垮，做到彻底消灭他们的封建压迫。在经济上，把他们剥削去的土地、粮食、耕牛、农具，以及其他一切财产，全部拿出来，做到彻底消灭他们的封建剥削。地主阶级当中，罪大恶极的反动分子，不管他是什么人，大家要怎样惩办，就可以怎样惩办。”“对富农，和地主不同。但富农的封建剥削和封建压迫，也必须消灭。富农多余的土地、粮食、耕牛、农具以及其他一切多余的财产，也必须拿出来。富农当中，罪大恶极的恶霸分子，大家要怎样惩办，就怎样惩办。”“农民当中少数的恶霸、敌伪爪牙和地主的狗腿子，大家要怎样惩办，就怎样惩办。”受此影响，其他解放区也发表了类似的《告农民书》。既然上述人等可以“大家要拿去斗，就可以拿去斗”，“大家要怎样惩办，就可以怎样惩办”，那么“扫地出门”有了，将地主编入“劳改队”加以管制有了，对地主富农做出各种歧视性规定有了，甚至对地主采取肉体消灭的办法也有了。有的地方甚至认为“斗争中不打人不激烈，群众发动不充分，打人有四大好处，可追枪，可挖底财，可发动群众，可打下地主威风”，并且“认为乱打乱杀总比泼冷水好”，“不乱打乱杀不等于不打不杀”。①这种对乱打乱杀纵容的态度，必定产生严重后果。

当时紧张的政治形势和军事形势，也在一定程度上加重了乱打乱杀。特别在一些边缘区、国共拉锯区和未巩固的新区，群众一方面希望分配地主的土地财产，但另一方面又担心地主可能的反攻倒算。正因为如此，从 1948 年 5 月起，中共中央决定新解放区一律停止土改，先建立基层政权，清匪反霸、减租减息，当条件具备时再进行土改。

土改中发生乱打乱杀，有着复杂的原因。中共晋绥分局 1949 年 1 月的一份总结报告曾这样写道：“由于对恶霸奸伪人员没有具体规定出明确的界限，在执行中扩大化；由于错订成分、重视追底财和没有禁止使用肉刑，对全国土地会议所规定的组织人民法庭，以更有力量、更有秩序地向地富进攻没有重视；特别是由于领导上警惕不够未能严禁乱打乱杀，有些地方当群众自发（斗争）之后无力掌握，以及某些地区某些领导带有‘宁左勿右’的思想和尾巴主义倾向，以致在斗争中（就全边区说，主要是十、十一、十二先后两三个月内）发生乱打乱杀、错死和死人过多的现象。”②

“左”、右倾错误都给中国革命带来严重危害，但两种错误比较而言，“左”的危害性更大。究其原因，就在于农民和小资产阶级容易在革命中犯急躁病，而右常常被看作是立场问题、路线问题，“左”则当作是方法问题。在土地改革中，自然也存在所谓的“两条路线”，一条是地主富农路线，一条是

① 中共河南省委党史工作委员会编：《河南解放区的土地改革》，河南人民出版社 1991 年版，第 574—575 页。

② 《中国土地改革史料选编》，国防大学出版社 1988 年版，第 583 页。

贫雇农路线。如果有人对斗争地主富农有不同看法，容易被人指责为站在地主富农立场，走地主富农路线，而不是站在贫雇农立场，走贫雇农路线。在这种情况下，如果不是最高领导层出面制止，许多地方对地主富农乱打乱杀也就只能听之任之。

土地改革中出现的包括乱打乱杀在内的“左”倾错误，严重干扰了土地改革运动的正常发展，各个解放区出现了社会震荡不安，引起了中共中央的高度关注。1947 年 12 月中共中央在陕北米脂县杨家沟召开的扩大会议上，任弼时、周恩来都提出要纠正土改中已经发生的“左”倾错误。这个意见得到了毛泽东的采纳，并且在会议所做的报告和讲话中专门讲到了土改纠“左”的问题，强调：在土改中反对右的偏向问题已经解决了，所要解决的新问题，是在中农、中小资产阶级和党外人士问题上新出现的“左”的偏向。当“左”倾成为一种潮流的时候，共产党员要反对这个潮流。

1948 年 1 月 12 日，任弼时在西北野战军前线委员会扩大会议上做了《关于土地改革几个问题》的长篇讲话，对土地改革中的几个重大问题做了明确的政策界定，并且特地讲到打人杀人的问题。任弼时说，之所以把打人杀人当作严重的问题提出来，“就是因为在土改运动中，发生有不少打人和逼死人的事实，更由于党内不纯，地主富农投机分子和流氓分子利用机会捣乱，就造成了乱打人，打死人，逼死人的现象。有些罪不该死的人，被打死杀死了。这值得引起我们的严重注意”。任弼时明确指出：乱打乱杀与使用肉刑，是封建社会的产物，“我们是共产主义者，是新民主主义者，我们领导的革命比资产阶级领导的革命不知要高明多少倍，我们当然应当反对乱打乱杀，反对肉刑”。“多杀人必然要失去人民群众的同情，遭受很多人反对。因此那种主张多杀人、乱杀人的意见是完全错误的，是直接违反马列主义的原则和中国共产党的路线的，必须给以毫不容情的反对。”“我们是把地主当作一个阶级来消灭，并不是要消灭地主个人。对于缴出了土地财产的地主，应当要他们劳动，把地主和旧式富农当作国家的劳动力看待。同时，强迫他们在劳动中去改造自己。只有把他们都改造成为劳动者，那才算是把封建阶级的遗迹也消灭了，才是我们工作最大的成功。”①

毛泽东对任弼时的这篇讲话十分重视，他要新华社将这篇长达1.5万字的报告用明码电报拍发给各地，立即在解放区一切报纸上公开发表，并印成小册子。他还特地提醒新华社负责人范长江注意，不要错译了文字和标点符号。随后，各解放区的大小报纸都用好几个版面的篇幅，转载了这个报告，从而也使各级干部和广大农民知晓了中共中央有关土地改革的具体政策。

十二月会议之后，各解放区根据中共中央的精神，开始进行土改纠“左”的工作，乱打乱杀得以制止，解放区的社会秩序迅速稳定。1948年上半年，老区的土改基本结束。

① 任弼时:《土地改革中的几个问题》,《人民日报》,1948年3月28日。

老解放区土改之意义

中国半殖民地半封建社会特殊的国情，决定了中国共产党进行的革命不能以城市暴动的方式一举取得政权，而只能在农村积聚革命力量，走农村包围城市的道路。因此，自 1927 年国共合作破裂，确立武装反抗国民党统治的总方针后，中共长期在农村开展武装斗争，农村成为中国革命的主要区域。

既然革命的重心在农村，这就决定了革命的参加者主要是农民。组织动员农民参加革命，成为革命成功的先决条件。那是一个产生革命激情的年代，也是一个产生革命理想主义者的年代，对于革命的组织者、发动者而言，革命是为了实现自己崇高的理想，他们中的许多人可以为了自己心目中的理想献出所有的一切。然而，长期劳作于偏僻农村的农民，则不可能有革命组织者那种崇高的理想和坚定的信念，更不会有天然的革命的自觉。中国农民在通常情况下总是惯于忍受，历史上农民揭竿而起的事例虽然屡有发生，但这种情况往往出现于农民走投无路之时。以蒋介石为首的南京国民政府建立后，农民的处境没有丝毫的改善，但客观而言，农村的现状也并未因南京政府的建立而迅速恶化。于是一个重大的问题摆在革命的组织者和领导者面前：怎样才能动员农民参加革命？

要动员农民参加革命，启发他们的阶级觉悟固然重要，但农民考虑更多且更直接关心的，则是参加革命能否带来实际的利益。如果革命带来的只有危险与牺牲，而不能改善其经济条件与政治地位，农民是不可能投身于革命的。同时，革命的目的虽然是解放生产力并最终发展生产力，但革命本身是对现存社会制度的冲击与摧毁，因而在革命的进程中可能会造成对生产力的破坏。也就是说，革命本身不能促进生产，发展经济，增加社会财富。革命的组织者和领导者所拥有的仅是革命的勇气、胆识和信念，除此之外别无长物，要让农民从革命中得到物质利益和政治权益，就只能对现有的社会经济资源和政治资源进行再分配。唯一可行的办法，就是把地主阶级的土地和其他财产没收之后分配给农民，同时打破旧有的农村社会秩序，剥夺地主阶级（乡绅）原在农村的社会控制权，让参加革命的农民分享对乡村社会的领导权。1930 年毛泽东在做兴国调查时就发现，中农和贫农之所以参加革命很勇敢，就中农而言，这个阶层在土地革命中是得利的：平分土地后他们的土地不但不受损失，而且多数还分进了部分土地；过去娶亲要花很多钱，几乎等于中农的全部财产，土地斗争后，婚姻自由，娶亲不要钱；过去办丧事要花很多钱，有些中农由此负债破产，土地斗争后破除了迷信，这个钱也不用花了；土地革命后地主和富农被打倒，中农不再向他们送情送礼了，也可节省一项费用。更重要的是，“过去，中农在地主富农统治之下，没有话事权，事事听人家处置；现在却和贫雇农一起有了话事权”。贫农在土地革命中则是得利最大的阶层，因为他们分了田（这是根本利益），分了山，革命初起时，分了地主及反革命富农的谷子，物价便宜了能吃便宜米，废除了买卖婚姻可以娶到老婆，最根本的是“取得了政权”，成为“农村政权的主干”和“农村中的指导阶级”①。可见，农民之所以拥护革命，是因为革命给他们带来了物质利益和政治权利。所以1927年至1936年的国共内战中，土地关系的变动就成了中共动员农民参加革命的最有效方式，而这段历史也就被称之为土地革命战争。

进入全国抗日战争时期，中共的土地政策发生了重大改变，由十年内战时期没收地主土地的政策转变为减租减息政策。因为抗日战争是一场民族战争，需要动员全民族抗日，即使是地主，只要他不愿当亡国奴，有抗日要求，也要团结争取他参加抗日民族统一战线，使其为抗战出力。这样一来就出现了一个难题：要农民抗日，必须给农民物质利益；要地主抗日，不能再沿用过去没收地主土地的政策。于是，中共提出了减租减息的政策。土地还是地主的，但要减轻农民的负担。这样，地主的根本利益没有受到损害，农民也从减租减息中得到了实际的好处，因为减轻了负担，并且地主不得随意退佃。

经过八年全国抗战，国共两党的力量其实都得到了发展。虽然人民希望和平，中共也为和平付出了巨大的努力，但无奈醉心于专制独裁的蒋介石一心要用战争的方式解决共产党问题，因而抗战一胜利，内战的硝烟便再起。到了1946年春夏之际，形势已经基本明朗了，中共也只得在力争和平的同时加紧做应对全面内战的准备。在经过长期的战争之后，如何动员

① 《毛泽东农村调查文集》，人民出版社1982年版，第217、221页。

解放区农民继续参军参战，成为中共领导人不得不着重考虑的首要问题。而抗战期间在土地问题上减租减息这种地主与农民都能接受的政策，显然不能再维持了，因为租息已没有可再减的空间，农民的要求是从地主手中得到土地。

在全面内战即将爆发之际，土地改革的启动，就显示出了特别重大的意义。一方面，它满足了农民的土地要求，使他们深切地感到，只有中国共产党，才能使他们真正成为土地的主人，从而坚定了他们跟共产党走的决心。另一方面，中共又告诉他们，要保卫自己刚刚获得的土地，保卫胜利果实，仅仅推翻了本村的地主还不够，还要打倒地主阶级的总后台蒋介石。对于当时解放区的普通农民来说，他们对于国民党与蒋介石的印象是相对抽象的。那么，怎样将抽象的蒋介石变成具体的蒋介石，中共除了广泛宣传战争的自卫性质外，还通过土地改革运动使农民认识到，其实他们身边的地主及其爪牙，就是南京的蒋介石在本村本乡的代理人，就是一个个小蒋介石。不彻底打倒南京的蒋介石，村里的小蒋介石就会组织“还乡团”进行反攻倒算。而要打倒蒋介石，就必须武装起来保卫解放区，大家都去参军参战，打败来犯的国民党军队。因此，伴随着土地改革运动的深入，各解放区掀起了参军参战的热潮。

不可否认，在中共领导的解放区，由于卓有成效的宣传鼓动工作，农民有着较高的政治觉悟，但是，国内战争毕竟不同于反侵略战争，已经不能再用民族战争为旗帜动员农民。要使解放区农民参军参战，就必须揭示这场战争的必要性和正义性，必须使他们明了这场战争的胜败不只关系到共产党的成败，而且与他们自身的利益密切相关。要让农民参加战争，必须给其以看得见的物质利益，中共在没有外援的情况下，除了土地关系的重新调整和社会财富的重新分配，并无其他资源可供利用，于是，进行土地改革就显得尤为必要。这次国共内战，以国民党的彻底失败而告结束，其结果是国民党失去了在大陆的统治，中共赢得了全国执政地位。其中，当然有诸多的原因，但最重要的还在于通过土地改革激发了解放区军民参加战争的热情，在于解放区的亿万农民成为中共的坚定支持者。

土地改革还实现了中共基层组织与农村基层政权的有机融合，使党的基层组织植根于中国社会的最底层。自古以来，中国的国家权力基本上只延伸到县一级单位，至于县以下的广大农村并无政权组织。南京国民政府建立后，国民党曾大力推行保甲制度，并以此为依托，开始了对中国基层政权的建设，企图使国家权力下移至乡村。但国民党在这方面的努力并不成功，“即使从国民党的角度出发，保甲制的实行也是完全的败笔”。“从实行的效果看，只是将国家政权在形式上伸延到了每家每户，但实际上则是将原来土豪劣绅地方势力的恶行合法化，并且背在了国家政权的身上。”①至于国民党组织自身，虽然在抗战期间“党机器的组织触角延伸到了县以下乡村基层社会，其组织扩张和渗透能力达到了它建党和执政以来的鼎盛。然而，由于国民党党机器长期以来所积淀的组织功能障碍和内在积弊并没有得到很好的疏理和清除，战时党组织在量上的膨胀和扩张，不仅没有展示出党力的强健和壮大，相反组织的涣散随着组织的扩充而同步增长”②。这就意味着国民党不

① 张鸣:《乡村社会权力和文化结构的变迁(1903—1953)》,陕西人民出版社2008年版,第112页。

② 王奇生:《战时国民党党员与基层党组织》,《抗日战争研究》2003年第4期。

论党的组织还是其控制的政权组织，其实都没有在广大乡村生下根来，对中国社会的控制基本上止于县一级，其社会动员能力在乡村甚为微弱，以至于征兵都不得不用抓壮丁这种拙劣而极易引起民怨的办法。

中共自从建立农村根据地之后，就十分重视根据地的基层政权建设。早在十年内战时期，就曾规定县以下设区、乡、村工农兵代表大会（即苏维埃），分别为区、乡、村最高权力机关。全国抗日战争和解放战争时期，各解放区在县以下也普遍设立区、村政府。与此同时，在区（乡）、村各级亦相应地建立党的组织，但在土地改革运动前，村一级的党组织和党员身份基本不公开，普通民众虽然知道村中有党的组织，但往往不清楚村中究竟何人是党员，党员和党组织只在暗中发挥作用。各解放区在进行土地改革的同时，还开展了对原来乡村政权的改造。1947 年在土改复查和平分土地的过程中，曾一度建立以贫农团为核心的农会，取代了原村一级基层政权班底，并对原来的乡村干部用“搬石头”的方式进行整肃，这自然扩大了打击面。但中共很快意识到“搬石头”的严重性，发现将原有的干部当作阻挠土改的“石头”全部搬掉并不妥当，于是立即进行了纠偏，要求老区和半老区将贫农团改组为贫雇农小组，建立县以下各级农民（或人民）代表会作为土地改革运动领导机关，然后在此基础上实行普选，成立乡村人民代表会议或代表大会，并改选乡村政府。同时，中共在土地改革运动的后期决定结合土改开展整党，并将原来长期处于秘密状态的党组织和党员身份公开。这样，党支部不再是隐于乡村政治活动的幕后，而是直接活跃于前台，形成了基层政权组织和基层党的组织并行的乡村权力运行机制。随着党组织的公开，党支部逐渐取代村政府在乡村的权威。这种体制的出现，大大强化了中共对乡村社会的领导能力。

土地改革运动不只是农村以土地为核心的社会财富的重新分配，同时也是在变动土地所有关系的过程中进行各种社会资源的再分配，是一次前所未有的乡村社会改造。近代以来，中国农村的领导权控制在乡绅阶层手中。乡绅阶层“主要由科举及第未仕或落第士子、当地较有文化的中小地主、退休回乡或长期赋闲居乡养病的中小官吏、宗族元老等一批在乡村社会有影响的人物构成”①。普通的农民特别是其中的贫雇农，除了整日考虑自己的温饱生计，在乡村社会基本上无甚地位，没有话语权利，这些人占了农村的大多数。随着土地改革的进行，原有的乡绅阶层多划为地主阶级，变成了要打倒的目标，而一向生活于农村社会底层的贫雇农，组织了贫农团，一时成为乡村社会的主宰。土地改革运动用革命的形式，释放了农民对地主的阶级仇恨，使他们有了改天换地的感觉。

曾亲历过解放区土改的美国友人韩丁在他的《翻身——中国一个村庄的革命纪实》一书的扉页中，曾写了这样一段话：“每一次革命都创造了一些新的词汇。中国革命创造了一整套新的词汇，其中一个重要的词就是‘翻身’。它的字面意思是‘躺着翻过身来’。对于中国几亿无地和少地的农民来说，这意味着站起来，打碎地主的枷锁，获得土地、牲畜、农具、房屋。但它的意义远不止如此。它还意味着破除迷信，学习科学；意味着扫除文盲，读书识字；意味着不再把妇女视为男人

---

① 沈葵：《近代中国乡绅阶层及其社会地位》，《光明日报》，2001年11月13日。

的财产，而建立男女平等关系；意味着废除委派村吏，代之以选举的乡村政权机构。总之，它意味着进入一个新世界。”这是对土地改革意义最精当的评价。

暴风骤雨式的土地改革运动结束之后，农村又恢复了往日的平静，但土改之后的农民却有着一种“翻身”与“解放”的感受。这种感受，一方面来自群众运动这种形式，让农民得到了政治上的参与。虽然以往根据地也有过农民的政治参与形式，如组织过普选，但以选举为主要内容的政治参与不但时间短暂，而且普通农民被选进乡村政权的概率很小。这次土地改革运动不但持续时间长（到1948年上半年老区的土改才基本结束，长达两年的时间），而且全部乡村人口都卷入了运动之中。运动还赋予一向生活于乡村社会底层的农民斗争以往乡村实际统治者（其中既包括地主，也包括所谓坏干部）的权力，这是千百年来从未有过的。另一方面来自农民对于社会平等的向往。长期以来，农民由于经济地位和政治地位低下，客观上确实处于一种受压迫受剥削的境地，通过土地改革，地主富农甚至以往的坏干部成为斗争对象，从此以后他们的社会地位一落千丈，乡村各阶层成员所扮演的角色，由此发生了根本性的转换。

自然，“翻身”“解放”这样的词，并不是农民的创造，但农民很快接受和认同了土改等于“翻身”“解放”的阐释，并变成其内心的认知与感受。中共在组织、发动这场运动之初，就给土改赋予了“解放”“翻身”的含义，一些地方的土改工作队被称为“翻身队”。土改运动又被称为“翻身运动”，随后进行的土改复查则被称为“翻身大检查”。土改等同于“翻身”“解放”的话语阐释，是土改运动能够成功发动、广大农民踊跃参加的重要原因。农民们清楚，他们的翻身与解放，固然离不开自己起来同地主阶级斗争，而他们之所以有能力、有权力进行这种斗争，则是因为背后有中共这个强大的支持者。于是，农民也就很自然地将“翻身”“解放”同党联系起来，认为这一切都是党带来的，必须听党的话，跟着党走。正是这种认识的产生，使中共获得了农民对自己执政地位的充分认同。从这个意义上讲，土地改革运动获得了巨大成功。

土地改革更主要的目的是解放农村生产力，为国家工业化扫清道路。只有消灭了封建土地制度，才能实现国家的工业化，这个历史过程世界各国皆然。当然，封建土地制度的改变方式可以多种，既可用革命的即暴力的方式，也可以用和平的改良的方式。从给社会带来的震荡而言，后者的影响肯定要小于前者。中国大陆之所以用革命的方式完成土地制度的变革，很大程度上与国共内战有关。《五四指示》制定之时，解决农民土地问题的方式主要是清算、动员地主献田和由政府征购地主的土地，其中的清算虽然也有斗争的成分，但这几种方式总体上讲还是和平土改。当时的考虑也是国共内战还没有全面爆发，国共之间的谈判还在进行，中共方面对和平还抱有希望，故而没有采取十年内战时期那种直接没收地主土地的政策，其中一条重要的原因就是不愿因土改而过分刺激国民党。1946 年 10 月国民党军队占领晋察冀解放区的首府张家口，随后又不顾中共与民盟的反对宣布将召开国民大会。1946 年 11 月中旬，周恩来率中共代表团从南京返回延安，历时一年多的国共谈判彻底破裂，在土改问题上也就不再存在刺激国民党的问题，所以土改的方式也就由清算等形式转变为直接没收地主的土地。

一个不能回避的问题是，土改的目的是为了解放生产力，可老区土改之后有的地方生产并没有马上发展，甚至有的地方还有所下降，对于这个现象如何解释？ 有研究者认为："由于政策不明确、指导思想不对头、组织引导不当以及流氓分子的煽动等等原因，一些地方在土地改革中发生了破坏工商业、破坏生产设施等过火现象。由于对地主、富农特别是富农打击过重，造成了中农的恐慌，也曾使一些中农乱宰杀牲畜，毁坏生产工具。至于地主、富农由于抗拒或报复，有意地进行破坏，那更是必然发生的现象。所有这些对生产力的直接破坏和损害，不能不影响生产力的发展。"①这个分析是有道理的。

不但如此，由于土地改革运动延续的时间过长（从《五四指示》发布到1948年上半年结束，大体两年时间），运动的过程过多（经过了清算、复查、平分土地、纠"左"到最后确定地权），结果农民把许多本应用于生产的时间与精力放到参加运动上。而且由于运动始终在进行当中，地权没有确定，农民对于土地没有归属感，也不愿在已分得的土地上投入。由于"左"的错误的影响，对地主富农实际上没有区别对待，一些地方将富农的土地财产也没收了，甚至将中农"长余"的土地也拿了出来，这就不能不影响富农及中农的生产，而这两个阶层在农业生产中有着极其重要的地位。另外，1947年全国土地会议通过的《中国土地法大纲》决定：乡村中一切地主的土地及公地，由乡村农会接收，连同乡村中其他一切土地，按乡村全部人口，不分男女老幼，统一平均分配；地主及其家庭，

① 郭德宏:《土地改革史若干问题论纲》,《近代史研究》1987年第3期。

分给与农民同样的土地及财产。这样，乡村一些原来不从事或者较少从事农业生产的地主、手工业者以及少量的无业游民，也分得了同等数量的土地，他们中的有些人并没有多少农业生产的经验与能力，他们经营土地的产出自然会低于原租种地主土地的贫雇农。还应看到，解放区进行土地改革时，正是战争最激烈的两年，人民解放战争经历了由战略防御到战略反攻的转变，与此相伴随的是解放区承担极其繁重的战争勤务，大量的青壮年劳动力作为支前民工直接开赴前线，这就意味着从事农业生产的劳动力大为减少，从而影响农业生产的发展。所以，土改之后，农业生产短期内没有大的发展甚至还有下降，是由许多原因造成的。

从阶级属性上说，地主属于剥削阶级，是革命的对象。通过土地改革，地主赖以剥削他人的土地已被没收分配给农民，被剥夺土地的地主身份发生了变化，他们同样依靠自己的劳动获取生活来源，逐步向劳动者转化。因此，在土改完成、地主经过一段时间的改造之后，应给予其应有的公民权利。

对于这个问题，政策本来是明确的。1948 年 1 月 15 日，毛泽东在西北野战军前委扩大会议上的讲话中明确指出："我们对封建剥削要非常恨，但地主本人还是劳动力，经过改造过几年还有选举权。对地主要安置好，安置不好会出乱子，我们就不可能取得胜利。"①在这次会议上，任弼时更是具体提出："地主劳动五年、富农不剥削三年即可改变成份"，"因为他们的土地财产（富农的是征收其多余财产，不是全部财

① 中共中央文献研究室编:《毛泽东文集》第 5 卷，人民出版社 1996 年版，第 23—24 页。

产）已经平分了，又有这许多年的劳动，是可以把人加以改造的”。[①]当时，一些解放区也明文规定，地主在经过一定的年限之后改变成分。1948 年 2 月，中共晋冀鲁豫中央局发出《关于土地改革整党与民主运动的指示》，其中提出：“关于成份转化问题，地主在当地民主政权成立以前，已经转入劳动，或其他成份满一年者，或在当地民主政权成立以后，已经转入劳动或其他成份满五年者；旧富农在当地民主政权成立以前已经转变为其他成份满一年者，或在当地民主政权成立以后已经转变为其他成份满三年者，应依其转变后的情况，改变其成份。”[②]

1950 年 8 月 4 日，政务院第 44 次会议通过《关于划分农村阶级成份的决定》，其中规定：凡地主成份，在土地改革完成后，完全服从政府法令，努力从事劳动生产，或作其他经营，没有任何反动行为，连续五年以上者，经乡人民代表大会通过，县人民政府批准后，得按照其所从事之劳动或经营的性质，改变其地主成份为劳动者的成份或其他成份。其不努力从事劳动生产或作其他经营，或有任何反动行为，或有违抗人民政府法令行为者，则不在此例。老解放区的富农在土地改革完成后合于上述条件满三年者，亦得以同样的方式改变其成份。不合于上述条件者，则不得改变。[③]

1951 年 5 月 10 日，中共中央致电有土改任务的各中央局，

---

① 任弼时:《土地改革中的几个问题》,《人民日报》,1948 年 3 月 28 日。

② 《中共晋冀鲁豫中央局关于土地改革整党与民主运动的指示》,《人民日报》,1948 年 2 月 29 日。

③ 《中央人民政府政务院关于划分农村阶级成份的决定》,《人民日报》,1950 年 8 月 21 日。

提出“在土地改革业已完成、对地主的斗争已经相当彻底的地区，领导上应该说服农民主动地向那些表示服从的地主和缓一下，以便争取多数地主参加劳动，耕种自己所分得的土地，维持自己的生活。对于地主阶级中的知识分子或有其他技能，可能从事教书或其他职业者，应允许他们从事其他职业，或分配教书工作给他们。对于确实没有农业劳动力，而能作生意者，可以允许他们作生意”。“在他们从事农业劳动时，如有实际困难，亦应帮助他们解决，他们的底财，可以允许他们挖出来，投资生产，不再没收，他们以后生产所得，不论多少，均不再没收。”①在此之前，中共中央华北局提出：“新区富农，一律按人民待遇。老区富农，一般应经过群众同意恢复其公民权。地主中如有劳动积极、表现进步者，或已具备改变成分条件者，经群众同意亦可恢复其公民权，并可吸收其中有代表性者参加各界代表会议，以利团结和生产。”②应当说，这些规定对于改造地主富农，促进社会的稳定和生产的发展都是有益的。

在1957年反右派运动之前，对地主富农的政策基本上是和缓的。从1953年起，农村掀起了大规模的农业合作化运动，对于地主富农也规定在“本县和本乡的劳动农民已经有四分之三以上参加了合作社的时候，对于已经依照法律改变成份的过去的地主分子，和已经多年放弃剥削的富农分子，可以经过社员大会审查通过、县级人民委员会审查批准，个别地接受他们

---

① 中共中央文献研究室、中央档案馆编:《建国以来刘少奇文稿》第2册，中央文献出版社2005年版，第325—326页。

② 《中国土地改革史料选编》，国防大学出版社1988年版，第642页。

入社”①。到 1956 年，全国大多数地区的地主富农被批准加入农业合作社。据有关资料统计，老解放区原来的地主富农被评为正式社员的一般占 50% 左右，候补社员占 40% 左右，管制生产的占 10% 左右。新解放区原来的地主富农被评为正式社员的一般占 20% 左右，候补社员占 60% 左右，管制生产的占 20% 左右。②

遗憾的是，1960 年代初，由于中苏关系破裂，毛泽东日益注重反修防修的问题，并且认为苏联党变修国家变色，是赫鲁晓夫不重视阶级斗争造成的，因此日益强调阶级斗争的重要，并且在此 1962 年的中共八届十中全会上提出阶级斗争要“年年讲，月月讲”。从 1963 年起，又在全国城乡开展以阶级斗争为主要内容的社会主义教育运动，即城市的“五反”和农村的“四清”。本来，农村“四清”的重点是解决一部分干部出现特殊化和腐败的问题，但当时却认为部分干部的腐化变质是阶级斗争的反映，是地主富农对这些干部的腐蚀拉拢造成的。1963 年 5 月中共中央《关于目前农村工作中若干问题的决定（草案）》（即“前十条”）在强调必须高度重视阶级斗争问题时，列举了阶级斗争的诸种表现，如“被推翻的剥削阶级，地主富农，总是企图复辟，伺机反攻倒算，进行阶级报复，打击贫农、下中农”；“被推翻的地主富农分子，千方百计地腐蚀干部，篡夺领导权。有些社、队的领导权，实际上落在他们的手里。其他机关的有些环节，也有他们的代理人”等。因此，社会主义教育运动固然主要是为了解决基层干部存在的问

① 《农业生产合作社示范章程草案》,《人民日报》,1955 年 11 月 11 日。

② 冯建辉:《党对地主富农及其子女政策的变迁》,《炎黄春秋》2000 年第 12 期。

题，但由于将地主富农当作部分干部腐化变质在下面的根子，于是在“追根子”的过程中，一部分地主富农在运动中受到了冲击。不过，相对而言，社会主义教育运动还是在局部进行的。进入“文化大革命”后，阶级斗争为纲的观念进一步被强化，地主富农企图“变天”被严重夸大，为了防止阶级敌人“复辟”，地主富农成为专政即“革命”的对象，再度遭受打击与斗争。这就将阶级斗争严重扩大化了。地主富农固然曾剥削农民，但经过长时间的改造之后，他们中的大多数早已放弃了剥削，成为自食其力的劳动者，就应该具有基本的公民权利而不应再对其加以歧视。

中共十一届三中全会恢复了实事求是的思想路线，随后对社会关系进行重大调整。1979 年 1 月，中共中央做出关于地主、富农分子摘帽问题和地、富子女成分问题的决定，规定凡是多年来遵守政府法令、老实劳动、不做坏事的地主、富农分子，经过群众评审、县革命委员会批准，一律摘掉帽子，给予农村人民公社社员的待遇。地主、富农家庭出身的农村人民公社社员，他们本人的成分一律定为公社社员，享有同其他社员一样的待遇。从此，地主、富农成为一个历史概念。

社会主义改造篇

1949年新中国的成立，标志着中国进入了新民主主义社会。1953年毛泽东提出过渡时期总路线，由此启动了大规模的社会主义改造。1956年社会主义改造基本完成，中国进入了社会主义社会。社会主义改造的主要内容，就是将原来具有私有制性质的个体农业、个体手工业及私人资本主义工商业，分别改造成为集体所有制的农业生产合作社、手工业生产合作社和全民所有制的国营企业，即将多种所有制改造成为单一的公有制。中共十一届三中全会之后，个体经济与民营经济不但有了恢复而且发展迅速，所有制结构又由单一公有制发展到多种所有制共存，由此也引发了对当年社会主义改造的重新评价问题，并形成了基本肯定与基本否定两种对立的观点。

对社会主义改造的不同评价

对于社会主义改造问题，1981 年中共十一届六中全会通过的《关于建国以来党的若干历史问题的决议》（以下简称《决议》）是这样表述的："在过渡时期中，我们党创造性地开辟了一条适合中国特点的社会主义改造的道路。对资本主义工商业，我们创造了委托加工、计划订货、统购包销、委托经销代销、公私合营、全行业公私合营等一系列从低级到高级的国家资本主义的过渡形式，最后实现了马克思和列宁曾经设想过的对资产阶级的和平赎买。对个体农业，我们遵循自愿互利、典型示范和国家帮助的原则，创造了从临时互助组和常年互助组，发展到半社会主义性质的初级农业生产合作社，再发展到社会主义性质的高级农业生产合作社的过渡形式。对于个体手工业的改造，也采取了类似的方法。在改造过程中，国家资本主义经济和合作经济表现了明显的优越性。到一九五六年，全国绝大部分地区基本上完成了对生产资料私有制的社会主义改造。这项工作中也有缺点和偏差。在一九五五年夏季以后，农业合作化以及对手工业和个体商业的改造要求过急，工作过粗，改变过快，形式也过于简单划一，以致在长期间遗留了一些问题。一九五六年资本主义工商业改造基本完成以后，对于一部分原工商业者的使用和处理也不很适当。但整个来说，在一个几亿人口的大国中比较顺利地实现了如此复杂、困难和深刻的社会变革，促进了工农业和整个国民经济的发展，这的确是伟大的历史性胜利。”①

胡绳主编的《中国共产党的七十年》一书对社会主义改造的评价，与《决议》精神是一致的。该书认为，社会主义改造的完成，“这无论如何是一个伟大的胜利，是中华人民共和国成立之后我们国家的历史和党的历史的一个重要的里程碑”。“在几亿人口的中国这样一个大国，消灭私有制这样一个深刻的革命变革，第一是在保证国民经济基本上稳定发展的情况下完成的，第二是在得到人民群众基本上普遍拥护的情况下完成的。这是很难做到而确实做到了的事情。”“在如此复杂、困难和深刻的社会变革中，做到了国民经济的稳定增长和人民群众的广泛拥护，从而比较顺利地实现了社会主义的目标，这个事实说明，总的看来，党对社会主义改造的领导是成功的。”该书同时也认为，“社会主义改造后期过于急促和粗糙，遗留下许多问题”。②

中共中央党史研究室编写的《中国共产党历史》第二卷认为，从其全过程的总体上讲，社会主义改造是在保证国民经济基本上稳定发展，得到人民群众基本上普遍拥护的情况下完成

---

① 《关于建国以来党的若干历史问题的决议》,《人民日报》,1981 年 7 月 1 日。

② 中共中央党史研究室著,胡绳主编:《中国共产党的七十年》,中共党史出版社 1991 年版,第 384—386 页。

的。在社会主义改造过程中，虽然也出现过一部分群众积极性不高的情况，但从总的方面看，所有制关系的变革不但没有破坏生产力，而且明显地促进了生产力的发展。生产资料所有制改造与国民经济发展的良性互动，证明1953年提出的过渡时期总路线是正确的，党和人民对社会主义道路的选择是正确的，党领导人民进行的这场社会大变革在总体上是成功的。该书同时也认为，在社会主义改造后期“也出现不少缺点和偏差”，主要是1955年夏季以后，农业合作化及手工业和个体商业的改造要求过急，工作过粗，改变过快，形式也过于简单划一，以致在长期间遗留了一些问题。另外，1956年资本主义工商业改造基本完成以后，对一部分工商业者的使用和处理也不很适当。①

《决议》关于社会主义改造的评价，可以说是中共中央对这个问题的正式定性，而《中国共产党的七十年》与《中国共产党历史》第二卷，作为中共中央直属研究部门撰写的成果，可以说基本反映了官方研究机构对这个问题的评价。由于《决议》是改革开放之初做出的，而随着改革开放的深化，出现了许多新情况，尤其是随着家庭联产承包经营责任制全面推广，个体经济和民营经济日益发展，经济体制改革的目标最终确立与建立社会主义市场经济之后，学术界对于社会主义改造的评价出现了较大分歧。

肯定论者认为，社会主义改造是我国经济战线上的社会主义革命，是生产关系方面由私有制到公有制的一场伟大的变

---

① 中共中央党史研究室编:《中国共产党历史》第2卷，中共党史出版社2011年版，第362、366页。

革，是中国几千年来最伟大、最深刻的社会变革。党和国家提出进行社会主义改造是为了适应实现国家工业化这个任务的需要；新民主主义社会具有过渡性质，中共中央提出的过渡时期的总路线正是反映了这种情况，反映了历史的必然性。衡量社会主义改造是否正确，其标准就是看它是否促进了生产力的发展。由于在社会主义改造期间，经济发展比较快，经济效益比较好，重要经济部门之间的比例关系比较协调，市场繁荣，物价稳定，人民生活显著改善。所以它是发展生产力的直接动力，而且为中国全面进行社会主义建设开辟了道路，为中国后来的一切进步与发展奠定了基础。①

持这种观点的学者认为，新民主主义社会本来就是一个向社会主义发展的过渡性质的阶段，是要走向社会主义的，这并不是过渡时期总路线突然提出来的新问题。新中国成立、建立起新民主主义国家时，公有制经济远没有处于主体地位。虽然由于没收了官僚资本主义企业，把它变成社会主义的国有经济，在整个国民经济中已处于领导地位，但那时的中国还是一个落后的农业国家，加上长期战争的破坏，生产力水平十分低下。在新民主主义社会中，无论城市或农村，公有制经济都没有占主体地位，在广大农村中尤其如此。这自然称不上社会主义初级阶段。从这里也可以看出社会主义初级阶段同新民主主义社会的根本区别所在。讨论社会主义改造最重要的，又恰恰被不少人忽略或遗忘的是：在中国建立起社会主义制度的主体是靠社会主义工业化。从1953年起，在中国大地上掀起了历史

---

① 沙健孙：《关于社会主义改造问题的再评价》，《当代中国史研究》2005年第1期；《关于社会主义改造的几个问题》，《思想理论教育导刊》2002年第1期。

上从来不曾有过的热气腾腾的大规模经济建设，不提这个问题，就谈不上在中国建立社会主义制度，也就没有以后的社会主义现代化可言。因此，不能把中国社会主义制度的建立看成主要是对资本主义工商业进行社会主义改造的结果，或者过多地把注意力集中在这一点上。对于农业的社会主义改造，不能忽略它的一个突出的历史贡献：初级社是土地入股，高级社是土地公有。这对建立公有制为主体的社会主义制度有着极为重要的意义。现在，在社会主义现代化建设的进程中，“土地公有”这一条的重要性，越来越明显地表现出来。对于高级社这个重大历史功绩，应该给以充分的重视和肯定。总之，1950 年代中期社会主义改造的完成与社会主义基本制度的确立，是一个新生命的诞生，这是一件了不得的大事。①

也有学者一方面肯定 1950 年代提出在工业化的同时逐步开展对个体农业、手工业和资本主义工商业的社会主义改造是正确的；另一方面则认为，社会主义改造应是一个相当长的历史过程，1955 年掀起的以消灭生产资料私有制为目标的社会主义改造高潮，建立的单一公有制和计划经济体制，则不符合当时中国国情，不利于生产力的发展。

当年的社会主义改造主要在三大领域进行，即农业、手工业和资本主义工商业。目前学术界对于手工业社会主义改造的研究成果较少，而讨论农业合作化和资本主义工商业社会主义改造是非得失的成果则相对较多。

有的学者对农业合作化给予较高评价，理由是在 1953 年至

---

① 金冲及：《新民主主义社会和社会主义初级阶段》，《党的文献》2000 年第 5 期。

1957 年中，农业生产总值平均每年增长 4.5%，粮食平均每年增长 3.5%，棉花平均每年增长 4.7%。不但如此，农业合作化把农村的个体经济改造成集体经济，避免了两极分化，消灭了剥削制度，使农民摆脱了个体土地私有制的束缚，走上合作经济的广阔发展道路，在农田基本建设上发挥集体的优越性，为采用农业科学技术提供了条件，为工业化积累了资金和提供了重要市场，推动了对资本主义工商业的改造，奠定了农村基层组织的基础，培养了大批基层经济和行政管理人才。①还有研究者提出，“合作化的进程在其初始阶段无疑是成功的。它没有遭到农民的有力抵抗，进行得相当平缓。尽管在 1952 年到 1958 年间，人口增加了 14.8%，但以 1952 年价格衡量的农业总产值增长了 27%，在同一时期谷物产出增长了 21.9%”②。

对于资本主义工商业社会主义改造问题，持肯定态度的研究者认为，以毛泽东为核心的中共第一代领导集体，坚持马克思主义与中国实际相结合，创立了通过国家资本主义对资本主义工商业进行社会主义改造的理论。改造坚持“公私兼顾，劳资两利”和“分工合作，各得其所”的原则，国家对私营工业采取加工订货、统购包销等方式，对资本主义商业采取经销代销的方式，引导资本主义工商业朝着有利于国计民生的社会主义方向发展。后来，通过公私合营进一步推进了对资本主义工商业的社会主义改造。这一政策实践了马克思、恩格斯和列宁

---

① 高化民:《农业合作化的成功经验》,《当代中国史研究》1995 年第 4 期;《农业合作化与家庭联产承包为主的责任制》,《当代中国史研究》1996 年第 2 期。

② 林毅夫:《制度、技术与中国农业发展》,上海三联书店 1992 年版,第 6 页。

对资产阶级实行和平赎买的设想，消灭了生产资料的资本主义私有制，确立起社会主义制度。资本主义工商业社会主义改造的完成，为后来中国社会的一切进步和发展奠定了基础。这是中国共产党人特别是毛泽东对马克思列宁主义的一个重大贡献。①

还有学者认为，对资改造迅速而大幅度地发展了社会生产力，有力地促进了国民经济的发展。据统计，1956 年全国公私合营工业总产值 191.1 亿元，较 1955 年这些企业的总产值增加 32%，1957 年又比 1956 年增长 8%。1956 年全国公私合营商店、合作商店和合作小组的零售总额较上年增加 15% 以上。1956 年全国公私合营工业的劳动生产率比 1955 年提高 20% ~ 30%。因此，“改造资本主义工商业的每一个步骤，都在不同程度上促进了生产力的发展，有力地促进了‘一五’计划的提前完成”②。有研究者甚至认为，资本主义工商业改造使“社会生产力得到了空前的解放”，因为从人均劳动生产率来看，以 1951 年为 100，1955 年公私合营工业为 314，增长两倍多，私营工业为 158，仅增长半倍多。1956 年，公私合营工业产值比上年增加了 32%，广大职工热情高涨，努力改进产品质量，增加花色品种，降低成本，生产经营呈现出一片崭新的气象。第一个五年计划期间，也就是对资本主义工商业实行社会主义改造期间，工业总产值增长 128.3%，平均每年递增 18%，其中生产资料生产增长 210%，平均每年递增 25.4%，消费资料

---

① 田居俭：《社会主义改造：毛泽东领导新中国经济建设的成功创举》，《党的文献》2011 年第 4 期。

② 黄如桐：《最光辉的胜利之一：50 年代资本主义工商业的社会主义改造》，《真理的追求》1999 年第 10 期。

生产增长83%，平均每年递增12.9%。工业生产取得的成就远远超过了旧中国的一百年。全国物价基本稳定，居民平均生活水平提高了三分之一强。这是社会主义改造取得伟大成功的有力证明，是社会主义优越于资本主义的有力证明。①

否定论者则认为，社会主义改造根本不是搞早了还是搞晚了，搞快了还是搞慢了，形式多样还是简单划一的问题，而是该不该搞、要不要搞的问题，是有没有积极意义的问题。社会主义改造超越了中国的社会发展阶段，在如何过渡到社会主义社会的问题上，毛泽东与斯大林一样犯了超越历史阶段的“左”倾错误。他们都想跳过资本主义，直接进入社会主义。他们都以为运用党掌握的政治力量、政治手段，可以推进生产关系的改造，并不顾生产力的发展就能进入社会主义和共产主义。中共十一届三中全会后在农村推广包产到户，允许个体经济和私营经济存在和发展，证明当年进行社会主义改造是根本错误的。

有研究者认为，尽管农业合作社能够唤起许多理想主义的激情，但在现实中，农业合作化运动却大多以失败而告终。恰好在半个世纪以前，在中国大地上开始发动的那一场波澜壮阔的农业合作化运动，最后也是带着乌托邦的遗恨，随着农村人民公社的结束而走进历史的档案馆。1952年至1957年间农业生产的增长，源于国家和农民的投入增加，来自恢复性增长，主要因为长期战乱结束的惯性，以及国家建国初期成功的农业政策，也许还得依赖于初期强迫性的合作化运动还未在全国广

---

① 马蓥伯:《国际共产主义运动的伟大创举——我国资本主义工商业的社会主义改造》,《中华魂》2009年第8期。

泛地铺开。正是因为上述这些促进增长的因素十分有力，部分地抵消了强迫性的合作化运动带来的负面影响，农业生产才能持续增长。然而，这种增长却掩盖了合作化运动对农业生产的破坏作用，反而造成合作社促进农业生产这一假象。①

另有研究者通过对 1953 年至 1978 年与 1978 年至 1988 年两个时段的农业总产值年均增长率和农民人均纯收入增长情况进行比较，认为“农业社会主义改造在农村经济发展、农民生活水平提高方面是不成功的”。合作化不仅没有创造出农村的繁荣局面，反而致使农村长期处于贫穷的困扰之中。农业合作化把改造当成头等任务，忽视了发展生产力这一真正目的和主题，而且农业社会主义改造的提前完成，“为大跃进的发动提供了事实依据”。如果不是仅仅看到改造期间农村生产还有一定发展的一面，而是多角度地加以考虑和审视，农业合作化就不只是“四过”的问题。②

还有研究者提出，20 世纪 50 年代的农业合作化运动是继土地改革之后，中国共产党在农村政治、经济和社会领域实施的又一场重大的变革。这场变革改变了中国农村的土地所有制，实现了从农民家庭经营向集体化经营的转变，掀起了被历史称作是中国农村由新民主主义向社会主义过渡的高潮，并完成了农村的社会主义改造。综观整个运动的始末，其间具体的政策虽时有调整，但是由分散的小农经济走向集体化大农业的方向却始终未变，且整个运动步伐日急，一波紧似一波，一浪

---

① 尹钛：《合作组织的效率：1952—1957 年中国农业合作化运动的评价》，《中共宁波市委党校学报》2002 年第 4 期。

② 李安增、陈招顺：《对农业社会主义改造的再评价》，《经济评论》1998 年第 6 期。

高过一浪，最终将中国农村送达被称作“人民公社”的大集体经营和组织状态。但是，这场运动的结局，却不似运动的发动者和参与者所共同期盼的“理想社会”和“人间天堂”，而是整个农村、农业和农民径直跌入1950年代末至1960年代初的三年灾难性境地。后来，经过政策调整，农业组织形式退回到“三级所有，队为基础”的小集体模式，情势始有缓和，但是中国农业却因此在低效率、低水平的集体化制度框架内徘徊彷徨近20年。直至1978年中共十一届三中全会以后，家庭联产承包责任制逐步取代农村集体生产经营的模式，农业生产才走上了快速发展的道路。①

对资本主义工商业的社会主义改造，持否定观点的研究者提出，它给我国的经济造成了严重的后果，主要表现有：（一）使我国的商品经济彻底转变成产品经济；（二）促进了高度集中的经济体制的完成；（三）阻碍了农村经济的商品化；（四）割断了与国际上的经济联系；（五）埋没了一批善经营、懂技术的人才；（六）高度集中的产品经济体制的建立，是经济工作中“左”倾错误的客观基础。可见，资本主义工商业的社会主义改造给我国经济造成的后果是十分严重的，至今我们还在为消除其影响而努力。从这些后果看，我国对私人资本主义工商业的社会主义改造不是搞得快了还是搞得慢了的问题，也不是工作中有什么具体缺点错误的问题，而是这场“革命”脱离了我国的国情，超越了社会的发展阶段。因而，尽管在消灭资本主义经济的具体做法和步骤上，与其他社会主

---

① 吴毅、吴帆：《结构化选择：中国农业合作化运动的再思考》，《开放时代》2011年第4期。

义国家相比较，中国做得好一些，当时的损失小一些，但若总体上来考虑，则应该给以否定的评价。①

总之，目前学界对社会主义改造存在不同的评价。笔者认为，一个历史事件之所以发生，一定有它当时的社会环境，有影响它的主客观因素。因此，讨论社会主义改造的评价问题，就有必要对若干相关问题首先进行探讨。

① 方恭温:《对我国资本主义工商业社会主义改造的反思》,《财政研究》1999年第3期。

新中国成立初期的社会性质

由于中国原本是一个半殖民地半封建社会，中国无产阶级革命的第一步，还只能是反帝反封建的民主革命，而不能是反对资本主义的社会主义革命，因而革命胜利后不能立即建立社会主义制度，而只能是建立新民主主义社会，并以此为基础向社会主义社会过渡。那么，中国向社会主义过渡的起点，究竟是以 1949 年新中国成立为标志，还是以 1953 年过渡时期总路线的提出为标志？

1953 年提出的过渡时期总路线曾规定："从中华人民共和国成立，到社会主义改造基本完成，这是一个过渡时期。党在这个过渡时期的总路线和总任务，是要在一个相当长的时期内，逐步实现国家的社会主义工业化，并逐步实现国家对农业、对手工业和对资本主义工商业的社会主义改造。"1954 年通过的《中华人民共和国宪法》则规定："从中华人民共和国成立到社会主义社会建成，这是一个过渡时期。国家在过渡时期的总任务，是逐步实现国家的社会主义工业化，逐步完成对农业、手工业和资本主义工商业的社会主义改造。"按照过渡时期总路线的规定，过渡时期的上限是新中国成立，下限是社会主义改造基本完成，这样，过渡时期就是1949年至1956年这几年的时间。按照1954年宪法，过渡时期的起点同样是新中国成立，而下限则是社会主义社会的建成而不是建立，显然所指的是整个社会主义建设阶段，但从宪法规定的国家在过渡时期任务，却又是与总路线基本相同，即实现“一化三改”。

当然，不论是过渡时期总路线还是1954年宪法，都认为过渡时期的起点是以新中国成立为标志的。毫无疑问，新中国的成立意味着半殖民地半封建社会的结束，社会主义改造的完成则意味着中国社会主义制度的基本建立，所以，从新中国成立到社会主义改造基本完成这一时间段，确实是一个过渡时期，它完成了中国由一个半殖民地半封建社会到社会主义社会的转变。但是，这个转变是分两步进行的，即：第一步，实现半殖民地半封建社会向新民主主义社会的转变，其标志就是中华人民共和国成立及新中国成立后民主革命遗留任务的完成；第二步，实现新民主主义向社会主义的转变，其标志是1956年社会主义改造基本完成。因此，这几年的时间实际上可以分为两个时间段，第一个时间段是新中国成立到大规模的社会主义改造开始前，属于新民主主义社会时期，大致时间为1949年至1952年；第二个时间段是从大规模的社会主义改造启动到社会主义改造基本完成，属于新民主主义社会向社会主义社会的转变时期，即社会主义改造时期，大致时间为1953年至1956年。

虽然1949年至1956年的这几年间，可以分成上述两个时间段，但这两个时间段从单体目标上说都具有向社会主义过渡的性质。因为过渡时期总路线提出之前，尽管大规模的社会主义改造尚未启动，但实际上没收官僚资本建立国营经济，一些地方已经开始建立少量的农业生产合作社，这都为向社会主义过渡在准备条件。当然，从整体上肯定从新中国成立到社会主义改造基本完成都是过渡时期，并不意味着从新中国一成立，就开始了向社会主义过渡。如果这样的话，中国共产党人曾一再强调的中国新民主主义革命胜利之后，将建立一个新民主主义的共和国，通过新民主主义向社会主义过渡，岂不仅是口头宣传？ 不但如此，如果新中国一成立就向社会主义过渡，那么，向社会主义过渡的起点只能是半殖民地半封建社会，众所周知，半殖民地半封建社会是不能直接过渡到社会主义的。

对于中国革命胜利后首先建立的不是社会主义而是新民主主义社会这个问题，中共立场一直十分明确。毛泽东 1940 年年初发表的《新民主主义论》和 1945 年 4 月在中共七大上所做的《论联合政府》报告，已对此做了透彻的说明。中国原本是一个半殖民地半封建国家，这样的国家不能直接过渡到社会主义。对于中国共产党人而言，革命胜利之后又不可能在中国建立资本主义制度。如何解决这个难题？ 经过近二十年的探索，终于找到了新民主主义之路，即以新民主主义社会作为半殖民地半封建社会过渡到社会主义的桥梁。通过新民主主义走入社会主义，可以说是中国共产党人对于中国这样的半殖民地半封建国家（非资本主义国家）如何建立社会主义制度所做出的一个非常了不起的贡献，是对马克思主义的一个独创性发展。

毛泽东 1940 年年初发表的《新民主主义论》中，曾对新民主主义的政治制度和经济政策做过具体的论述，提出中国革命胜利之后要建立的是一个新民主主义的共和国。在这个共和国里，国体是各个革命阶级（即工人阶级、农民阶级、小资产阶级和民族资产阶级）的联合专政；到了新中国成立前夕，他又将各个革命阶级联合专政发展为人民民主专政，并对人民的范畴做了具体的解释。关于新民主主义的经济，毛泽东在《新民主主义论》中提出了两个重要的主张，一是将“中大银行、大工业、大商业，归这个共和国的国家所有”，“在无产阶级领导下的新民主主义共和国的国营经济是社会主义的性质，是整个国民经济的领导力量，但这个共和国并不没收其他资本主义的私有财产，并不禁止‘不能操纵国民生计’的资本主义生产的发展”；二是“采取某种必要的方法，没收地主的土地，分配给无地和少地的农民，实行中山先生‘耕者有其田’的口号，扫除农村中的封建关系，把土地变为农民的私产。农村的富农经济，也是容许其存在的。……在这个阶段上，一般地还不是建立社会主义的农业，但在‘耕者有其田’的基础上所发展起来的各种合作经济，也具有社会主义的因素”。①1949 年 3 月的中共七届二中全会前后，毛泽东又综合刘少奇、张闻天等人的意见，提出新民主主义经济由国营经济、合作社经济、国家资本主义经济、个体经济和私人资本主义经济等五种经济成分构成，并对这五种经济成分的地位及对其应采取的政策做了具体的分析。新中国成立初期没收官僚资本将其转变为国营企业，允许私人资本主义存在和发展，在新解放地区进行土地改革，都是新民主主义经济政策的具体体现。

在中国革命胜利之际，中共领导人对将建立的新中国的性质也是十分明确的。在 1949 年中国人民政治协商会议讨论

① 《毛泽东选集》第 2 卷，人民出版社 1991 年版，第 678 页。

《中国人民政治协商会议共同纲领》（简称《共同纲领》）时，有人提出，既然承认新民主主义是一个过渡性质的阶段，一定要向社会主义过渡，那么在《共同纲领》就应该把这个前途写出来。经过讨论，最后没有采纳这种意见。周恩来为此解释说：总纲讨论中，曾有一种意见，以为我们既然承认新民主主义是一个过渡性质的阶段，一定要向更高级的社会主义和共产主义阶段发展，因此总纲中就应该明确地把这个前途规定出来。筹备会讨论中，大家认为这个前途是肯定的，毫无疑问的，但应该经过解释、宣传，特别是实践来证明给全国人民看，只有全国人民在自己的实践中认识到这是唯一的最好的前途，才会真正承认它，并愿意全心全意为它而奋斗。所以现在暂时不写出来，不是否定它，而是更加郑重地看待它。而且这个纲领中经济的部分里面，已经规定要在实际上保证向这个前途走去。①因此，《中国人民政治协商会议共同纲领》总纲规定："中华人民共和国为新民主主义即人民民主主义的国家。"

然而，根据过渡时期总路线和1954年宪法，中国向社会主义过渡的起点却又是中华人民共和国成立，那么中国到底有没有经历过新民主主义社会？如果的确经历了新民主主义社会阶段，又如何理解过渡时期总路线对过渡时期起点的设定？笔者认为，应当实事求是地承认新中国成立初期的社会性质属于新民主主义，中国社会主义制度是从新民主主义社会过渡而来的，而不是从半殖民地半封建社会直接过渡而来的。当然，从

---

① 《中国人民政协第二日会议上周恩来报告共同纲领草案起草的经过和纲领的特点》,《人民日报》,1949年9月26日。

新民主主义社会本身而言，其性质就是过渡性的，是中国这样的半殖民地半封建国家即资本主义发展不充分的国家，走入社会主义的一个特殊而又必须经历的阶段。

新中国成立初期中国社会的新民主主义性质，可以从当时的政治制度和经济文化体制上反映出来。

首先，新中国成立初期的中央人民政府和地方各级人民政府，在一定意义上讲是中国共产党领导的民主联合政府，这是新民主主义社会的一个很重要的特征。毛泽东在 1940 年发表《新民主主义论》时，曾对新民主主义共和国的国体和政体做了充分的论述，认为新民主主义共和国的国体是各个革命阶级的联合专政。毫无疑问，这里的“各个革命阶级”指的是工人阶级、农民阶级、小资产阶级和民族资产阶级，在这个联合专政里，起领导地位的自然是无产阶级。他说，“现在所要建立的中华民主共和国，只能是在无产阶级领导下的一切反帝反封建的人们联合专政的民主共和国，这就是新民主主义的共和国”①。

至于“各个革命阶级”如何“联合专政”，《新民主主义论》并没有更多的具体论述。到了 1944 年，世界反法西斯战争大局已定，中国人民已经看到了抗战胜利的曙光，这时国民党和共产党都提出抗战胜利后要建立一个新中国。自然，两党所讲的新中国内涵是并不一样的。国民党所谓的新中国，其实就是维护甚至强固其一党专政。从长远来看，中国共产党要建立的新中国，不须说就是《新民主主义论》中所提出的“无产阶级领导下”的新民主主义共和国，未来目标则是一个社会主

---

① 《毛泽东选集》第 2 卷，人民出版社 1991 年版，第 675 页。

义的新中国。但考虑到当时中国社会各阶级和各政党的力量对比，在抗战胜利之初就建立一个将蒋介石集团排除在外的、各个革命阶级联合专政的全国政权，显然是不现实的，因而1944年9月，中国共产党提出了成立民主联合政府的主张。在1945年5月的中共七大上，毛泽东的书面政治报告就叫《论联合政府》。这是一个公开发表的报告，在一定程度上也是中国共产党向世人公布的关于建立一个什么样政权的政纲。

按照《论联合政府》中提出的设想，这样的联合政府构建"第一个步骤，目前时期，经过各党各派和无党无派代表人物的协议，成立临时的联合政府；第二个步骤，将来时期，经过自由的无拘束的选举，召开国民大会，成立正式的联合政府"①。即就是说，构建民主联合政府首先是改组由国民党一党专政的国民政府，然后通过自由选举产生正式的联合政府，至于这个正式的联合政府由哪个党主导，只能是通过自由选举由选民来决定。抗战胜利后的重庆谈判及随后的政治协商会议，成立联合政府都是重要的议题。由于蒋介石发动内战，坚持一党专政、个人独裁的主意已定，根本无意组建这样的联合政府，随着全面内战的爆发，通过改组国民党政权的方式建立联合政府之路，被蒋介石彻底堵塞。

全面内战爆发后，中国共产党并没有放弃成立民主联合政府的设想，所不同的是此后所主张建立的联合政府，是排除国民党反动派在外的联合政府，也就是又回归到了《新民主主义论》中所提出的"各个革命阶级的联合专政"那样的联合政府。1947年10月，中共中央发表《中国人民解放军宣言》，

① 《毛泽东选集》第3卷，人民出版社1991年版，第1068—1069页。

其中提出的十项主张中，第一项就是“联合工农兵学商各被压迫阶级、各人民团体、各民主党派、各少数民族、各地华侨和其他爱国分子，组成民族统一战线，打倒蒋介石独裁政府，成立民主联合政府”。次年4月30日，中共中央发布纪念“五一”劳动节的口号，向各民主党派、各人民团体、各社会贤达发出“迅速召开政治协商会议，讨论并实现召集人民代表大会，成立民主联合政府”的倡议，得到各有关方面的热烈响应。1949年1月1日，《人民日报》发表的新年献词更是明确提出：“1949年将要召集没有反动分子参加的以完成人民革命任务为目标的政治协商会议，宣告中华人民民主共和国的成立，并组成共和国的中央政府，这个政府将是一个在中国共产党领导之下的有各民主党派各人民团体的适当的代表人物参加的民主联合政府。”

1949年9月21日，经过几个月的筹备之后，新政治协商会议即中国人民政治协商会议召开。新政治协商会议最主要的任务，就是组建中央人民政府。这次政治协商会议选举产生了中央人民政府的主席、副主席及全体委员。主席、副主席共7人，其中非中共人士3人，分别是副主席宋庆龄、李济深和张澜；中央人民政府委员56人，其中非中共人士27人。在随后组建的政务院及其所属机关的负责人中，政务院副总理共4人，其中非中共人士2人，即郭沫若和黄炎培；各部、委、署主官中，非中共人士超过三分之一，其中在政务院各部门担任正职的非中共人士有文化教育委员会主任郭沫若、人民监察委员会主任谭平山、轻工业部部长黄炎培、邮电部部长朱学范、交通部部长章伯钧、农业部部长李书城、林垦部部长梁希、水利部部长傅作义、司法部部长史良、文化部部长沈雁冰、教育部部长马叙伦、卫生部部长李德全、华侨事务委员会主任委员何香凝、出版总署署长胡愈之。据中央人民政府21个部的统计，部长副部长中非中共人士达26人。此外，最高人民法院院长亦由非中共人士沈钧儒担任。从这一届中央人民政府的人员构成看，此时的中央人民政府应当是具有联合政府性质的，或者说是中国共产党领导的民主联合政府。中央人民政府的这种格局，一直维持到1954年一届全国人大一次会议召开。在地方各级人民政府中，也存在类似的情况。

当时起临时宪法作用的《共同纲领》在其序言中规定："中国人民民主专政是中国工人阶级、农民阶级、小资产阶级、民族资产阶级及其他爱国民主分子的人民民主统一战线的政权，而以工农联盟为基础，以工人阶级为领导。由中国共产党、各民主党派、各人民团体、各地区、人民解放军、各少数民族、国外华侨及其他爱国民主分子的代表们所组成的中国人民政治协商会议，就是人民民主统一战线的组织形式。"①在其总纲中，又做了这样的规定："中华人民共和国为新民主主义即人民民主主义的国家，实行工人阶级领导的、以工农联盟为基础的、团结各民主阶级和国内各民族的人民民主专政"。这就对新中国的国体和政体做了明确的表述。《共同纲领》中并没有任何"中国共产党领导"这样的文字，但它在总纲中明确规定中华人民共和国"实行工人阶级领导"，实际上用另外一种方式规定了中国共产党在国家中的领导地位。何况中国革命的胜利是在中国共产党的领导下取得的，因而新中国成立后，中国共产党在国家政治生活中居于领导地位也是自然的。

---

① 《中国人民政治协商会议共同纲领》,《人民日报》,1949年9月30日。

新中国成立之初，各民主党派和无党派民主人士不但在中央人民政府中担任重要职务，而且真正做到了有职有权。作为执政党的中国共产党，也采取了许多有效措施保证党外人士有职有权，认为“党外人士既然担任了一定的职务，即应享有与其职务相当的权力，履行与其职权相当的责任。这不仅要在工作中同党外人士商量一切应该同他们商量的问题，取得大多数人的协议，然后付诸执行，而且要在共产党员和党外人士之间进行必要而适当的分工，并主动地帮助党外人士做出成绩来”①。

当时，政务院的政务会议每星期召开一次，有关文件均交非党人士审查，一切指示、法令也要其修改。陈云主持中财委（即中央财政经济委员会）的工作，明确要求各部部长对本部工作做报告，非党人士担任部长的就要非党人士做报告。中财委副主任薄一波还总结了与党外人士合作共事的四条经验：一是要使党外人士有职有权，做到该商量的必须商量，该请示的必须请示，该经过的必须经过；在工作中遇到党外人士不同意见时，不应做硬性决定，除检讨自己意见有无不妥外，还应帮助说服党外人士，始能做决定。二是一切重要决定应有应该参加的党外人士（如部长、副部长等）参加决定。三是有些日常处理的重要事情（如电报、公文）和上级来的指示、下级来的报告，均应使应该看到的党外人士看到。四是用人也应与党外人士商酌，党外人士所举荐的人，更应慎重考虑，能用者尽量

① 中共中央文献研究室编:《建国以来重要文献选编》第1册,中央文献出版社1992年版,第155页。

予以录用。①

1951年3月，中共北京市政府党组就与党外人士合作问题的检查情况写了一份报告，其中认为要使党外人士有职有权，并帮助他们在工作中做出成绩，“这首先需要进行必要而适当的分工，如是党外人士任正职，那就应在集体领导，分工负责的原则下，给予他们以总揽全局和最后决定之权；如是党外人士任副职，也应在集体领导，分工负责的原则下，使他们在自己职权的范围内，能够放手做事，不受干涉”。中共中央认为北京市的这种做法“很好”，要求各中央局“转告各有党外人士工作的机关中党组研究”。②

这些材料说明，新中国成立之初，中央人民政府及地方各级人民政府具有联合政府性质。这种政权组织形式，为中国共产党领导的多党合作与政治协商制度的形成奠定了基础。

其次，新中国成立初期经济文化体制也是新民主主义性质的。对于新民主主义社会的经济制度，《共同纲领》做了这样的规定：“中华人民共和国经济建设的根本方针，是以公私兼顾、劳资两利、城乡互助、内外交流的政策，达到发展生产、繁荣经济之目的。国家应在经营范围、原料供给、销售市场、劳动条件、技术设备、财政政策、金融政策等方面，调剂国营经济、合作社经济、农民和手工业者的个体经济、私人资本主义经济和国家资本主义经济，使各种社会经济成分在国营经济

---

① 中共中央文献研究室编：《建国以来重要文献选编》第1册，中央文献出版社1992年版，第464—465页。

② 《中共中央转发北京市政府党组关于与党外人士合作的报告》，1951年3月19日。

领导之下，分工合作，各得其所，以促进整个社会经济的发展。”①

新民主主义社会经济上最根本的特征，就是多种经济成分共存。以过渡时期总路线正式提出前的1952年为例，各种所有制经济成分在国民收入中的比重分别是：国营经济占19.1%，合作社经济占1.5%，国家资本主义经济占0.7%，私人资本主义经济占6.9%，个体经济占71.8%。②至于在此之前的1949年至1951年，后两种经济成分的比重无疑要更大一些。由此可见，在新民主主义社会阶段，现代经济和公有制经济在国民经济中所占的比重很小，传统的个体经济占了很大的比重。

在新民主主义经济中，国营经济数量虽然不占优势，但它处于领导地位并呈日益壮大之势。对于国营经济的领导地位，《共同纲领》明确规定：“国营经济为社会主义性质的经济。凡属有关国家经济命脉和足以操纵国民生计的事业，均应由国家统一经营。凡属国有的资源和企业，均为全体人民的公共财产，为人民共和国发展生产、繁荣经济的主要物质基础和整个社会经济的领导力量。”从1949年至1952年，国营经济发展迅速。1949年国营工业的总产值为36.8亿元，1952年达到了142.6亿元，增长了387.5%。国营商业机构1950年的批发和零售额分别占全国的23.2%和8.3%，1952年则上升到60.5%和19.1%。

私人资本主义经济是新民主主义社会的重要经济成分，

---

① 《中国人民政治协商会议共同纲领》，《人民日报》，1949年9月30日。

② 赵德馨主编：《中国经济通史》第10卷上册，湖南人民出版社2002年版，第87页。

1949 年至 1952 年其总量也是呈增长的趋势，但由于国营经济的快速增长，它占国民经济的比重则出现逐年下降之势。在 1951 年之前，私营工业在全部工业总产值中占比超过了 50%，即 1949 年 63.3%，1950 年 51.8%，1951 年 50.1%，而 1952 年下降到了 39%。

1949 年至 1952 年全国私营工业变化情况①

年份	企业数(个)			职工人数(万人)			总产值(万元)		
	户数	定比	环比	人数	定比	环比	产值	定比	环比
1949	123165	100	100	164.38	100	100	682816	100	100
1950	133918	108	108	181.58	110.47	110.47	727826	106.6	106.6
1951	147650	119.88	111	202.28	123.05	111.39	1011836	148.2	139.0
1952	149571	121.44	101.3	205.65	125.11	101.67	1052611	154.2	104.0

从上表中可以看出，并不是新中国一成立，就采取措施消灭私人资本主义，这几年恰恰是私人资本主义得到很大发展的时期，有人将其称为中国民族资本主义发展史上的“第二个黄金时期”（第一个黄金时期指第一次世界大战期间），还是有其道理的。

对于私人资本主义问题，毛泽东在《新民主主义论》中提出，“并不禁止‘不能操纵国民生计’的资本主义生产的发展”②。在中共七大上，不论是大会的书面报告还是口头报告中，毛泽东都多次讲到中国发展资本主义的问题，且提出“中

① 中国社会科学院、中央档案馆编:《1949—1952 中华人民共和国经济档案资料选编》(工商体制卷),中国社会科学出版社 1993 年版,第 732 页。

② 《毛泽东选集》第 2 卷,人民出版社 1991 年版,第 678 页。

国需要资本主义的广大发展”，并认为“资本主义的广大发展在新民主主义政权下是无害有益的”①。但到新中国成立前夕中共七届二中全会的时候，毛泽东又提出要“对于资本主义采取恰如其分的有伸缩性的限制政策”，同时“容许它们在人民共和国的经济政策和经济计划的轨道内有存在和发展的余地”②。概括地讲，七届二中全会确定的对私人资本主义的政策是利用与限制并重。对此《共同纲领》曾这样规定：“凡有利于国计民生的私营经济事业，人民政府应鼓励其经营的积极性，并扶助其发展。”这就意味着，凡不利于国计民生的私营经济事业，人民政府将予以限制。所以在新民主主义社会时期，对私人资本主义基本上采取的是利用与限制并重的政策，并且随着时间的推移，更多地侧重于限制。

1950 年 6 月，中央人民政府出台了《中华人民共和国土地改革法》，由此在广大的新解放区进行了轰轰烈烈的土地改革运动（老解放区此前已完成了土改）。土地改革是一场翻天覆地的农村所有制变革运动，“土地改革的基本内容，就是没收地主阶级的土地，分配给无地少地的农民”，把封建剥削的土地所有制变为农民的土地所有制。③与老解放区的土地改革相比，此时进行的土地改革采取了保留富农经济的政策，《中华人民共和国土地改革法》明确规定：“保护富农所有自耕和雇人耕种的土地及其财产，不得侵犯。”采取这样的政策，目的

---

① 中共中央文献研究室编:《毛泽东文集》第 3 卷，人民出版社 1996 年版，第 275 页。

② 《毛泽东选集》第 4 卷，人民出版社 1999 年版，第 1431—1432 页。

③ 中共中央文献研究室编:《建国以来重要文献选编》第 1 册，中央文献出版社 1992 年版，第 290 页。

在于“中立富农，更好地保护中农和小土地出租者，以便孤立地主阶级，团结全体人民有秩序地实行土地改革，废除封建制度”①。因此，在新民主主义社会里，农村在消灭地主阶级之后，还存在一个具有资本主义性质的剥削阶层——富农。

土地改革之后，农村经济体制仍基本上是个体农民所有制。这不单体现在生产方式上是农民以家庭为生产单位，更为重要的是农民对于土地具有所有权，以及附随所有权而产生的土地处置权。《共同纲领》第二十七条规定：“凡已实行土地改革的地区，必须保护农民已得土地的所有权。”《中华人民共和国土地改革法》第三十条亦规定：“土地改革完成后，由人民政府发给土地所有证，并承认一切土地所有者自由经营、买卖及出租土地的权利。”②1951 年 1 月，中共中央批转了中共中央华东局关于颁布《发展农业生产十大政策》的请示，这“十大政策”的第一条就是“保护农民已分得的土地及财产，不得侵犯”。在过渡时期总路线提出前夕的 1953 年 5 月，中央人民政府政务院发出的《加强增产粮食和救灾工作的指示》中，还提出“必须认真贯彻保护农民土地所有权的政策”。即就是说，在新民主主义社会里，农民依法具有土地所有权以及土地的处置权，土地的买卖是合法的。

虽然《共同纲领》中提出“应引导农民逐步地按照自愿和互利的原则，组织各种形式的劳动互助和生产合作”，但在 1952 年之前，除了互助组有较大发展外，农业生产合作社数量

---

① 中共中央文献研究室编:《建国以来重要文献选编》第 1 册,中央文献出版社 1992 年版,第 297 页。

② 中共中央文献研究室编:《建国以来重要文献选编》第 1 册,中央文献出版社 1992 年版,第 343 页。

还很少。1950 年只有 19 个初级形式的农业合作社；到 1952 年也只发展到 3644 个，入社的农户有 59028 户，占全国总农户数的 0.1% 。①当时，党内相当多的人认为，新民主主义社会的主要任务是实现国家工业化，只有实现了工业化才能实现社会主义化，因而他们认为在农村不要急于动摇私有基础和急于建立农业生产合作社。1951 年 6 月 29 日，《人民日报》发表了中共中央华北局第一书记薄一波的文章《加强党在农村中的政治工作，纪念中国共产党三十周年》，对当时党内存在的所谓“在互助组内逐渐动摇、削弱直至否定私有财产，来达到农业集体化”的思想进行公开批评，认为这样的农业集体化道路是一种完全的空想，因为目前的互助组是以个体经济为基础的，它不能在这样的基础上逐渐发展到集体农场，更不能经由这样的道路在全体规模上使农业集体化。土地改革以后，党在农村中的基本政策是普遍发展农业生产力，多打粮食，多生产工业原料，多生产外销物资，从而保证对城市的供应和改善农民生活。现时的互助组是建立在私有财产基础上的自愿和等价交换的一种组织，一般的是保护私有财产而不是削弱和否定它，而如果这样做了就要犯错误。②

由于农村个体经济是其主要形式，土地可以自由买卖，因此土地改革后的农村也就难以避免地出现了两极分化的苗头，少量生产条件好、经营能力强的中农上升为富农，出现雇工剥削现象。针对这种情况，刘少奇认为，富农雇人多，买了马，不要限制他，现在要让他发展。他指出：“现在限制单干是过

① 王贵宸:《中国农业合作经济史》,山西经济出版社 2006 年版,第 251 页。

② 薄一波:《加强党在农村中的政治工作,纪念中国共产党三十周年》,《人民日报》,1951 年 6 月 29 日。

早的，现在能够单干是很好的，也不可认为反对单干的农民便是集体主义，因为他还无力单干，是不能去单干的贫农。”“现在的农民党员，是可以单干的。我们的党规党法上允许党员单干而且也允许雇人，认为党员便不能有剥削，是一种教条主义的思想。但能单干与应该单干是两回事，我们允许党员单干，并不是我们鼓励他们去单干。”①根据刘少奇的意见，中共中央组织部在给中共中央东北局关于党员可否雇工的答复中说：“党员雇工与否、参加变工与否，就有完全的自由，党组织不得强制，其党籍亦不得因此而停止或开除。”“在今天农村个体经济基础上，农村资本主义的一定限度的发展是不可避免的，一部分党员向富农发展，并不是可怕的事情，党员变成富农怎么办的提法，是过早的，因而也是错误的。”

1950 年 9 月，中共热河省委就富农可否评劳模的问题请示东北局，并认为新富农一般不应选为劳模，东北局亦认为“土改后由贫雇农劳动起家的新富农原则上不应号召选为劳模，如有特殊成绩者可个别地予以鼓励，但已被选为或为多数群众民主选出者，亦不必宣布取消”。对此，中共中央明确指出：“只要新富农本人劳动好，对劳动有新发明和创造，对雇工待遇又好，合于劳模各种条件，而不是简单计算新富农的生产量多，不是他的雇工劳动好而本人劳动并不怎么好，就可以选为劳动模范。这样作，并不违背什么原则。”②

在新民主主义社会，私有财产被明确列为保护的对象。

---

① 中共中央文献研究室编：《刘少奇论新中国经济建设》，中央文献出版社 1993 年版，第 152—155 页。

② 《中共中央关于新富农可否选为劳动模范的问题给东北局的复示》，1950 年 9 月 20 日。

《共同纲领》规定："保护国家的公共财产和合作社的财产，保护工人、农民、小资产阶级和民族资产阶级的经济利益及其私有财产，发展新民主主义的人民经济，稳步地变农业国为工业国。"1949年10月15日，华北人民政府发布《1949年冬学运动实施纲要》，要求"教育群众使其了解在相当长的历史时期中，中国还是实行新民主主义，保护私有财产，鼓励私人的合法经营"。1950年7月10日，《人民日报》发表《为华北农民生活的富裕而奋斗》的社论，亦强调"必须坚决继续贯彻政府关于保护人民私有财产的法令，对于任何破坏政策、侵犯人民财权地权的违法行为必须坚决纠正，并予犯法者以应得的处分"。

新民主主义社会在文化体制上一个明显的特征，是多种所有制共同存在的文化产业格局。据1950年3月底的统计，在北京、天津、上海、南京、杭州、济南、武汉、广州、长沙、西安、重庆等11个大城市，出版及贩卖书店共计1057家。其中自行出版书刊者269家，计公营19家（包含新华书店总分店6家），公私合营6家，私营244家。专营贩卖的书店788家，计公营16家，公私合营7家，私营765家。①1950年1月至12月，全国共出版图书7049种，其中私营3681种，占52.3%。全年共有定期刊物295种，其中私营113种，占38.3%。②

---

① 《出版事业中的公私关系和分工合作问题》，《人民日报》，1950年7月17日。

② 中央人民政府出版总署：《1950年全国图书期刊出版概况》，中国出版科学研究所、中央档案馆编：《中华人民共和国出版史料》第2卷，中国书籍出版社1996年版，第807、810页。

据1950年3月的统计，全国共有私营报纸58家，私营广播电台34座。私营报纸最多的为华东地区，有24家，其中14家在上海出版，如《大公报》、《文汇报》、《新民报》、《大报》、《亦报》、英文《字林西报》、英文《密勒氏评论报》等。①

新中国成立之初，国营的电影制片厂只有东北、北京、上海3家，而私营电影公司则有十几家，其中有一定制片能力的主要有昆仑、文华、大同、国泰等影业公司。1949年和1950年国营电影制片厂共摄制了29部故事片，而昆仑、文华等私营电影公司却生产了约50部影片。1950年《大众电影》读者共评选出了10部最喜爱的国产片，其中有4部是私营影片公司生产的。②

新中国成立初期，私立高等学校，包括大学、专门学院、专科学校等占的比重相当大。1949年有大专学校205所，其中私立81所（包括外国教会所设学校），占总数的39.5%；除教会学校外，则为60所，占总数的29.3%。③据第一次全国教育工作会议统计（1949年12月），全国已解放地区（缺西南六省、西北三省数字），共有私立中等学校1467所，占中等学校总数的48%；私立中等学校学生共有36.6万余人，占学生总数的42%。仅京、津、沪、宁、武汉五城市统计，有私立小学

---

① 方汉奇主编:《中国新闻传播史》,中国人民大学出版社2002年版,第335页。

② 陈荒煤主编:《当代中国电影》第1编,中国社会科学出版社1989年版,第65页。

③ 苏渭昌等主编:《中国教育制度通史》第8卷,山东教育出版社2000年版,第187页。

1452所，占小学总数的56%；私立小学学生30.7万人，占44%。①

从上述分析中可以看出，在新中国成立的头三年，中国共产党人基本上是老老实实、不折不扣地按照《共同纲领》来建设新民主主义社会的，中国的社会主义制度是建立在这样的基础上的。

承认新中国成立初期的新民主主义社会性质，不但符合历史的本来面目，而且说明中国共产党信守了革命时期通过新民主主义走向社会主义的承诺，新民主主义社会的理论也好，民主联合政府的口号也好，都不是中共争取中间力量的一种策略，而是一个基本的国家建设理念。胡乔木在1981年5月中共中央政治局会议做《关于建国以来党的若干历史问题的决议》的说明时特别指出："中央并未在中央正式文件中讲过一九四九年建国就标志着社会主义革命的开始。只是毛泽东同志一九五三年底修改中宣部关于过渡时期总路线宣传提纲时加过这样一句话，但从一九四九年至一九五二年，中共中央从来都是讲新民主主义，否则新民主主义共和国就从来不存在也不可能存在了，新民主主义秩序能否巩固的问题也不会发生了。如果不是这样认识问题，就会损害一九四〇年《新民主主义论》发表以来直至一九四九年《共同纲领》通过并加以实行的党的信誉，使党陷于在根本理论上自相矛盾的地位。"②

当然，肯定新中国成立初期的新民主主义性质，并不是说在这个阶段没有社会主义因素。恰恰相反，这是中国的社会主

① 毛礼锐、沈灌群主编:《中国教育通史》第6卷，山东教育出版社1989年版，第24—25页。

② 《胡乔木谈中共党史》，人民出版社1999年版，第145页。

义因素不断增长的几年。政治上，工人阶级（共产党）在国家政治生活中居于领导地位；经济上，没收官僚资本建立了国营企业，以加工订货、统购包销为主要形式的国家资本主义有了很大发展，农业生产互助组普遍建立并试办了一部分农业生产合作社，这些都是社会主义的因素。发展社会主义的因素恰恰是新民主主义社会的应有之义。新民主主义社会本质上是一个既允许资本主义存在甚至得到一定的发展，也必须让社会主义因素发展的社会，并且最终使后者超过前者，从而顺利实现新民主主义向社会主义的过渡。

新民主主义社会提前结束的原因

新民主主义社会无疑是带有过渡性质的社会形态，那么如何实现新民主主义向社会主义的过渡呢？ 毛泽东曾这样说过："没有一个新民主主义的联合统一的国家，没有新民主主义的国家经济的发展，没有私人资本主义经济和合作社经济的发展，没有民族的科学的大众的文化即新民主主义文化的发展，没有几万万人民的个性的解放和个性的发展，一句话，没有一个由共产党领导的新式的资产阶级性质的彻底的民主革命，要想在殖民地半殖民地半封建的废墟上建立起社会主义社会来，那只是完全的空想。"①这段话集中概括了新民主主义向社会主义过渡所应当具备的基本条件：只有经过新民主主义社会在政治、经济、文化上全面而充分的发展，而且根据中国人民的需要和意愿，才能实现这种过渡。

基于这样的认识，中共领导人曾设想经过一个比较长的新民主主义社会阶段之后，才能实现社会主义的前途。1944 年 7

---

① 《毛泽东选集》第 4 卷，人民出版社 1991 年版，第 1060 页。

月，毛泽东在会见英国记者斯坦因时说："我们目前的新民主主义政策在任何条件下都将必须继续实行，而且还要实行相当长的一个时期。"①这里"相当长的一个时间"究竟是多长，毛泽东没有进一步进行解释。实际上，这时抗战尚未胜利，虽然中国共产党所领导的各解放区无疑是新民主主义的社会形态，但就全国而言，大多数地区或为日本所侵占，或为国民党统治区，全国范围的新民主主义社会尚未建立，自然也没有必要具体设想向社会主义过渡的问题。

到了1948年秋，中国革命的胜利已是指日可待，中国人民盼望已久的新民主主义的新中国很快将变成现实。在该年9月召开的中共中央政治局会议上，中共领导人对何时转入社会主义进行了讨论。刘少奇在发言时提出，不能过早地采取社会主义，毛泽东插话说："到底何时开始全线进攻？ 也许全国胜利后还要十五年。"②当天为会议做结论时，毛泽东又说："关于完成新民主主义到社会主义的过渡的准备，苏联是会帮助我们的，首先帮助我们发展经济。我国在经济上完成民族独立，还要一二十年时间。我们要努力发展经济，由发展新民主主义经济过渡到社会主义。"③在1949年1月的中共中央政治局会议上，毛泽东又表示，不要急于追求社会主义化，合作社不可能很快发展，大概要准备十几年工夫。这是中共领导人对新民主主义转入社会主义最早提出的具体时间表。

---

① 中共中央文献研究室编:《毛泽东文集》第3卷,人民出版社1996年版,第182页。

② 中共中央文献研究室编:《刘少奇论新中国经济建设》,中央文献出版社1993年版,第7页。

③ 中共中央文献研究室编:《毛泽东文集》第5卷,人民出版社1996年版,第146页。

1949年7月4日，毛泽东在中央团校第一期毕业典礼上又讲：20年后，我们工业发展到一定程度，看情况即转入社会主义。①1949年6月至8月，刘少奇代表中共中央访问苏联，其间在给斯大林的报告中说："从现在起到实行一般民族资本的国有化，还需要一段相当长的时间。这段时间到底需要多久？这要看国际的和国内的各种条件来决定，我们估计或者需要十年到十五年。"②

直到1951年，党的领导层仍然认为需要一二十年的新民主主义建设阶段，然后才能转入社会主义。这年5月，刘少奇在全国宣传工作会议上说："现在就有人讲社会主义，我说这是讲早了，至少是早讲了十年。当然，作为理论和理想，我们做宣传工作还要讲，而作为实践的问题，十年建设之内社会主义是讲不到。十年以后建设得很好，那时我们看情况，就可以提一提这个问题：社会主义什么时候搞呀？ 但是还要看实际情况才能答复这个问题。十年以后可能采取某一些相当的社会主义步骤；也可能那时还不能采取这种步骤，还要再等几年。"③同年7月，刘少奇在给马列学院第一班学员做报告时，也认为向社会主义过渡"少则十年，多则十五年，二十年恐怕不要"④。

---

① 中共中央文献研究室编：《毛泽东年谱（1893—1949）》修订本下卷，中央文献出版社2013年版，第525页。

② 中共中央文献研究室、中央档案馆编：《建国以来刘少奇文稿》第1册，中央文献出版社2005年版，第7页。

③ 中共中央文献研究室编：《刘少奇论新中国经济建设》，中央文献出版社1993年版，第182页。

④ 中共中央文献研究室编：《刘少奇论新中国经济建设》，中央文献出版社1993年版，第209页。

中共领导人之所以认为需要一二十年的新民主主义建设阶段才能采取社会主义步骤，其着眼点就在于只有经过一个比较长的新民主主义建设阶段，在为向社会主义过渡准备充分条件后，才能考虑过渡的问题。这本来是符合中国实际的。但从1952年开始，随着过渡时期总路线的酝酿和提出，这个设想被提前放弃了。

据薄一波回忆，1952年下半年开始，毛泽东就考虑向社会主义过渡的问题。1952年9月24日，毛泽东在中共中央书记处会议上提出：十年到十五年的时间基本上完成到社会主义的过渡，而不是十年或者以后才开始过渡①。从这时到1953年上半年，毛泽东一直思考向社会主义过渡的问题。

所谓向社会主义过渡，就是将私有制改造成为公有制，其中关键是将私人资本主义工商业改造为国营企业，将个体农业和个体手工业进行集体化改造。这时，毛泽东认为，经过三年多的时间，已经具备了对其进行改造的条件。

1952年10月，刘少奇率中共代表团参加苏共十九大期间，受毛泽东的委托，于10月20日在莫斯科给斯大林写了一封长信。信中对我国过渡到社会主义所需的时间和能够实现的条件进行了估算和分析：中国现在的工业生产总值（不包括手工业），国营企业已占67.3%，私人企业只占32.7%。在苏联帮助中国执行第一个五年计划之后，工业中国营经济的比重将会有更大的增加，私人资本主义经济的比重则会缩小到20%以下。十年后，私人工业的比重会缩小到10%以下，国营工业将

① 薄一波：《若干重大决策与事件的回顾》上卷，中共中央党校出版社1991年版，第213页。

占90%以上。私人工业在比重上虽将缩小，但它们在绝对数上还会有些发展。因此，这时候多数资本家还会觉得满意，并与政府合作。他们的企业大体都要依赖国家供给原料、收购和推销成品及银行贷款等，并纳入国家计划之内，而不能独立经营。到那时，将征收资本家的工厂归国家所有。设想多数情况下采取的方式是劝告资本家把工厂献给国家，国家保留资本家消费的财产，分配能工作的资本家以工作，保障他们的生活。有特殊情形者，国家还可以付给他们一部分代价。

为什么十年以后，中国的资本家多数可能同意把他们的工厂交给国家？中共中央认为原因有五条：（一）中国基本上还是一个资本主义没有发展起来的国家，资产阶级在经济上和政治上都是很软弱的，而且富于妥协。（二）从现在起就一方面照顾资本家得到不太少的利润，另一方面，又动员人民反对资本家各种违反国家和人民利益的违法行为。多数资本家和政府的关系没有破裂，但资本家在政治上已经孤立，在社会上的威信大大降低。（三）今天中国比较大一点的私人工厂差不多都是为国家加工订货，他们依赖国家供给原料、收购和推销成品及银行贷款等。此外，还有工人的监督。将来资本家更要依赖国家，工人监督也会变得更有组织。（四）现在已有少数比较有远见的资本家看到了社会主义企业的优越性及其劳动生产率的提高，相信社会主义的前途已经不可避免，他们现在就积极要求将他们的工厂公私合营。（五）中国社会主义成分不断增长，到那时，少数资本家可能完全处在社会主义的包围中，全部资本主义工业国有化的步骤已经不能抵抗。

刘少奇还谈到了在农村进行社会主义改造的有利条件：参加互助合作的农民已占40%，而在老解放区这个比例已高达

80%，已建立了几千组织较好的以土地入股的农业生产合作社和几个集体农场；富农阶级原本不占重要比重，老解放区的旧式富农已经消灭，虽然新富农近年有所发展，但由于采取禁止党员雇工的政策，新富农不会有大的发展，而新解放区虽然保持富农经济，但在农民的斗争中富农经济已受到很大削弱，估计今后也不会有大发展。因此，互助合作运动是今后中国农村经济发展的主要方式。

中共中央的这个想法，得到了斯大林的赞同。10月24日，斯大林接见中共代表团，并且说："我觉得你们的想法是对的。当我们掌握政权以后，过渡到社会主义去应该采取逐步的办法。你们对中国资产阶级所采取的态度是正确的。"①刘少奇还向斯大林通报了中共中央关于召开全国人民代表大会的设想。信中说，中国人民政治协商会议在全国有很好的信誉，各民主党派也愿意召开人民政协，而不积极要求召开全国人民代表大会，全国选举的准备工作也做得不够，因而中共中央准备把全国人民代表大会推到三年以后去召开。与此相关联的是，中共中央认为《共同纲领》在各阶层中均有很好的威信，在目前的过渡时期以此作为国家的根本大法是过得去的，因而在过渡时期可暂不制定宪法，以待在中国基本进入社会主义以后再来制定宪法。

对于这个问题，斯大林发表了不同意见。他认为，中共如果不制定宪法，不进行选举，敌人可用两种说法向群众进行反共宣传，一是政府不是人民选举的，是建立在刺刀上的，是自

① 中共中央文献研究室、中央档案馆编：《建国以来刘少奇文稿》第4册，中央文献出版社2005年版，第525—528页。

封的；二是《共同纲领》也不是人民选举的代表大会通过的，而是由一党提出，其他党派同意的东西。斯大林还认为，中国“现在的政府是联合政府，因此，政府就不能只对一党负责，而应向各党派负责。这样国家的机密就很难保障”。斯大林甚至认为，“如果人民选举的结束，当选者共产党员占大多数，你们就可能组织一党政府。其他党派在选举中落选了，但你们在组织政府时可给其他党派以恩惠，这样对你们更好”①。

斯大林对中共中央关于过渡到社会主义的设想表示赞同，坚定了中共领导人加快由新民主主义向社会主义过渡的信心。经过半年多的酝酿，1953年6月15日，毛泽东在中央政治局会议上正式提出过渡时期总路线。会议期间，他在一个讲话提纲中写道：“总路线是照耀一切工作的灯塔。”“党的任务是在十年至十五年或者更多一些时间内，基本上完成国家工业化和社会主义的改造。”“所谓社会主义改造的部分：（一）农业；（二）手工业；（三）资本主义企业。”②两个月后，他对这个总路线做了完整表述：“从中华人民共和国成立，到社会主义改造基本完成，这是一个过渡时期。党在这个过渡时期的总路线和总任务，是要在一个相当长的时期内，基本上实现国家工业化和对农业、手工业、资本主义工商业的社会主义改造。这条总路线，应是照耀我们各项工作的灯塔，各项工作离

① 中共中央文献研究室、中央档案馆编：《建国以来刘少奇文稿》第4册，中央文献出版社2005年版，第537页。

② 中共中央文献研究室编：《建国以来毛泽东文稿》第4册，中央文献出版社1990年版，第251页。

开它，就要犯右倾或‘左’倾的错误。”①

中共中央对斯大林关于提前召开全国人民代表大会和制定宪法的建议亦很重视。1952 年 11 月，中共中央做出决定：尽快召开全国人民代表大会和制定宪法，并按规定向全国政协提议，由全国政协向中央人民政府委员会提出定期召开全国人民代表大会的建议。12 月 24 日，全国政协常务委员会召开会议，一致同意中国共产党的建议，决定由全国政协向中央人民政府委员会建议，筹备召开全国人民代表大会和地方各级人民代表大会。1953 年 1 月 13 日，中央人民政府委员会举行会议，一致通过了《关于召开全国人民代表大会及地方各级人民代表大会的决议》，“决议于 1953 年召开由人民用普选方法产生的乡、县、省（市）各级人民代表大会，并在此基础上接着召开全国人民代表大会”。1953 年 9 月，鉴于各项准备工作尚未完成，中央人民政府委员会又决定将全国人民代表大会召开的时间推迟到 1954 年。1954 年 9 月，第一届全国人民代表大会第一次会议在北京召开，选举产生了新的中央人民政府组成人员。

与 1949 年新中国成立时的中央人民政府相比，一届全国人大一次会议产生的中央人民政府中，中华人民共和国主席、副主席，国务院总理、副总理，最高人民法院院长和最高人民检察院检察长，均由中共党员担任，原来由非中共人士担任的一些部、委、署的主官，亦由中共党员继任。这样，一届全国人大一次会议后组成的中央人民政府，已不再具有联合政府

① 中共中央文献研究室编:《毛泽东文集》第 6 卷，人民出版社 1999 年版，第 316 页。

性质。

有研究者认为，有两个重要原因使中国共产党改变了原来关于向社会主义过渡的想法，放弃了新民主主义社会论。一是工业化的需要。国民经济恢复以后，党和国家决定实行第一个五年计划，努力实现工业化。要实现工业化，就要集中全国的人力、物力、财力，而要做到这一点，就要进行社会主义改造。这是决定提前进行社会主义改造的经济动因。二是“五反”运动的影响。毛泽东原来还一直强调，私人资本主义是有利于国计民生的，应该允许和提倡它的发展。可是后来一进行“五反”运动，揭露出资本家那么多罪恶，使人感到资本主义没有什么好处，全是坏处，应该尽快地加以消灭。①

亦有学者指出，中国共产党之所以急于向社会主义过渡，是因为当时已经具备了各项条件。新中国成立后短短几年，就完成了土地改革，开展了“三反”“五反”等一系列政治运动，巩固了人民民主政权，为社会主义改造奠定了政治基础；国民经济的恢复，国营经济领导地位的确立，为社会主义改造奠定了必要的物质基础。在共产党的领导下，广大人民翻身做了主人，对社会主义社会充满希望，社会主义制度的确立具有广泛的群众基础。②

还有学者从国际影响的角度对此做了分析，认为当年之所以急于从建设新民主主义转向搞社会主义，苏联的影响是很重要的一个因素。因为斯大林虽然赞成中国革命胜利以后不急于

---

① 郭德宏:《对国史研究中争论较大的几个问题的思考》,《史学月刊》2002年第2期。

② 陈士军:《从新民主主义转变到社会主义的辩证分析》,《社会主义研究》2007年第1期。

向社会主义过渡，但他又不愿意看到中国在一个相当长的时期内还在搞新民主主义建设。这就使中国共产党不得不考虑，如果继续坚持搞一段新民主主义建设，能否得到苏联的支持？况且，中国向苏联学的都是社会主义建设经验，特别是苏联的计划经济建设经验，这对个体经济占优势的新民主主义建设来说是否用得上？基于这样的考虑，毛泽东从1952年下半年开始酝酿和逐步提出了过渡时期总路线。①

另有研究者提出，国际环境的影响主要表现在三个方面：一是以美国为首的西方资本主义国家对我国封锁禁运。为了打破经济封锁和避免损失，在对西方贸易方面，必须借助政府的力量，全盘统筹，统一对外；同时，封锁也导致我国的对外贸易重心向苏联和东欧转移，而这些国家只愿意以协定贸易的方式与我国开展贸易，不仅私营进出口商被排斥在外，地方国营企业也难以直接参与。二是朝鲜战争爆发以后，国防压力增大，国防费用增加。中国鉴于“落后就要挨打”的历史教训，即使出于国家安全的考虑，也必须加快重工业的发展，而这就不仅要尽可能地提高积累，而且要将这部分剩余集中在政府甚至中央政府手中，因此高度集权的计划经济体制就不可避免了。三是在20世纪50年代，苏联是唯一愿意和能够大规模援助中国的国家，而苏联的援助是有前提的，那就是中国必须认同社会主义制度，站在社会主义阵营一边。同时，苏联的经济体制也决定了它的援助只对中国政府，而不是私营企业。苏联的援助方式以及“一五”和“二五”计划的工业建设重点和布

---

① 邢和明：《从新民主主义论到过渡时期总路线——兼论两种社会模式的转变》，《中共党史研究》2006年第4期。

局，都促进了中国向苏联模式社会主义的转变。①

但是，也有研究者不认为放弃新民主主义社会论是苏联或者斯大林直接压力的结果：其一，关于中共被称作所谓“民族主义分子”的压力问题，虽然历史上存在过，但难以同过渡时期总路线的提出联系起来。中共提出开始向社会主义过渡，恰恰是在消除了“民族主义”压力一段时间之后。事实表明，中共主张搞新民主主义也好，主张逐步向社会主义过渡也好，都是独立自主做出的决策，跟所谓“民族主义”问题的压力无关。其二，关于斯大林不赞成中国革命胜利后搞新民主主义而施加压力的问题。截至目前还没有确凿的能够说明斯大林因对中共搞新民主主义而施加政治压力、中共屈从这一压力因而决定尽快向社会主义过渡的材料提供出来。国际影响，特别是苏联、斯大林对中共放弃新民主主义社会论的影响，主要是苏联走过的社会主义道路、确立的社会主义模式对中国共产党的吸引作用，或者说中共当时强调向苏联学习、争取苏联援助对发展模式选择的推进作用，而不是指一些研究者所说的屈从于苏联和斯大林的政治压力。②

还有学者认为，新民主主义社会提前结束，与毛泽东对马克思主义若干重要理论观点理解上的片面性有关。主要表现为：在对生产力和生产关系矛盾运动规律的认识上有误解；在对阶级斗争的历史作用的认识上有不分条件的泛化和夸大的倾向；对新民主主义经济构成中资本主义作用的认识是矛盾的；

---

① 武力：《新民主主义社会提前终结的历史分析》，《党史研究与教学》2003年第3期。

② 鲁振祥：《过渡时期总路线研究中“外部压力”说评议》，《当代中国史研究》2007年第5期。

对列宁的过渡理论的认识发生了大的逆转。上述一些基本理论上的误解，影响了毛泽东对新民主主义社会论的认识，这是导致他放弃新民主主义社会，提前过渡的重要原因。①

另有学者认为，新民主主义社会论本身的缺陷，也是导致新民主主义社会提前结束的很重要原因，并将其缺陷归纳为四个方面：一是关于两个革命阶段转变时间的衔接的模糊性，即新民主主义革命结束以后，是立即开始社会主义革命，还是经过一段新民主主义社会之后再进行社会主义革命？ 直到中共七届二中全会都没有做出明确回答；二是主要矛盾与中心任务的二元论，即既把经济建设作为党的中心任务和工作重点，又把工人阶级和资产阶级的矛盾看作社会的主要矛盾，造成了理论和实践的脱节和矛盾；三是新民主主义社会性质认识的不确定性，毛泽东曾认为新民主主义社会是新资本主义，但后来又批评这一说法；四是新民主主义社会形态的短暂性，即没有指出新民主主义社会的较长时期的过渡性特点。②

因此，新民主主义社会提前结束，或者说毛泽东提前放弃新民主主义社会，可以从不同的视角进行分析和解读，但在探讨这个问题时，在众多的原因中，这样几个方面的原因是不能忽视的。

第一，苏联模式或斯大林模式的影响。苏联模式或斯大林模式是后人的总结，在社会主义改造问题上，中国是有自己的特点的，并非照搬苏联模式，但由于时代条件的限制，也不可

---

① 刘晶芳：《毛泽东放弃新民主主义社会论的理论原因》，《科学社会主义》2011 年第 3 期。

② 石仲泉：《毛泽东的艰辛开拓》增订本，中共党史出版社 1996 年版，第 139—140 页。

避免地受到这种模式的影响。当时，毛泽东等领导人曾测算过苏联进行社会主义改造的时间。按《联共（布）党史简明教程》的介绍，1925 年年底苏联国民经济恢复时期结束，从 1926 年开始国家的社会主义工业化建设，到 1933 年年底取得决定性胜利，共花了 8 年时间。按斯大林 1936 年 11 月 25 日所做的关于苏联宪法草案的报告所讲的情况，苏联 1924 年开始社会主义改造，到 1936 年资本主义在国民经济所有部门中被完全消灭，时间则为 13 年。这期间，苏联工业总产值中社会主义与资本主义成分所占的比重发生了很大变化，1923 年至 1924 年公有制占 76. 3%，1935 年增长到 99. 96%；在工农业总产值中工业所占的比重也发生了很大变化，1924 年至 1925 年工业占 32. 4%，1933 年增长到 70. 4%。这些材料表明，苏联从农业国变成工业国，社会主义改造从开始到完成，用了 10 年或稍多一些时间。那么，中国设想用 10 年到 15 年过渡到社会主义并实现国家工业化，还算是打了一点机动时间的。在新中国成立初期中国人心目中的社会主义，其实就是苏联模式的社会主义。因为苏联建立的是一党政府，实行的是计划经济，不允许资本主义经济存在，曾开展大规模的农业集体化，所以中国也将人民民主专政改称为无产阶级专政，也建立计划经济体制，执政不久后也即开始对农业和资本主义工商业进行社会主义改造，以建立纯之又纯的公有制经济。薄一波后来回忆说："那时，在我们不少同志的心目中，一提起苏联经验，是很有些肃然起敬、钦羡不已的味道的。"①

① 薄一波:《若干重大决策与事件的回顾》上卷,中共中央党校出版社 1991 年版,第 417 页。

第二，对农村两极分化的担心。新中国成立时，老解放区已完成了土地改革。到 1952 年年底，新解放区的土改也基本完成。土地改革后，在农业生产恢复发展和农民生活得到改善的同时，一些新的情况和问题也随之出现了。其中最为人们所担心的就是出现了两极分化苗头。由于我国广大农村处于分散的小农经济状态，生产力水平低下，农民抗拒自然灾害的能力十分脆弱，农村的社会保障和社会救济体系尚未建立，虽然经过土地改革，每个农民获得了数量大体相同的土地，但每户农民的劳动能力、经营水平和农业技术各不相同，所以其收入水平也必然会有差异，也就不可避免地造成贫富的悬殊。这又势必出现富者买地贫者卖地的现象，导致农村的阶级关系出现新的分化。农村开始出现少量的新富农，这也不可避免地将产生雇工剥削。这使人们不得不思考这样一个问题：将会有一部分富裕中农富农化，出现新富农（富农在当时被视为农村的资产阶级），对此是允许其发展还是限制其发展？ 对于土改后农村出现的少量的两极分化过度担心，是中共领导人决定提前在农村进行所有制改造的一个重要原因。实际上，当时农村两极分化的现象并不严重，尽管少数农民有走互助合作道路的积极性，但更多的农民是想在刚刚分到的土地上好好经营一番。农业合作化虽然取得了很大成绩，但它对我国农业生产所产生的负面影响也不能低估。

第三，“三反”“五反”运动的推动。新中国成立前，各根据地可以视作新民主主义共和国的雏形，或者说是局部的新民主主义社会。但是，毛泽东在战争年代关于发展资本主义的有关论述，主要是理论分析，因为当时根据地基本上没有资本主义。但是，理论上对资本主义的分析，与现实中对资本主义采取什么样的政策，毕竟不完全相同。现实中的情况要复杂得多。当年中国共产党人认为要发展资本主义，主要考虑到的是其积极作用。可是进城之后，当与现实中的资本主义打交道时，就常常遇到理性与感性的矛盾。在1950年调整工商业后，少数不法资本家违法犯罪活动日趋严重，将其唯利是图、损人利己的本性充分暴露。因此，中共中央决定在党政机关开展“三反”运动后不久，又在资本家中开展了“五反”运动。打击资本家的“五毒”行为是非常必要非常及时的。但是否可以这样说，“五反”运动使党内相当多的人对资本主义原有的一点理论上的好感也不存在了。而“五反”运动之后，资产阶级受到了严重打击，在事实上已经不能像过去那样生存了，资本主义在当时的生存发展空间已变得十分狭小，资本家自己也感到前途渺茫，请求国家“计划”他。1951年7月，刘少奇给中央党校的学员做报告，在谈到消灭资本主义的问题时说，消灭的时间和方式要看当时的情况和资产阶级的态度来决定，资产阶级的态度恶劣可能逼使我们要早一些，方式要激烈一些。资本家的“五毒”行为，似乎说明了资本家的态度恶劣。反正资本主义迟早要消灭的，现在，资本主义有这么多的毛病，他自己也有了改造的要求，因此，趁此机会将之消灭，也就顺理成章了。

第四，当时全国上下对于早日实现社会主义的企盼。1952年5月至8月，中共中央派出了以农业劳动模范为主的中国农民代表团，对苏联进行了三个半月的参观访问。代表团回国后，对苏联农业集体化的好处做了广泛的介绍。河北饶阳“耿长锁农业生产合作社”社长耿长锁说：“集体农民的生活真是令人羡慕。他们吃的是面包、肉、牛奶，星期天穿的不是哔叽就是绸子，睡的是钢丝床，房子里有自来水、电灯、收音机，柜橱桌椅齐备。每个集体农场都有俱乐部、图书馆、无线电转播站、电影场。集体农民一面工作一面唱歌。那里没有人剥削人的现象，大家都很快乐。这种生活只有集体化才能得来。看了之后，真使人羡慕。我们一定要努力争取这种生活在中国实现。这先要农民大伙认识这种好处，携起手来干。”①山东省农业劳动模范吕鸿宾等人说：“过去听说过苏联农民生活很幸福，但不知道是什么样子，这次可亲眼看到了。”②新中国成立后，对社会主义的优越性，对苏联社会主义建设取得的成就，做了广泛的宣传，为人们描绘了一幅社会主义的美好前景，既然中国是迟早要走入社会主义的，而社会主义又是那么美好，在可能的情况下提前进入社会主义就成为人们的共同愿望。正如有研究者所指出的：“就宣布开始过渡的时间比过去讲的要早这一点而言，对于总路线的提出，人们有些意外；就中国共产党迟早要领导中国人民向社会主义过渡这一点而言，没有人感到意外。因为新民主主义理论的宣传和教育早已使人们有了这样的思想准备。”③

从以上几点可以看出，当时提前进行社会主义改造，既是人心所向、大势所趋，也是历史发展的必然结果。

---

① 《农业集体化的好处说不完——中国农民劳动模范谈访苏观感》,《人民日报》,1952年8月21日。

② 《苏联农民的道路就是我国农民的道路——中国农民代表参观团团员谈访苏观感》,《人民日报》,1952年9月10日。

③ 龚育之:《关于十七年》,《中共党史研究》1995年第1期。

社会主义改造为何提前完成?

随着过渡时期总路线的提出，我国开始了大规模的对个体农业、个体手工业和私人资本主义工商业的社会主义改造。到1956年，这三大改造基本完成。根据这年6月的统计，全国1.2亿农户中，加入农业生产合作社的已经有1.1亿户，占农户总数的91.7%，其中，有3500万户加入了初级合作社，有7500万户，即大多数，加入了高级合作社。全国个体手工业者参加了各种不同形式的生产合作组织，加入手工业生产合作社、生产小组或者供销生产合作社的已经占个体手工业从业人员总数的90%。全国资本主义工商业已经基本上实现了全行业的公私合营。这年9月，在中国共产党第八次全国代表大会上，刘少奇代表中共中央正式宣布："改变生产资料私有制为社会主义公有制这个极其复杂和困难的历史任务，现在在我国已经基本上完成了。我国社会主义和资本主义谁战胜谁的问题，现在已经解决了。"①这就意味着，从1953年过渡时期总

① 《刘少奇选集》下卷，人民出版社1985年版，第218—219页。

路线提出算起，仅用了三年的时间，就完成了新民主主义向社会主义的过渡。

社会主义改造的进程如此之快，完成的时间如此之短，恐怕是全国上下都未曾预料的。在 1956 年 1 月 25 日第六次最高国务会议上，毛泽东感慨地说："公私合营走得很快，这是没有预料到的。谁料得到？现在又没有孔明，意料不到那么快。"①

当年进行解放战争的时候，毛泽东曾预计蒋介石是一定可以打败的，但时间将会较长。至 1947 年 7 月人民解放军转入战略反攻后，他才做战争的进程的具体时间预计。在这年 7 月下旬中共中央在陕北靖边县的小河村召开的扩大会议上，他提出对蒋介石的斗争，计划用五年（从 1946 年 7 月算起）解决，但是又表示说五年用不着讲出来，还是讲准备长期奋斗，五年到十年甚至十五年。到 1948 年 7 月，中共中央才明确表示再过三年，加上已经过去的两年，即五年，基本打倒国民党。实际上，从 1946 年 7 月全面内战爆发算起，只用了三年多的时间就基本上打倒了国民党。所以，社会主义改造预定的十五年，并不是最短时间，在很大程度上是最长的期限。既然如此，如果有条件提前完成，又何乐而不为？

从新民主主义理论提出的那天起，中共领导人就认为这是一个过渡性质的社会，即由半殖民地半封建社会走入社会主义的桥梁。新民主主义社会既发展社会主义也允许私人资本主义存在的特殊性，意味着这个社会其实有两种前途或两个发展方

① 薄一波：《若干重大决策与事件的回顾》上卷，中共中央党校出版社 1991 年版，第 409 页。

向，即转入社会主义的可能与转入资本主义的可能。中共七届二中全会提出新中国成立后中国社会主要矛盾是无产阶级与资产阶级的矛盾，也是基于这个考虑而提出的。通过“三反”“五反”运动，私人资本主义经济的消极性暴露无遗，农村出现的两极分化的苗头，又使人们担忧出现新的阶级分化，使人们认为如不加快进行社会主义改造，将新民主主义社会拉向资本主义前途的可能性在增长，必须趁热打铁、一鼓作气消灭私有制，奠定社会主义的经济基础。

在启动社会主义改造之际，第一个五年计划正式实施，新中国掀起大规模工业化建设的高潮。随着计划经济体制的建立，客观上要求将农业生产纳入国家计划，1953 年年底执行的粮食统购统销政策，就是将农产品的购销纳入计划经济轨道的重要步骤。统购统销的核心内容是对农村粮食的统购，在未合作化之时，农村粮食统购必须面对一家一户的农民，而通过合作化，统购的对象就由个人变成了农业社集体，这无疑有利于统购任务的完成。同时，随着计划经济体制的建立，私人资本主义工商业的市场属性必然与计划经济发生矛盾，而粮食、棉花等重要农产品的统购统销，又使得大量的私人工商企业失去了原料来源，不进行改造已别无出路，这也从客观上推动了社会主义改造的加快进行。

过渡时期总路线提出之后，开展了大规模的社会主义改造重要意义的宣传，给广大群众描绘了一个社会主义制度建立后的美好前景，在很大程度上调动了人们进行社会主义改造的积极性。

1953 年 10 月 31 日，中共中央发出《关于统购粮食的宣传要点》，其中主要讲了三个问题：（一）为什么要走社会主义的路；（二）什么是过渡到社会主义的总路线；（三）实行总路线，建设社会主义，为什么要统购粮食。对于为什么要走社会主义的路，《宣传要点》说，土地改革以后，农民的生活比以前好了（《宣传要点》特地注明，对于这个问题，可以用算细账的办法具体证明共产党和人民政府是为农民谋幸福的），但是，因为耕地少，耕种的规模小，耕种的技术落后，产量少，所以生活也还不算富裕。要过更好的日子，一定要实行社会主义工业化和对农业、手工业和资本主义工商业的社会主义改造。就农业来说，只有在农村中一步一步地实行社会主义制度，才能使农民生活一步一步地和普遍地获得提高。

《宣传要点》说：农民面前有两条路，一条是资本主义的路，一条是社会主义的路。走资本主义的路就是使大多数农民落后、贫困，少数富农则利用囤粮倒粮、雇工、放债、买地的办法牺牲群众来求个人发财，你坑我，我坑你，你赚我，我赚你，大鱼吃小鱼，结果是少数人“冒尖”、冒小尖，多数人还是受穷。社会主义是大伙联合起来用大规模生产和新的农具新的农作法来求共同富裕。其办法是共同劳动，按劳分配，劳动所得，除纳国税、缴合作社的公积金和谋当地的公共福利之外，均归农民自己所有。结果是全体农民都冒尖，冒大尖，没有穷人，谁劳动得最好，谁的收入就最多，谁的日子就过得最好，而且鳏寡孤独也能得到社会的照顾。所以走资本主义的路是一条死路，走社会主义的路才是一条光明大路。

正因为如此，《宣传要点》在回答为什么说走社会主义的路是使全体农民“冒大尖”这个问题时，特意举了中国农民代表访苏的例子，并且说：中国农民代表团到苏联参观，亲眼看到苏联普通农民每个劳动力每年可以拿到合咱们中国几千万

（旧币，1 万元相当于后来的 1 元）人民币，外加几千斤粮食。许多农民住的是“楼上楼下，电灯电话”，有些农民还有汽车。家家可以吃好的，穿好的。农村里有工厂、大商店、医院、中学、电影院、公园，交通方便，跟城市里的生活差不多。《宣传要点》说：苏联革命胜利才 36 年的时间，就建设得这样好，我们有苏联的经验，再过二三十年也可以达到这样的程度。这种生活不但比过去的富农强，也比过去一般地主和今天的许多资本家强。接着，《宣传要点》回到了正题：为什么社会主义能够这样？ 答案是：因为劳动人民大家联合起来，组织起来，能实行大规模生产，能用新的技术新的农具。

既然社会主义能够过上如此好的日子，对于广大农民来说，谁又不希望这样的好日子能早一点到来呢？ 不但如此，中国农民历来有着浓厚的平均主义思想，他们盼望自己能够“冒尖”致富，却不希望别人“冒尖”，而搞社会主义大家都“冒尖”，确实有很大的吸引力。应当说，经过土地改革，同村（或乡）的农民得到大体相等的土地，由于每个农民的家庭情况并不相同，少数农民因为劳力多、畜力好、会持家、技能强、善经营，家庭经济条件上升快。多数农民（主要为贫雇农）虽然在土改中得到了土地和其他生产、生活资料，可他们或者劳少人多，或者缺少畜力，或者不善经营，尽管生活有了一定的改善，但日子仍不宽裕，一旦遇上天灾人祸为了救急往往只得变卖土地。社会主义大家都“冒尖”，都能像苏联农民一样过上“种田不用牛，点灯不用油”“楼上楼下，电灯电话”的好日子，对许多农民确实有很大的吸引力。这是农业合作化能够在全国农村迅速推广十分重要的群众基础。所以，社会主义改造的高潮首先发生在农村，随之又带动了手工业和资本主义工商业改造的高潮。

资本主义工商业的改造之所以也很快完成，是基于以下因素：

第一，经过抗美援朝、土地改革、镇压反革命等一系列的政治运动，以及总路线公布后广泛深入的社会主义前途的宣传教育，人们的政治觉悟普遍提高，“跟共产党走，走社会主义道路”已是大势所趋，人心所向。特别是经过“五反”运动后，资产阶级的威信扫地，资本家实际上已丧失了控制企业的权力。

第二，随着第一个五年计划的实施，国营经济进一步壮大，到 1955 年，在工业中，国营经济和公私合营经济已占工业产值的 80% 以上；在商业中，国营和合作社商业已占商业批发总额的 94.8%。这时，银行、铁路、钢铁、矿山、电力、对外贸易等关键性的经济部门，已掌握在国家手中。社会主义经济与资本主义经济相比已占决定性的优势地位，为资本主义工商业的社会主义改造奠定了坚实的物质基础。与此相反，资本主义经济的力量则在削弱。1954 年以来，私营工商业的利润大大下降，在生产方面也遇到了很多的困难，实际上离开国家已很难生存下来了。资本主义经济已基本上附属于社会主义经济，丧失了独立存在的条件，已只有接受社会主义改造一条道路了。

第三，对于大多数资本家来说，一方面，进行社会主义改造是大势所趋，无法抗拒，同时，改造不是无偿没收，资本家在个别企业公私合营阶段可得到一定比例的红利，全行业公私合营后在一个时间可领取定息，对他们的工作也有相应的安排，使他们的利益得到了一定的保证；另一方面，也更主要的是绝大多数的民族资本家是爱国的，他们从短短几年中国的变化中认识到共产党的力量，认识到只有共产党才能使中国强大起来，荣毅仁、刘鸿生等民族资产阶级的代表人物带头公私合营，对于全国工商界也是有力的推动。同时采取了多种措施做资本家的工作，例如组织资本家子女、家属参加各种学习班，使他们懂得劳动光荣的道理，并通过他们推动资本家放弃剥削。加之当时国营企业工人的劳动条件、工资福利待遇甚至政治地位都要远远好于私营企业，私营企业的职工迫切希望将企业通过公私合营改造成国营企业，成为推动资本家接受改造的重要力量。

中共强大的组织动员能力与毛泽东的巨大威望，以及采取群众运动的方式，亦是社会主义改造能够快速进行的重要因素。

中共在全国执政后，在各级建立了健全的政权组织和党的系统，同时还建立了一系列的群团组织，形成了完整的组织网络，这就保证了上级的决策在下级的有效贯彻，这也是社会主义改造能够顺利推进的前提条件。过渡时期总路线规定的社会主义改造任务，是中共中央做出的重大决策，各级组织都有贯彻执行的义务，所以自过渡时期总路线提出以后，进行社会主义改造就成为全党和全国的中心工作。

过渡时期总路线的提出无疑是中共中央的集体决策，但毛泽东在其中所起的作用却是他人无法替代的，而社会主义改造高潮的提前到来和整个改造任务的提前完成，又与毛泽东对形势的判断有着密切的关系。

虽然早在 1953 年 6 月毛泽东就初步提出了过渡时期总路线，但在全国进行大规模的宣传贯彻，则是 1953 年冬才开始的，农业合作社大量建立也是在1954年。统购统销政策是1953年10月出台的，但1953年度统购任务的完成则是在1954年春。所以1954年既是农业社大发展的一年，也是统购统销政策全面落实的一年。农民虽然向往社会主义的幸福生活，但他们作为小生产者对于集体生产劳动并不习惯，对于自己生产的粮食由国家统购（尽管按照市场牌价将粮价兑付给农民）也有人不情愿。因此，在建立农业社和完成粮食统购任务时，一些地方发生了强迫命令现象，导致1955年春部分地方发生了农民闹粮食、闹退社的事件。当时，主管农业合作化运动的中共中央农村工作部建议农业合作社暂停发展、全力巩固，并且得到中共中央书记处会议的同意，也得到了毛泽东的认可。但随后毛泽东通过阅看一些地方上报的材料和听取一些地方负责干部的汇报，认为农村的形势并非中央农村工作部所说的那样紧张，并且由此做出判断：叫喊缺粮的主要是一些富裕中农，实际上反映了他们不愿走社会主义道路的情绪，而从中央到地方一些干部也跟着说农村形势紧张，说明这些人在走社会主义道路的问题上立场不坚定，成了富裕中农的代言人。所以从1955年夏起，毛泽东就一再对农业合作化运动中的所谓“小脚女人”即右倾保守思想进行批判。

中国革命战争的胜利和新中国成立后各项事业的发展，使毛泽东在全党全国有着巨大的威望，人们相信毛泽东的判断总是对的，他指引的道路是正确的，于是原来主张农业合作社应大发展的人更加积极，原来认为农业合作社应适当控制规模而被认为有右倾保守思想的人也只得放弃原有的立场。中共中央文献研究室编写的《毛泽东传（1949—1976）》就此分析说：“毛泽东作为享有崇高威望、深受全党和全国人民爱戴和信赖的领袖，曾经一次又一次地带领人民取得难以想象的胜利，当他提出一个主张并雷厉风行地加以推行的时候，各级干部总是闻风而动，积极贯彻实行，唯恐落在别人后头。这样，往往在相互攀比中又提出一些超过毛泽东预计的情况和规定的指标。这些反映到毛泽东那里，使他十分兴奋，又进一步提出新的要求和更高的指标。”①就这样，1955 年下半年农业合作化的速度急剧加快，并由此带动了手工业和工商业改造的快速进行，使得原定十五年完成的改造任务大大提前。

社会主义改造是采取群众运动的方式进行的。群众对待运动的态度基本上可以分为积极、随大流、消极甚至反对几种。如在农业合作化运动中，积极要求办社或赞成办社的，主要是两部分人，一是党团员、青年积极分子，二是缺衣少食的鳏寡孤独或人多劳少、新中国成立后生活水平没有多大提高的现贫农。前者积极办社的原因，主要是觉得自己是党的人，或者自己是干部，认为必须听党的话，按党的指示办社。后者呢，土改后虽然分得了土地，但没有劳动力或劳动力不足，生活仍然艰难，他们认为入了社有集体可依靠，而且当时在开展群众入社宣传动员时，又向他们描绘了一幅合作社办起后生产能够迅速提高、生活能够很快改善的美好图景。对于这些人来说，参加合作社没有物质利益上的损失，相反，他们感觉到入社后还可以从社里得到诸多好处，能很快过上甚至超过现在富裕中农的生活。当然，一开始积极分子是少数，明确反对者也是少数，多数农民是随大流的。但是，随大流的这部分人态度却容

① 中共中央文献研究室编：《毛泽东传（1949—1976）》上册，中央文献出版社 2003 年版，第 417 页。

易转化，因为多年来他们一直搞单干，也确实没有发过财，他们认为办了合作社，大不了还是和原来一样发不了财，既然如此，那又何必一定要坚持单干呢？ 于是，在干部和积极分子的动员之下也就入了社。这样一来，大多数农民变成了农业合作化运动的支持者与参加者，少数不愿意入社的农民在农村中处于孤立状态，并面临只想自己“冒尖”而企图走资本主义道路的压力，最终的结果是与多数人一样加入了农业社。手工业和资本主义工商业改造中也存在类似的情况。

几个相关问题的探讨

第一个问题，如何评估社会主义改造对生产力发展的影响?

对于这个问题，一个基本的事实是，社会主义改造的几年，确实是新中国成立至中共十一届三中全会前国民经济发展比较好的时间。就全国公私合营工业的产值而言，本年与上一年比较，1950 年增长 17.3%，1952 年增长 32.2%，1953 年增长 28.3%，1954 年增长 25.1%，1955 年增长 2.91%。公私合营工业企业的人均劳动生产力与私营企业相比，1951 年超过 18%，1952 年超过 52%，1953 年超过 73%，1954 年超过 87%，1955 年超过 100%。1956 年全行业公私合营后，全国公私合营工业企业的总产值比 1955 年增加 32%，1957 年又比 1956 年增长 8%；公私合营商业零售额 1956 年比 1955 年增加 15%。①

---

① 李定主编:《中国资本主义工商业的社会主义改造》，当代中国出版社 1997 年版，第 302 页。

就农业而言，虽然增长的速度没有工业迅速，但农业生产得到了较快的发展。1957 年全国农业总产值 536.7 亿元（1957 年不变价格），比 1952 年的 417 亿元增长 24.8%，平均每年递增 4.5%。占农业总产值 80% 以上的农作物产值从 1952 年的 346.6 亿元，增长到 1957 年的 432.6 亿元，增长 24.8%，平均每年递增 4.5%。1957 年粮食总产量 19505 万吨，比 1952 年的 16392 万吨增长 19%，平均每年递增 3.5%。其中稻谷总产量 8678 万吨，比 1952 年的 6843 万吨增长 26.8%；小麦总产量 2364 万吨，比 1952 年的 1813 万吨增长 30.4%。棉花总产量 164 万吨，比 1952 年的 130.4 万吨增长 25.8%。糖料总产量 1189.3 万吨，比 1952 年的 759 万吨增长 56.6%。茶叶总产量 11.2 万吨，比 1952 年的 8.2 万吨增长 36.6%。烤烟总产量 25.6 万吨，比 1952 年增长 15.3%。水果总产量 324.7 万吨，比 1952 年的 244 万吨增长 32.9%。与此同时，畜牧业、林业、渔业、副业也得到了较大的发展，农民生活水平也有所提高。增长较慢或有所下降的是油料、黄红麻和蚕丝。油料总产量 419.6 万吨，仅比 1952 年的 419 万吨增长 0.1%。黄红麻总产量 30.1 万吨，比 1952 年下降 1.6%。蚕茧总产量 11.2 万吨，比 1952 年下降 8.9%。①

当然，这几年中国国民经济的发展，其中的原因是多方面的。如结束多年的国内战争，抗美援朝战争到过渡时期总路线提出时也基本结束，这种环境应当说是自近代以来少有的，因为中国过去是长期战乱不断，国内和平环境为经济的发展创造

---

① 陈廷煊:《1953—1957 年农村经济体制的变革和农业生产的发展》,《中国经济史研究》2001 年第 1 期。

了条件；由于新中国的建立和抗美援朝战争的胜利，中国共产党在全国人民面前树立了良好的形象，人民对于执政党和新政权充满期待，也确实以很高的热情投入国家建设和各项工作之中；“一五”期间以苏联援助的156项重点工程的开工建设，有力地加强了我国的工业基础，苏联在此间给予中国的援助也对国民经济的恢复发展产生积极作用。

公私合营工业企业生产效率较合营前有了很大提高，一个重要的原因是1955年之前合营的主要是那些生产条件较好、规模较大的私营企业。1956年全行业公私合营时主要是中小企业，这期间全国共有7.07万户私营工业实现公私合营，职工总数为114万人，平均每个企业只有16人。这些企业中的多数不但规模小，有的甚至是前店后厂，而且设备陈旧、管理落后，生产效率自然很低。公私合营后对这些企业实行合并改组，原则是“以大带小，以先进带落后”，有的是若干小厂合并成一个大厂，有的是将若干小的、落后的企业合并到大的、相对先进的企业去，至于各小厂一些过于陈旧落后的设备则干脆淘汰，购置相对先进的设备，建立比较规范的管理制度。采取这样的办法后，公私合营企业的生产效率无疑比原来的私营小厂要高得多。同时，这几年农业生产的发展，也与国家提高农副产品的收购价格、稳定农业税收、增加对农业生产的投资、开展大规模农田水利建设和爱国增产竞赛运动、增加对农业生产资料的投放数量、推广新的农业生产技术等有密切的关系。因此从总体上讲，社会主义改造期间社会生产力水平没有下降，而且这些年间工农业生产还得到了发展。

但是也应看到，由于社会主义改造的急骤完成，在改造中也出现了一些问题。如在农村，在很短的时间内实现了农业合作化，并在农业合作社内部的分配上建立了以“评工记分”为主要内容的分配制度。表面看，这种分配制度体现了按劳分配原则，但实际上，评工记分不但手续烦琐，而且社员之间也往往磨不开情面而对每个人的劳动认真进行“评工”，所以许多农业社建立后往往在记分问题上记的是“大概工”，即固定工分，这样做固然简便易行，却变成典型的平均主义，使得社员间干多干少、能力强弱都是得一样的工分，又严重挫伤了那部分劳动积极、生产技能强的社员的积极性，以至于能干的也不干、能干多的也少干。一些地方针对这种情况，曾探索出了在不改变所有制性质的前提下进行“包产到户”的做法，但在1957年反右派运动后农村开展的两条道路大辩论中，却将“包产到户”当作走资本主义道路而加以批判，而这种固定工分的做法在后来的人民公社时期进一步强化，成为长期以来农民生产积极性不高、农业生产效率低下的重要原因。

又如在手工业的改造问题上，忽视个体手工业经营模式灵活、快捷、便民的特点，在建立手工业合作社时过于强调统一的工作制度，统一核算、进货、工资福利等，不但给人民生活带来不便，而且在合作社内部的分配上也存在平均主义的问题。在资本主义工商业改造中也存在一些问题，如：对私方人员未合理使用；过分强调集中统一，盲目合并了一些小厂和商业点，不仅使许多有特色的商品质量下降，还给消费者带来了诸多不便；将很多小商小贩小手工业者也当成私营工商业者，将之合并到公私合营的企业之中，后来使这些人背负了资本家的名号，遭受了不应有的歧视等。

更重要的是，由于受历史条件的限制，当时没有认识到其实建立社会主义制度并不等于在所有制问题上搞单一的公有制，在分配方式上实行单一的按劳分配，而可以在保证公有制和按劳分配主体地位的前提下，允许多种所有制和多种分配方式同时存在，这样更有利于经济的发展。因此，在社会主义改造完成后，非公有制经济几乎不复存在，而按劳分配又变成了固定工分和固定工资，不但使经济发展缺乏活力，而且不利于调动劳动者的积极性，成为改革开放前中国经济没有得到应有的发展、人民生活没有得到应有的改善的重要原因。

第二个问题，如何看待“早知今日，何必当初”的观点?

改革开放后的中国社会，无论在政治制度方面、经济制度方面还是在文化制度方面，都与新中国成立初期新民主主义社会有着诸多相似之处。特别是在所有制结构上，在新民主主义社会阶段是多种所有制共存，当下的社会主义初级阶段亦是如此。于是，一些人发出 “早知今日，何必当初”的感慨，意即早知社会主义初级阶段可以搞多种所有制，那又何必在 1950 年代进行大规模的社会主义改造。因为社会主义改造的目的，就是将多种所有制改造成为单一的公有制，而中共十一届三中全会之后，经济体制改革的一项重要内容，就是将单一的公有制恢复为多种所有制共存，特别是当下大力发展的民营经济，实际上就是当年私人资本主义工商业的“复活”。既然如此，当年根本就没有必要对其进行社会主义改造。

如果用今天的眼光看，当年的新民主主义社会存续的时间自然可以更长些，这样可能更有利于中国经济社会的发展，而且进行社会主义改造时，在所有制的问题上完全没有必要搞清一色的公有制。问题在于当年的人们不可能有这样的认识。1953 年 12 月，中共中央宣传部根据毛泽东的指示，起草了宣传过渡时期总路线的提纲《为动员一切力量把我国建设成为一个伟大的社会主义国家而奋斗》，其中指出：“党在过渡时期的总路线的实质，就是使生产资料的社会主义所有制成为我国国家和社会的唯一的经济基础。”毛泽东在审阅这个提纲时，特地加了这样一段解释性的话：“我们所以必须这样做，是因为只有完成了由生产资料的私人所有制到社会主义所有制的过渡，才利于社会生产力的迅速向前发展，才利于在技术上起一个革命，把在我国绝大部分社会经济中使用简单的落后的工具农具去工作的情况，改变为使用各类机器直至最先进的机器去工作的情况，借以达到大规模地出产各种工业和农业产品，满足人民日益增长着的需要，提高人民的生活水平，确有把握地增强国防力量，反对帝国主义的侵略，以及最后地巩固人民政权，防止反革命复辟这些目的。”①1954 年 3 月 5 日，吴玉章（时任中国人民大学校长）撰写了一篇纪念斯大林逝世一周年的文章，其中写道：“百战百胜的列宁斯大林的学说为我们指出：建成社会主义是一个艰巨的深刻的社会改造事业。要完成这一伟大任务，我们必须坚决地克服一切困难，在劳动中竭尽我们创造性的才能，以便最后消灭一切形式的生产资料的私有制度，而使生产资料的公有制度成为中国社会唯一的经济基础。”②从这里不难看出当时包括毛泽东在内的中国共产党人对于社会主义的理解与认识。

在当时的人们看来，社会主义在所有制上必须是公有制的，而且公有化的程度越高越好；社会主义也只能搞按劳分

① 中共中央文献研究室编:《建国以来毛泽东文稿》第 4 册，中央文献研究社 1990 年版，第 702 页。

② 吴玉章:《中国人民沿着过渡到社会主义的道路前进——纪念斯大林逝世一周年》，《人民日报》，1954 年 3 月 5 日。

配，而不能有其他的分配形式，否则会出现不劳而获的剥削，剥削现象的存在将背离社会主义的根本原则；社会主义只能搞计划经济，自由竞争会导致社会生产的无序与社会资源的巨大浪费。当时人们基于对社会主义的这种认识和理解，开展了大规模的社会主义改造，其目的就在于使新民主主义社会时期的多种所有制中的非公有制改造为单一公有制，消灭剥削，实现按劳分配以体现社会的公平正义。在大规模的社会主义改造进行的同时，还开始了第一个五年计划的实施，国民经济的计划体制开始形成。所以，对于“早知今日，何必当初”这个问题，其实应当是“早不知今日，才有当初”。也就是说，当年进行社会主义改造之时，人们还不知道社会主义应当允许搞多种所有制，应当允许多种分配方式，计划与市场都是资源配置的手段，更没有认识到即使通过所有制的改造，建立了社会主义制度，这样的社会主义还只是初级阶段，即不发达的阶段。中共十一届三中全会之后，之所以在农村实行以包产到户为基本特征的农业生产责任制，在全国城乡允许乃至鼓励个体经济、民营经济在内的多种所有制共同发展，逐步用市场经济体制取代计划经济体制，正是由于社会主义改造完成后，我们在如何建设社会主义上积累了丰富的经验教训，对于什么是社会主义、怎样建设社会主义的认识得到了深化。从这个角度看，人们的认识总会受时代条件的限制，在总结历史经验时，只能将有关人与事放在当时特定的历史条件下进行考察，才能对历史现象做出合理的解释和客观的评价。

第三个问题，新民主主义社会能否“回归”？

当下有人认为，现在的社会主义初级阶段，实际上就是当年新民主主义社会的回归，只不过名称叫社会主义初级阶段罢了。亦有人主张，中国发展到现在，已有许多现象用中国特色社会主义理论无法解答，而新民主主义理论则可以对这些社会现象做出合理的解释。人们将这种观点概括为“新民主主义回归”论。

例如，有人提出要“再举新民主主义的大旗”，认为“新民主主义论”是当今社会所能取得的最大公约数，左中右都能认同，而且是中国共产党自身的宝贝理论，既是本土的，又是国际的，历史证明是行之有效的唯一路径——从战争年代到建设时期，包括改革开放至今，凡是用新民主主义为指导，就胜利成功，而没有真正遵循的时候，或犯错误，或走弯路，都出了问题。①还有文章说：“中共八十年经验教训，可概括为一句话，成也新民主主义，败也新民主主义。”“1949 年夺取政权前，我们党实行新民主主义，我们成功了。夺取政权后，我们抛弃了新民主主义，急急忙忙搞社会主义，搞乌托邦，我们失败了，失败得很惨。1978 年党的十一届三中全会后，我们重又回归到新民主主义的建设思路，并在实践中予以发展，我们又成功了，成功得举世瞩目。”“有中国特色社会主义是从社会主义初级阶段演变而来，而‘社会主义初级阶段’实际上是新民主主义的回归和发展。”②

今天的社会主义初级阶段与当年的新民主主义社会，无疑有许多相类似的地方，如根本政治制度与基本制度都是一致的，不论是当下还是当年，中国共产党在国家政治生活中都是居于领导地位；人民代表大会制度作为根本政治制度，中国共

---

① 张欢：《张木生：再举新民主主义大旗》，《南方人物周刊》2011 年第 37 期。

② 杜导正：《新民主主义的回归与发展》，《炎黄春秋》2009 年第 4 期。

产党领导的多党合作和政治协商制度、民族区域自治制度这种基本政治制度，都是过渡时期形成的；在经济制度上也有许多相类似甚至相一致的地方，如经济上的多种所有制共存，多种分配形式共存，都是通过市场配置资源等。但笔者以为，恐怕不能简单地认为前者是后者的“回归”或“复归”。

新民主主义社会与社会主义初级阶段，虽然都是多种经济成分共存，但在所有制结构上仍有明显的差异。在新民主主义社会，互助合作虽然开始产生并为党和政府所支持所鼓励，但直至1953年过渡时期总路线提出时，农村经济体制基本上仍是个体农民所有制，这不单体现在生产方式上是农民以家庭为单位，更为重要的是农民对于土地具有所有权，以及附随所有权而产生的土地处置权。农业合作化其实就是将农民所有的土地和其他生产资料集体化、公有化。农业合作化分为初级和高级两个阶段，即初级农业合作社和高级农业合作社。按照1955年11月全国人大常委会通过的《农业生产合作社示范章程草案》的规定，在初级社阶段，对于社员交与合作社统一使用的土地和其他生产资料，在一定的期间还保留社员的所有权，并且给社员以适当的土地报酬。也就是说，此时农民对自己交与合作社的土地和其他生产资料不但具有所有权，而且可根据入社土地的多少获得不等的收益即土地分红。至于土地收益的多少由各个农业合作社自己决定，当时有地劳（即土地与劳动）五五、四六、三七分红等不同情况。这也是将初级农业合作社称为半社会主义的主要原因。其实，由于实行这一种既能体现按劳分配又能体现按生产要素分配的方式，社员不但关心自己在集体劳动中所得工分的多少，而且关心土地质量的提高、耕畜的保膘、大型农具的保管等，因为生产资料的好坏与收入分配有着密切的联系。

初级社转入高级社后，社员的土地就公有化了，不但所有权归了合作社，而且取消了土地报酬。1956 年 6 月一届全国人大三次会议通过的《高级农业生产合作社示范章程》规定，高级社“入社的农民必须把私有的土地和耕畜、大型农具等主要生产资料转为合作社集体所有”，“取消土地报酬”。①同时，该章程又规定，合作社应抽出一定数量的土地分配给社员种植蔬菜，面积一般不超过当地人均土地数的 5%，这就是通常所说的社员自留地。显然，自留地并不是社员入社时自己留下的土地，而是将所有的土地交给高级社后由高级社给予其使用权的土地，至于自留地的所有权，当然属于高级社。于是，高级农业合作社就被认为完全是社会主义性质的。当年将公有制、按劳分配视为社会主义社会的主要特征，而高级社正好符合这两个要求。1958 年高级农业合作社转变为人民公社后，原农业合作社的土地所有权就转归人民公社集体所有了。本来，土地的所有权与使用权是可以适当分离的，合作社建立后农村土地集体所有，农民可以获得使用权，仍可以以个体生产的方式进行耕作，但当年人们认为社会主义在劳动方式上必须是集体劳动，如果将土地分散给农民个人耕种，实际上就是分田单干，就会出现两极分化，所以长期以来对包产到户采取高压政策。

中共十一届三中全会后，农村实行家庭联产承包责任制，绝大多数的地方将集体的土地以家庭为单位分给农民个体经

① 黄道霞等主编:《建国以来农业合作化史料汇编》,中共党史出版社 1992 年版,第 352 页。

营，但农民只取得了土地的经营权（或者说使用权），土地的所有权仍是集体的，农民与集体是一种土地承包关系。因此，农民取得的土地承包经营权可以依法采取转包、出租、互换、转让或者其他方式进行流转，但个人无权将所有权转让，不能进行土地的买卖。2002 年 8 月通过的《中华人民共和国农村土地承包法》规定："农村土地承包后，土地的所有权性质不变。承包地不得买卖。"所以，现阶段农民的富裕程度虽有不同，但农村不可能如同新民主主义社会时期那样出现一个新的富农阶层。农村土地的集体所有性质，也成为当下的社会主义初级阶段与当年的新民主主义社会在所有制上的一个重大区别。

更为重要的是，如果将今天的社会发展阶段重新定性为新民主主义社会，那就意味着当年的社会主义改造及由此建立的社会主义制度，实际上都是不应当的，因而对社会主义改造问题的评价，根本不是搞早了、搞快了的问题，而是该不该搞的问题。这样一来，中共十一届三中全会前的二十余年的历史就不好解释，而且会由此引起重大的思想混乱。不但如此，当今的一些社会现象与社会问题，也并非都是新民主主义理论可以解释和解决的，因为当下的国情与新民主主义社会阶段的国情相比已经发生了很大的变化。其实，社会主义初级阶段的含义十分清楚，用社会主义初级阶段的理论反倒能更好地解释当今的社会现象和解决当今的社会问题。所以，在当下必须坚持社会主义初级阶段理论，坚持党在社会主义初期阶段的基本路线、基本纲领和基本政策不动摇。

结语　党史研究中的细节和主流

曾几何时，中共党史也是一门显学。早在 20 世纪 80 年代，就有一些学者利用当时档案开放的难得机会撰写了一批严谨之作。但毋庸讳言，因为惯性使然，那些成果还带有较浓厚的传统党史编撰色彩，大多存在史料单一、观点陈旧、人云亦云、不够深入等缺陷。还有许多党史著述仅是简单罗列中共中央文件和领导人讲话，见不到普通党员和民众的身影，看不到基层组织的活动，只有宏大叙事，缺乏历史细节，只有上层决策，未见下层互动，结果往往将一部本来生动丰富的中共历史写成了枯燥无味的八股，令人避之唯恐不及。所幸的是，这种状况如今有了很大改观，党史研究渐呈一种复兴之势。近年在近代史学界声名鹊起、颇具影响力的学者，大多与党史有关。正是他们的奋力耕耘，才使党史这株老树发出了新枝。

近年来党史研究为何能取得突破？ 笔者的粗浅认识是，党史从来都是人们普遍关注乃至街谈巷议的热门话题，因而拥有广大的阅读市场。而随着时代的进步，人们日益需要了解真实的历史，这就为党史研究的进步提供了驱动力。这些年，一些学者开始尝试用实证的史学方法来研究中共党史。他们分析注重细节，论断强调证据，力图通过对历史细节的丰富展现，还原被遮蔽的历史真相，接续断裂的历史链条，其著述均产生了很大的社会反响。姑且不论它们能否完全做到客观、贴近事实，这种努力及其取得的成绩本身就预示着，只有用纯粹的实证史学方法，党史研究才能有所突破和深化；同时也只有把历史细节告诉读者，才能真正有说服力和生命力，形成广泛的影响。

综观这些成功之作，最大的特点就是注重对历史细节的发掘。这既能满足读者渴望了解真相的需求，扩大受众群体，同时更深入细致地来看，其实也有利于人们进一步深刻理解中共成功的来之不易。正如有论者所言：“殊不知，曲折的历史、充满坎坷的历史，才是最为打动人的历史。”在传统的党史著述中，中共与民众之间基本上是“挥手”和“跟随”的关系，中共一呼，各方民众立即积极响应，从而将复杂的历史进程简单化，忽略了革命动员的艰难性。这种宏大叙事表面上似乎褒扬了中共形象，实际效果却恰恰相反，因为谁也不会敬佩一场轻而易举、一帆风顺的革命。所以只有摆脱以往那种“政策—效果”的单向思维，把革命的复杂性和曲折性讲全、讲深、讲透，才能真正维护中共革命的正义性和合法性。

当然，还需要注意党史研究中的另外一种倾向，即一味渲染一些负面现象。如今有些人打着“恢复历史真相”的旗号，以挖掘历史细节为名，摭拾个别材料，攻其一点，不及其余，甚至故意编造谣言，片面夸大革命和建设中的失误。其笔下描绘出来的中共历史画面，几乎是一系列错误的堆积和延续，色调极其灰暗。实际上，这种只关注历史某些支流和局部的研究，与事实相去甚远，不仅无法从全局和趋势上解释中共革命和建设的成功，而且在很大程度上偏离了历史的主流。正如列宁所指出："在社会现象方面，没有比胡乱抽出一些个别事实和玩弄实例更普遍更站不住的方法了。罗列一般例子是毫不费劲的，但这是没有任何意义的或者完全起相反的作用，因为在具体的历史情况下，一切事情都有它们个别的情况。……如果不是从全部总和、不是从联系中去掌握事实，而是片断的和随便挑出来的，那么事实只能是一种儿戏，或者甚至连儿戏都不如。"①这就要求我们在研究党史时，必须着重把握历史发展的主流，否则极易陷入某种支流不可自拔。

况且，勇于自我革命，是中国共产党最鲜明的品格，也是最大的优势。就拿现在不少人津津乐道的某些负面材料来说，其实大多出自中共内部的自我反省。由此可见，这种自我批评正是它的一大优良传统，更是其充满自信、有能力克服缺点的表现。中国共产党的一个显著特点是，它敢于承认失误并善于纠正错误，具有很强的自我修复能力。因此，党史研究既不能回避失误，把艰难曲折的历程直线化，又不能以偏概全，专门暴露所谓"阴暗面"，必须在充分展现历史细节的同时不偏离历史主流，不仅要看到历史上的某些失误，更要看到党纠正错误并最终走向胜利的这一趋向。唯有如此，才能不断推出有说服力、广大读者愿意看的成果，也才能把党史做成真学问。

---

① 《列宁全集》第28卷，人民出版社1990年版，第364页。